PREMIÈRES
LECTURES FRANÇAISES

POUR

LES ÉCOLES PRIMAIRES

DE L'ALSACE.

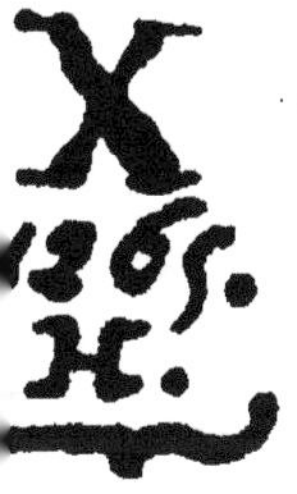

PREMIÈRES

LECTURES FRANÇAISES

POUR LES ÉCOLES PRIMAIRES

DE L'ALSACE.

STRASBOURG, DE L'IMPRIMERIE DE F. G. LEVRAULT, IMPR. DU ROI.

PREMIÈRES
LECTURES FRANÇAISES

POUR

LES ÉCOLES PRIMAIRES
DE L'ALSACE.

AVEC UN VOCABULAIRE FRANÇAIS-ALLEMAND.

STRASBOURG,
Chez F. G. LEVRAULT, rue des Juifs, n.° 33.
1829.

PRÉFACE.

Ce Recueil est principalement destiné à offrir aux écoles primaires de l'Alsace, où l'allemand est encore la langue dominante, mais où l'on enseigne le français, une première lecture, tout à la fois instructive et facile, variée et substantielle. On a voulu fournir aux instituteurs un moyen de plus de faciliter à leurs élèves l'étude de la langue nationale, dont la connaissance devient de plus en plus indispensable à toutes les classes de citoyens. C'est pour cet effet que l'auteur a eu soin d'expliquer les difficultés que les commençans peuvent rencontrer dans le texte, et qu'il a joint à son Recueil un Vocabulaire français-allemand. Il a jugé cette méthode préférable à celle de placer les mots allemands en regard ou au-dessous du texte français. De cette manière, le travail de la traduction est à la vérité moins facile, mais par là même il devient d'autant plus fructueux; parce que, à tout âge, et dans l'enfance surtout, ce qu'on a eu le plus de peine à acquérir laisse les traces les plus profondes.

L'auteur de ce Recueil n'a pu avoir la prétention de faire un livre qui renfermât, dans un ordre méthodique et raisonné, toutes les connaissances élémentaires, et qui offrît une lecture courante; il a dû consulter avant tout les besoins de l'étude progressive de la langue. Toutefois, dans le choix qu'il a fait, il s'est appliqué à y renfermer un ordre d'idées aussi complet que le plan qu'il a dû suivre pouvait le lui permettre. Premières notions religieuses, devoirs prescrits par la nature et la société, piété filiale et fraternelle, amour de la patrie, horreur de l'oisiveté, du jeu et du mensonge, amitié, respect aux lois, vénération pour la vieillesse, charité et bienfaisance, oubli des injures : tout ce que la morale la plus pure et la plus élevée peut inspirer de vertus au jeune âge, et en même temps tout ce que la prudence peut lui donner de préceptes et de conseils pour la conduite de la vie, y a trouvé sa place, tantôt dans des contes empruntés aux meilleurs auteurs, tantôt sous le voile transparent de la parabole et de la fable, tantôt enfin dans des maximes, qui se recommandent par la précision, l'énergie et quelquefois par l'originalité de l'expression.

Il est permis à l'auteur de s'exprimer ainsi sur cet ouvrage, puisqu'il n'y a guère d'autre part que le soin qu'il a apporté au choix des matériaux qui le composent. Il a évité tout ce qui suppose la connaissance de l'histoire et de la mythologie, et plus soigneusement encore tout ce qui pouvait éveiller, dans l'ame des enfans, des idées qu'il est du devoir de l'éducation de laisser dormir le plus long-temps possible. Les auteurs qu'on a mis à contribution sont généralement approuvés. La plus grande partie des morceaux sont extraits de Berquin, de Krummacher, de Florian, de Lafontaine et de l'excellent ouvrage de M. de Jussieu, intitulé Simon de Nantua. C'est à ce dernier ouvrage qu'est empruntée l'*Histoire des deux frères*.

Si le Recueil que nous publions aujourd'hui est favorablement accueilli, il ne tardera pas à être suivi d'un second, qui pourra être à la fois plus riche et plus méthodique, et qui sera destiné à un âge plus avancé.

TABLE DES MATIÈRES.

PREMIÈRE PARTIE.

PREMIÈRE PARTIE.

I. CONTES ET PETITES HISTOIRES.

1. LE BON PÈRE.

Des affaires importantes retenaient un bon père dans la capitale. Son épouse et ses enfans vivaient loin de lui dans une petite maison de campagne. Un jour, il envoya aux enfans une grande caisse remplie de belles choses, qu'il accompagna d'une lettre [1], où se trouvaient ces mots : « Mes chers enfans, soyez toujours bons et pieux ; je vous permettrai bientôt de me rejoindre [2]. Réjouissez-vous, car je vous réserve encore de bien [3] plus beaux présens dans la maison que je vous ai préparée. »

« Qu'il [4] est bon, notre papa ! et combien de plaisir il nous procure ! » s'écrièrent les enfans transportés de joie. « Nous l'aimons aussi de tout notre cœur, quoique nous ne puissions le voir, et que [5] nous ayons de la peine à nous rappeler ses traits ! Nous voulons lui procurer de la satisfaction, en faisant tout ce qu'il nous prescrit dans sa lettre. « Oh ! quel plaisir pour nous de revoir une fois ce bon père ! » —

[1] accompagner de, begleiten mit. [2] rejoindre quelqu'un, wieder zu einem kommen. [3] bien, viel. [4] que steht hier statt combien, wie sehr, wie. [5] que statt quoique.

« Mes chers enfans, dit la mère, le bon Dieu agit envers les hommes, comme votre excellent père envers vous. A la vérité[6], nous ne le voyons pas; cependant nous recevons de lui mille bienfaits précieux. Par là nous connaissons son amour. Le soleil, la lune, les étoiles, les fleurs, les fruits et toutes les productions de la terre viennent de lui. L'Écriture sainte est, pour ainsi dire, une lettre par laquelle il nous fait connaître sa volonté, et nous promet de nous recevoir un jour dans le ciel; c'est là que[7] nous attendent encore des dons plus magnifiques, et des jouissances plus vives que celles que nous pouvons goûter sur la terre. Aimons Dieu de tout notre cœur, mes enfans; faisons toujours sa volonté; nourrissons l'espérance d'être une fois admis dans le ciel, où nous le verrons face à face[8], et où notre joie sera inexprimable. »

[6] zwar. [7] dort ist es wo, dort. C'est — que steht oft, um bestimmter auf etwas hinzuweisen und wird meistens nicht übersetzt (Neue franz. Sprachlehre für die deutschen Volksschulen Frankreichs, S. 336). [8] von Angesicht zu Angesicht.

2. LA PLUIE.

Un marchand revenait un jour de la foire; il était à cheval, et derrière lui se trouvait sa valise remplie d'argent. La pluie tombait avec violence, et le bon homme était mouillé jusqu'aux os[1]. C'est pourquoi il était fort mécontent, et murmurait de ce que[2] Dieu lui donnait un si mauvais temps pour son voyage.

Bientôt il arriva dans une épaisse forêt, et

pensa[3] mourir de frayeur, en voyant un brigand qui se tenait[4] au bord du chemin. Celui-ci le coucha en joue[5] avec son fusil et voulut faire feu[6]. Mais la poudre ayant été mouillée par la pluie, le coup ne partit point, et le marchand, donnant de l'éperon[7] à son cheval, parvint[8] à s'échapper heureusement.

Quand il se vit en sûreté, il dit en lui-même : « combien j'avais tort de ne pas supporter patiemment la pluie comme un bienfait de la Providence ! Si le temps eût été sec et beau, je serais mort, et je nagerais dans mon sang, à l'heure qu'il est[9]; mes enfans attendraient en vain mon retour. La pluie qui me faisait murmurer, vient[10] à la fois de me sauver la vie et de me conserver mon bien. »

[1] être mouillé jusqu'aux os, bis auf die Knochen, das heißt, durch und durch naß werden. [2] darüber daß. [3] penser (denken) mit einem darauf folgenden Infinitif heißt im Begriff, nahe daran seyn, beinahe etwas thun; il pensa mourir, er wäre beinahe gestorben. [4] se tenir, stehen. [5] coucher en joue, auf jemand anschlagen, nach jemanden zielen. [6] faire feu, Feuer geben. [7] donner de l'éperon, den Sporn geben. [8] je parviens à, es gelingt mir zu. [9] à l'heure qu'il est, zu dieser Stunde, jetzt. [10] venir de faire quelque chose, so eben etwas gethan haben (Neue französische Sprachlehre, S. 75 u. 97).

3. L'ÉCHO.

Le petit George n'avait pas encore la moindre idée d'un écho. Un jour il s'avisa[1] de crier au milieu des prairies : « Ho ! ho ! » et il entendit sortir aussitôt les mêmes mots du bosquet voisin :

[1] s'aviser, sich einfallen lassen; je m'avise, es fällt mir ein.

« Ho! ho! » L'enfant, étonné, se mit[2] à crier: « Qui es-tu? » sur quoi[3] la voix mystérieuse reprit aussitôt : « Qui es-tu? » George s'écria : « Il faut que tu sois un sot garçon. » — « Sot garçon! » répéta la voix, du fond[4] du bosquet.

Pour le coup[5], George se mit en colère, et redoubla les injures qu'il envoyait vers la forêt. L'écho les lui rendit toutes fidèlement. Là-dessus il chercha l'enfant qu'il supposait lui répondre[6], dans toute l'étendue du bocage, pour s'en venger; mais il ne trouva personne.

Après cette recherche infructueuse, George courut à la maison, et se plaignit à[7] sa mère de ce qu'un méchant garçon s'était caché dans la forêt pour l'injurier : « Pour le coup, mon fils, tu t'es trahi, et tu t'accuses toi-même, lui dit-elle. Apprends que tu n'as rien entendu que tes propres paroles; car, de même que[8] tu as plus d'une fois vu ton visage réfléchi dans l'onde, ainsi tu viens d'entendre ta propre voix dans la forêt. Si tu avais crié une parole obligeante, tu n'aurais pas manqué[9] d'en recevoir une pareille. C'est ainsi qu'il arrive toujours. La conduite des autres à notre égard[10] est ordinairement l'écho de la nôtre. Si nous en usons[11] honnêtement avec eux, ils en useront de même avec nous. Mais si nous sommes durs et grossiers envers nos semblables, nous ne pourrons rien attendre de mieux de leur part.

[2] se mettre à, sich an etwas machen, anheben, anfangen. [3] sur quoi, worauf. [4] du fond de, aus dem Innersten, aus — heraus. [5] dießmal, jetzt (Neue franz. Sprachl., S. 336). [6] qu'il supposait

lui rép., von dem er sich einbildete, daß es ihm antwortete. [7] à, gegen. [8] de même que, so wie, gleichwie. [9] ne pas manquer de faire une chose, nicht ermangeln etwas zu thun, unfehlbar etwas thun. [10] à notre égard, statt à l'égard de nous, gegen uns. [11] en user avec qq., sich gegen jemanden betragen.

4. LA SOURCE.

Le petit Guillaume marchait au milieu des champs, un jour[1] d'été qu'il faisait[2] extrêmement chaud. Ses joues étaient brûlantes, et le pauvre enfant mourait[3] de soif. Tout à coup il arriva près d'une source dont l'onde argentée jaillissait d'un rocher à l'ombre d'un beau chêne.

Guillaume se précipita aussitôt vers cette eau, froide comme de la glace, en but, et tomba presque sans connaissance. Il arriva malade chez ses parens, et fut saisi d'une fièvre très-dangereuse. « Ah! disait-il, en soupirant dans son lit de douleur, qui aurait cru, à voir[4] cette source, qu'elle contînt un poison si pernicieux? »

Son père l'entendit et lui dit: « Ce n'est[5] pas la source, dont l'eau est si pure, qui est la cause de ta maladie; c'est ton imprudence. »

[1] un jour d'été, an einem Sommertage. [2] que, als. [3] mourait de soif, verschmachtete fast vor Durst. Das Imparfait zeigt oft eine bloß angefangene, aber nicht vollendete Handlung an (Neue franz. Sprachl., S. 65). [4] à voir, bei dem Anblick, wenn man betrachtete. [5] ce n'est pas la source qui, nicht die Quelle — c'est, sondern.

5. LA NOIX.

Deux petits garçons trouvèrent une noix sous un grand arbre près de leur village. — « Elle est à moi[1], dit Pierre; car c'est moi qui l'ai vue le

[1] sie gehört mir.

premier. » — « Non, elle m'appartient, reprit Bernard: car c'est moi qui l'ai ramassée. » Là-dessus s'engagea [2] entre eux une violente querelle.

« Je veux vous mettre d'accord [3], dit un jeune homme qui passait justement par là. Il se plaça au milieu des deux petits garçons, cassa la noix et dit : L'une des coquilles appartient à celui qui, le premier [4], a vu la noix; l'autre sera pour celui qui l'a ramassée. Quant à l'amande, je la garde pour prix [5] du jugement que j'ai porté. Ceci, ajouta-t-il en riant, est le dénouement habituel de la plupart des procès. »

[2] entſpann ſich; entſtand. [3] mettre d'accord, vergleichen. [4] zuerſt. [5] als Belohnung für.

6. LE CHOU.

Deux garçons de métier, Joseph et Benoît, passaient un jour près d'un jardin potager, en traversant un village.

— « Regardez un peu [1], dit Joseph, de quelle grosseur prodigieuse sont ces têtes de choux. »

— « En vérité, répondit Benoît, ces choux n'ont rien de remarquable. En faisant mon tour de France [2], j'en ai vu une tête qui était beaucoup plus grande que le presbytère que vous voyez là-bas. »

— « C'est beaucoup dire [3], répliqua Joseph, qui était chaudronnier. Cependant je me souviens d'avoir travaillé à certain chaudron qui était d'une grandeur égale à celle de l'église. »

— « Mais, au nom du Ciel [4] ! s'écria Benoît,

dites-moi ce qu'on voulait faire d'un[5] vase si démesuré. »

— « C'était pour y faire bouillir votre chou, répondit Joseph. »

— « Je vois maintenant où vous en vouliez venir[6], reprit Benoît, tout confus. Vous n'aviez pas autrefois l'habitude de vous écarter de la vérité, et vous ne venez de parler ainsi que pour ridiculiser mon mensonge. »

[1] ein Mal. [2] faire le tour de France, Frankreich durchreisen. [3] das will viel heißen. [4] um des Himmels willen. [5] de, mit. [6] en vouloir venir, hinaus wollen, sagen wollen.

7. LES CHAMPIGNONS.

Un jour[1] une bonne mère envoya dans la forêt sa fille, la petite Catherine, pour y chercher des champignons, que le père de l'enfant aimait beaucoup[2]. — « Maman! s'écria la petite, en rentrant au logis, pour le coup, j'en ai trouvé de superbes. Regardez un peu, ajouta-t-elle, en découvrant la corbeille, ils sont tous aussi rouges que l'écarlate, et comme ornés de perles. Il y avait[3] bien aussi de ces vilains champignons tout gris, comme ceux que vous avez rapportés dernièrement. Mais je les ai trouvés trop mauvais, et je me suis bien gardée d'en ramasser. »

— « Insensée! s'écria la mère avec effroi, ces beaux champignons, malgré l'écarlate et les perles dont[4] ils sont décorés, sont un poison terrible. Quant à ces gris que tu as dédaignés, ce sont

[1] eines Tages, einst. [2] sehr. [3] es waren wohl auch da. [4] womit.

justement les meilleurs, malgré leur peu[5] d'apparence. Il en est ainsi[6], mon enfant, de beaucoup de choses dans ce monde. Il y a[7] des vertus modestes qui n'ont que peu d'éclat, et des défauts brillans que le sot admire. »

[5] leur peu d'appar., ihr geringes Ansehen. [6] il en est ainsi de, so ist es mit. [7] es gibt.

8. LA CITROUILLE ET LE GLAND.

Un paysan reposait à l'ombre d'un chêne, et considérait une tige de citrouille qui s'étendait en grimpant sur les buissons de la haie voisine. Il se mit à secouer[1] la tête et dit en lui-même : « Hem ! hem ! je n'aime pas[2] que cette tige, si petite et si basse, porte de si gros fruits, tandis que ce grand et superbe chêne n'en porte que de si chétifs. Si j'eusse créé le monde, c'est[3] sur le chêne que j'aurais fait briller ces grosses citrouilles, d'un jaune doré[4], et dont la moindre aurait pesé un quintal. »

A peine avait-il parlé, qu'un gland tomba de l'arbre, et l'atteignit si fortement au nez que le sang en jaillit aussitôt. « Ouais ! s'écria notre homme tout effrayé, je viens de recevoir le prix de ma sottise. Si ce gland eût été une citrouille, il n'aurait pas manqué de m'écraser. »

[1] er schüttelte. — se mettre wird oft nicht übersetzt, und die Zeit in welcher es steht, auf das folgende Zeitwort übergetragen. [2] ich sehe es nicht gerne. [3] c'est — que j'aurais, so würde ich. [4] goldgelb.

9. LES ÉPIS.

Un villageois alla un jour visiter son champ pour voir si le grain serait bientôt parvenu à sa maturité. Il était accompagné de son fils, le petit Tobie. « Regardez, papa, lui dit l'enfant sans expérience [1], comme quelques-unes des tiges du blé tiennent leur tête droite et haute : ce sont apparemment les meilleures; et ces autres, qui se baissent presque jusqu'à terre sont assurément bien loin de les valoir [2]. »

Le père cueillit quelques épis et dit : « Regarde un peu, mon enfant; cet épi qui dressait si fièrement la tête, est tout-à-fait vide : au contraire, celui-ci qui s'inclinait avec tant de modestie est rempli des plus beaux grains. »

[1] unerfahren. [2] valoir qq., so viel werth seyn als —, an Werth gleich kommen.

10. LA VIGNE.

Près de mourir [1], un père dit à ses trois fils : « Mes chers enfans, je ne puis rien vous laisser que cette chaumière et la vigne qui y tient [2]. Mais dans cette dernière est enfoui un trésor caché. Mettez-vous à piocher [3] sans relâche, et vous ne manquerez pas de le trouver. »

Après sa mort, ses fils n'eurent rien de plus pressé [4] que de retourner toute la vigne avec diligence; mais ils ne trouvèrent ni or ni argent. Comme ils n'avaient jamais travaillé le terrain avec tant de soin, il produisit, c[illegible]te année, une telle quantité de raisins qu'ils en furent tout surpris.

[1] dem Tode nahe. [2] y tenir, daran stoßen. [3] mettez-vous à piocher, statt piochez. [4] n'avoir rien de plus pressé que de, nichts eiligers zu thun haben, als; zuerst und eiligst vornehmen.

Ce n'est qu'alors[5] qu'ils devinèrent ce que leur père entendait par[6] le trésor.

[5] ce n'est qu'alors, jetzt erst. [6] entendre par, meinen mit; darunter verstehen.

11. LE CHEVAL VOLÉ.

Le plus beau cheval d'un paysan fut volé une nuit[1] dans son écurie. Il se rendit à un marché aux chevaux, qui se tenait[2] à quinze lieues de là, dans l'intention d'en acheter un autre.

Il fut bien étonné[3] d'y reconnaître[4] sa bête parmi celles qui étaient exposées en vente[5]. Il la saisit aussitôt par la bride, en s'écriant : « Ce cheval m'appartient; il y a[6] trois jours qu'on me l'a enlevé. » —

« Vous vous trompez, mon cher ami, dit fort poliment celui qui voulait vendre l'animal. Il y a[7] plus d'un an que j'ai ce cheval; ce n'est pas le vôtre; mais il se peut[8] qu'il ait quelque ressemblance avec lui. »

Le paysan mit vite ses deux mains sur les yeux du cheval, en s'écriant : « Eh bien, si l'animal vous appartient depuis si long-temps, dites-moi donc de[9] quel œil il est borgne. »

L'autre, qui était vraiment le voleur du cheval, mais qui ne l'avait pas examiné en détail[10], resta[11] tout interdit. Cependant comme il devait dire quelque chose, il répondit au hasard[12] : « C'est de l'œil gauche. » —

« Vous n'y êtes[13] pas, dit le paysan : l'animal n'est pas borgne de l'œil gauche. » — « Ah, s'écria le fripon, je me suis simplement mépris en parlant[14]; c'est de l'œil droit qu'il ne voit pas. »

Alors le paysan découvrit les yeux du cheval, en disant : « Il est évident maintenant que tu n'es qu'un fripon et un menteur. Regardez, vous autres, le cheval n'est nullement aveugle. J'ai fait ces questions seulement pour mettre le vol au jour.[15] »

Tous les assistans se prirent[16] à rire et à battre des mains[17], en s'écriant : « Attrapé ! attrapé ! »

Le voleur, obligé de rendre le cheval, fut emprisonné, et subit la punition qu'il avait méritée.

[1] in einer Nacht. [2] se tenait, statt était tenu. [3] être étonné, erstaunen. [4] als er erkannte. [5] zum Verkauf. [6] il y a — que, vor. [7] es ist. [8] il se peut, es kann seyn; es ist möglich. [9] an. [10] umständlich. [11] stand, war (eigentlich blieb). [12] auf das Gerathewohl. [13] j'y suis, ich habe es getroffen. [14] se méprendre en parlant, sich mißreden. [15] mettre au jour, an den Tag bringen. [16] se prendre à, anfangen. [17] in die Hände klatschen.

12. L'AMOUR FILIAL.

Frédéric deux[1], roi de Prusse, sonna un soir et personne ne vint. Il ouvrit sa porte, et trouva son page[2] endormi. Il s'avança vers lui, et allait[3] le réveiller, lorsqu'il aperçut un bout de papier qui sortait de sa poche. Curieux de savoir ce que c'était, il le prit et le lut. C'était une lettre de la mère du jeune homme, dans laquelle elle le remerciait de ce[4] qu'il lui envoyait une partie de ses gages pour la soulager dans sa pauvreté. Elle finissait par lui dire[5] que Dieu le bénirait pour la bonne conduite qu'il tenait envers elle. Le

[1] der Zweite. [2] ein Page, so nennt man die jüngern Aufwärter und Diener am Hofe der Fürsten. [3] aller, vor einem Infinitif, heißt im Begriff seyn, wollen, sich anschicken. [4] dafür daß. [5] sie sagte ihm zuletzt.

roi, après avoir lu, rentra doucement dans sa chambre, prit un rouleau de pièces d'or, et le glissa avec la lettre dans la poche du page. Rentré dans la chambre, il sonna si fort, que le dormeur se réveilla et entra. « Tu as bien dormi, lui dit le roi. » Le page voulut s'excuser. Dans son embarras, il mit par hasard sa main dans sa poche, et sentit avec étonnement le rouleau; il le tire, pâlit et regarde le roi en versant un torrent de larmes, sans pouvoir prononcer une seule parole. « Qu'est-ce! demanda le roi, qu'as-tu? » Ah, Sire! dit le jeune homme, en se précipitant à ses pieds, on veut me perdre[6]; je ne sais d'où vient cet argent que je trouve dans ma poche. « Mon ami, dit Frédéric, Dieu nous donne souvent le bien pendant que nous dormons. Envoie cet or à ta mère, salue-là de ma part[7], et dis-lui que j'aurai soin d'elle et de toi. » La douleur du page se changea alors en alégresse; il reconnut, par sa propre expérience, que rien ne contribue plus à rendre les enfans heureux, que les sacrifices qu'ils font[8] pour adoucir les malheurs de ceux à qui ils doivent le jour.[9]

[6] perdre quelqu'un, einen zu Grunde richten, verderben. [7] von meiner Seite, von mir. [8] faire un sacrifice, ein Opfer bringen. [9] das Leben.

13. LES QUATRE SAISONS.

Ah! si l'hiver pouvait durer toujours! disait le petit Henri au retour[1] d'une course de traîneaux, en s'amusant dans le jardin à former des hommes de neige. Son père l'entendit et lui dit:

[1] zurückgekehrt.

Mon fils, tu me ferais plaisir d'écrire[2] ce souhait dans ce porte-feuille. Henri l'écrivit d'une main tremblotante de froid.

L'hiver s'écoula, et le printemps survint.

Henri se promenait avec son père le long d'une plate-bande, où fleurissaient des jacinthes, des auricules et des narcisses. Il était transporté[3] de joie en respirant leur parfum, et en admirant l'éclat de leurs couleurs. Ce sont les productions du printemps, lui dit son père : c'est la saison des fleurs ; elles sont brillantes, mais d'une bien courte durée. Ah! c'est bien dommage, répondit Henri ; pourquoi le printemps ne dure-t-il toujours!

Voudrais-tu bien écrire ce vœu dans mes tablettes, lui dit son père. Henri écrivit, le cœur plein de joie.

Cependant le printemps ne tarda pas à faire place à l'été. Henri, dans un beau jour, alla se promener avec ses parens et quelques compagnons de son âge, dans un village voisin. Ils trouvaient sur la route, tantôt des blés verdoyans, qu'un vent léger faisait rouler[4] en ondes comme une mer doucement agitée, tantôt des prairies émaillées de mille fleurs. Ils voyaient de tous côtés bondir de jeunes agneaux, et des poulains pleins de feu faire mille gambades autour de leur mère. Ils mangèrent des cerises, des fraises et d'autres fruits de la saison, et ils passèrent la journée entière à s'ébattre dans les champs.

N'est-il pas vrai, Henri, lui dit son père, en

[2] wenn du schreiben wolltest. [3] außer sich. [4] faire rouler, rollen.

s'en retournant à la ville, que l'été a aussi ses plaisirs ?

Oh ! répondit-il, je voudrais qu'il durât toute l'année ! Ce souhait fut encore[5] inscrit dans le porte-feuille.

Enfin l'automne arriva. Toute la famille alla passer un jour en vendanges[6] : il ne faisait pas tout-à-fait si chaud que dans l'été ; l'air était doux et le ciel serein ; les ceps de vigne étaient chargés de grappes noires, ou d'un jaune d'or ; les melons rebondis, étalés sur des couches, répandaient une odeur délicieuse ; les branches des arbres courbaient sous le poids des plus beaux fruits. Ce fut un jour de régal pour Henri, qui n'aimait rien tant que les raisins, les melons et les figues. Il avait encore[7] le plaisir de les cueillir lui-même.

Ce beau temps, lui dit son père, va[8] bientôt passer : l'hiver s'achemine à[9] grands pas vers nous pour rappeler l'automne.

Ah ! répondit Henri, je voudrais bien qu'il restât en chemin, et que l'automne ne nous quittât jamais.

Alors son père, tirant ses tablettes de sa poche, lui montra et lui fit lire les vœux qu'il avait autrefois formés[10]. Henri rougit, et son père n'eut pas de peine à lui faire comprendre que toutes les saisons de l'année sont bonnes, et qu'elles ont toutes leurs plaisirs et leurs avantages. Tu vois, lui dit-il, combien[11] nos désirs sont souvent peu raisonnables, et combien nous sommes heureux de ce qu'il n'est pas en notre pouvoir de régler le cours de la nature.

[5] ebenfalls. [6] bei der Weinlese. [7] überdieß. [8] aller mit einem Infinitif steht statt der nächstzukünftigen Zeit, und wird meistens durch bald werden übersetzt (Neue franz. Sprachl., S. 75 u. 98). [9] mit. [10] former des vœux, Wünsche hegen, äußern, aussprechen. [11] combien peu, wie wenig.

14. LE CONTRETEMPS UTILE.

Dans une belle matinée du mois de Juin, Alexis se disposait à partir avec son père pour faire une partie de plaisir, qui, depuis quinze jours, était l'objet de toutes ses pensées. Il s'était levé de très-bonne heure, contre son ordinaire [1], pour hâter les préparatifs de l'expédition. Enfin, au moment où il croyait avoir atteint le terme de ses espérances, le ciel s'obscurcit tout à coup; les nuages s'entassèrent; un vent orageux courbait les arbres, et soulevait la poussière en tourbillons. Alexis descendait à chaque instant dans le jardin, pour observer l'état du ciel, puis il remontait les degrés de l'escalier trois à trois [2] pour consulter le baromètre. Le ciel et le baromètre s'accordaient à parler contre lui. Cependant il ne craignit [3] point de rassurer son père, et de lui protester que toutes ces apparences fâcheuses allaient [4] se dissiper en un clin-d'œil, qu'il ferait même bientôt le plus beau temps du monde; et il conclut qu'il fallait partir tout de suite pour en profiter.

M. Ponval, qui n'avait pas une confiance aveugle dans les pronostics de son fils, crut qu'il était plus sage d'attendre encore. Au même instant

[1] gegen seine Gewohnheit. [2] indem er jedesmal über drei Stufen sprang. [3] il ne craignit point, er glaubte zu können. [4] würden.

les nues crevèrent, et une pluie impétueuse fondit sur la terre. Alexis, doublement confondu, se mit à pleurer, et refusa obstinément toute consolation.

La pluie continua jusqu'à trois heures de l'après-midi. Enfin les nuages se dispersèrent, le soleil reprit[5] son éclat, le ciel sa sérénité, et toute la nature respirait la fraîcheur du printemps. L'humeur d'Alexis s'était par degrés[6] éclaircie comme l'horizon. Son père le mena dans les champs; et le calme des airs, le ramage des oiseaux, la verdure des prairies, les doux parfums qui s'exhalaient autour de lui, achevèrent[7] de ramener la paix et la joie dans son cœur.

Ne remarques-tu pas, lui dit son père, la révolution délicieuse qui vient de s'opérer dans toute la création? Rappelle-toi les tristes images qui affligeaient hier nos regards : la terre crevassée par une longue sécheresse, les fleurs décolorées et penchant leurs têtes languissantes, toute la végétation qui semblait décroître. A quoi[8] devons-nous attribuer le rajeunissement soudain de la nature? A la pluie qui vient de tomber aujourd'hui, répondit Alexis. L'injustice de ses plaintes et la folie de sa conduite le frappèrent vivement lorsqu'il prononçait ces mots. Il rougit; et son père jugea qu'il suffisait[9] de ses propres réflexions, pour lui apprendre une autre fois à sacrifier, sans regret, un plaisir personnel au bien général de l'humanité.

[5] erschien wieder in (eigentlich nahm wieder). [6] nach und nach, allmählig. [7] achever de faire qq. chose, etwas vollends thun.

[8] welche Ursache? [9] il suffisait de ses pr. réfl., statt ses propres réflex. suffisaient; — statt une chose suffit, sagt man auch: il suffit d'une chose.

15. LES BUISSONS.

Dans une riante soirée de Mai, M. Le Sage était assis, avec Charles son fils, sur le penchant d'une colline, d'où il lui faisait admirer[1] la beauté de la nature, que le soleil couchant semblait revêtir, dans ses adieux[2], d'une robe de pourpre. Ils furent distraits de leur douce rêverie par les chants joyeux d'un berger qui ramenait son troupeau bêlant de la prairie voisine. Des[3] deux côtés du chemin qu'il suivait, s'élevaient des buissons d'épines, et aucune brebis ne s'en approchait sans y laisser quelque dépouille de sa toison.

Le jeune Charles entra en colère[4] contre ces ravisseurs. Voyez-vous, mon papa, s'écria-t-il, ces buissons qui dérobent leur laine aux brebis? Pourquoi Dieu a-t-il fait naître ces méchans arbustes? ou pourquoi les hommes ne s'accordent-ils pas pour les exterminer? Si les pauvres brebis repassent encore dans le même endroit, elles vont[5] y laisser le reste de leurs habits. Mais non, je me lèverai demain à la pointe du jour; je viendrai avec ma serpette, et *ritz*, *ratz*, je jetterai à bas[6] toutes ces broussailles. Vous viendrez aussi avec moi, mon papa; vous porterez votre

[1] Il lui faisait admirer, eigentlich er machte ihn bewundern, das heißt, er machte ihn aufmerksam, und erregte dadurch seine Bewunderung. [2] bei ihrem Abschied, Hinscheiden. [3] auf. [4] gerieth in Zorn. [5] so werden sie. [6] jeter à bas, zu Boden werfen.

grand couteau de chasse ; et l'expédition sera faite avant l'heure du déjeûner.

M. Le Sage promit à son fils de l'accompagner, le lendemain, dès la pointe du jour.

Charles, qui se croyait déjà un héros, de[7] la seule idée de détruire de[8] son petit bras cette légion de voleurs, eut de la peine à s'endormir, occupé comme il l'était de ses victoires du lendemain. A peine les chants joyeux des oiseaux perchés sur les arbres voisins de ses fenêtres, eurent-ils annoncé le retour de l'aurore, qu'il se hâta d'éveiller son père. M. le Sage, de son côté, peu occupé de la destruction des buissons, mais charmé de trouver l'occasion de montrer à son fils les beautés ravissantes du jour naissant, ne fut pas moins empressé à sauter de son lit. Ils s'habillèrent à la hâte[9], prirent leurs armes, et se mirent[10] en chemin pour leur expédition. Charles marchait le premier, d'un air de triomphe[11], et M. Le Sage avait bien de la peine à suivre ses pas. En approchant des buissons, ils virent de tous les côtés de petits oiseaux qui allaient et venaient, en voltigeant sur leurs branches. Doucement, dit M. Le Sage à son fils, suspendons un moment notre vengeance, de peur de troubler ces innocentes créatures. Remontons à l'endroit de la colline où nous étions assis hier au soir, pour examiner ce que les oiseaux cherchent sur ces buissons d'un air si affairé[12]. Ils remontèrent la colline, s'assirent, et regardèrent. Ils virent que les oiseaux emportaient dans leur bec les flocons de laine que les buissons avaient accrochés la veille aux brebis. Il venait[13] des troupes de fauvettes, de pinsons, de linottes et de rossignols, qui s'enrichissaient de ce butin.

Que veut dire cela? s'écria Charles tout étonné. Cela veut dire, lui répondit son père, que la Providence prend soin[14] des moindres créatures, et leur fournit toutes sortes de moyens pour leur bonheur et leur conservation. Tu le vois; ces pauvres oiseaux trouvent ici de quoi[15] tapisser l'habitation qu'ils forment d'avance pour leurs petits. Ils se préparent un lit bien doux pour eux et pour leur jeune famille. Ainsi, cet honnête buisson, contre lequel tu t'emportais[16] hier si légèrement, allie les habitans de l'air avec ceux de la terre. Il demande au riche son superflu, pour donner au pauvre ses besoins. Veux-tu venir à présent le détruire? Que le Ciel nous en préserve! s'écria Charles. Tu as raison, mon fils, reprit M. Le Sage; qu'il fleurisse en paix, puisqu'il fait de ses conquêtes un usage si généreux!

[7] bei. [8] mit. [9] eilig. [10] se mettre en chemin, sich auf den Weg machen. [11] mit triumphirender Miene. [12] d'un air si affairé, so geschäftig. [13] il venait des troupes, statt des troupes venaient, es kamen (Neue franz. Sprachl., S. 118). [14] prendre soin de, Sorge tragen für. [15] de quoi, ein Mittel. [16] s'emporter, erzürnt seyn, zornige Reden ausstoßen.

16. LES DEUX POMMIERS.

Un riche laboureur était père de deux garçons, dont l'un avait tout juste[1] un an de plus que l'autre. Le jour de la naissance du second, il avait planté

[1] tout juste, grade, genau.

à l'entrée de son verger deux pommiers d'une tige égale, qu'il avait cultivés depuis avec le même soin, et qui avaient si également profité de[2] leur culture, qu'on n'aurait jamais pu se décider entre eux pour la préférence. Lorsque ses enfans furent en état de manier les outils du jardinage, il les mena, un beau jour de printemps, devant les deux arbres qu'il avait plantés pour eux, et nommés de[3] leur nom; et après leur avoir fait admirer leur belle tige et la quantité de fleurs dont ils étaient couverts, il leur dit: Vous voyez, mes enfans, que je vous les livre en bon état. Ils peuvent autant gagner par vos soins, qu'ils perdraient par votre négligence. Leurs fruits vous récompenseront en proportion de[4] vos travaux.

Le cadet, nommé Étienne, était infatigable dans ses soins. Il s'occupait tout le jour à délivrer son arbre des chenilles qui l'auraient dévoré. Il étaya sa tige, pour empêcher qu'il ne prît une mauvaise tournure; il piochait la terre tout autour, afin qu'elle pût se pénétrer plus facilement des feux du soleil et de l'humidité de la rosée. Sa mère n'avait pas eu plus d'attention pour lui dans sa plus tendre enfance, qu'il n'en avait pour son jeune pommier.

Michel, son frère, ne faisait rien de tout cela. Il passait la journée à grimper sur le coteau voisin, d'où il jetait des pierres aux passans. Il allait chercher tous les petits paysans d'alentour, pour se battre avec eux. On ne lui[5] voyait que des

[2] profiter de qq. chose, Nutzen aus etwas ziehen. [3] nach. [4] im Verhältniß zu. [5] an ihm.

écorchures aux jambes et des bosses au front, des coups qu'il avait reçus dans ses querelles. En un mot, il négligea tellement son arbre, qu'il n'y songea du tout[6], qu'au moment où il vit, dans l'automne, celui d'Étienne, si chargé de pommes bigarrées de pourpre et d'or, que, sans les appuis qui soutenaient ses branches, le poids de ses fruits l'aurait entraîné à terre. Frappé à la vue d'une si belle récolte, il courut à son arbre, dans l'espérance d'en recueillir une tout au moins[7] aussi abondante. Mais quelle fut sa surprise de n'y trouver que des branches couvertes de mousse, et quelques feuilles jaunies! Plein de jalousie et de dépit, il alla trouver son père, et lui dit: Mon père, quel arbre m'avez-vous donné? Il est sec comme un manche à balai, et je n'aurai pas dix pommes à y cueillir. Mais mon frère!..... Oh! vous l'avez bien mieux traité. Ordonnez-lui du moins de partager ses pommes avec moi. — Partager avec toi? lui répondit son père: ainsi le diligent aurait perdu ses sueurs pour nourrir le paresseux! Souffre, c'est le prix de ta négligence: et ne t'avise pas, en voyant la riche récolte de ton frère, de m'accuser d'injustice. Ton arbre était aussi vigoureux et d'un aussi bon rapport[8] que le sien. Il avait une égale quantité de fleurs; il est venu[9] sur le même terrain; seulement il n'a pas reçu la même culture. Étienne a délivré son arbre des moindres insectes; tu leur as laissé dévorer le tien dans sa fleur. Comme je ne

[6] gar nicht. [7] tout au moins, zum allerwenigsten. [8] être de bon rapport, viel eintragen. [9] gewachsen; empor gekommen.

veux laisser rien perdre de ce que Dieu m'a donné, puisque je lui en dois compte, je te reprends cet arbre, et je lui ôte ton nom. Il a besoin[10] de passer par les mains de ton frère pour se rétablir, et il lui appartient dès ce moment, ainsi que les fruits qu'il y fera naître. Tu peux en aller chercher un dans ma pépinière, et le cultiver si tu veux, pour réparer ta faute : mais si tu le négliges, il appartiendra encore à ton frère, puisqu'il me seconde dans mes travaux.

Michel sentit la justice de la sentence de son père, et la sagesse de son conseil. Il alla dès ce moment choisir dans la pépinière le jeune élève qu'il crut[11] le plus vigoureux. Il le planta lui-même. Étienne l'aida de ses avis pour le cultiver. Michel n'y perdit pas un moment : plus de querelles[12] avec ses camarades, encore moins avec lui-même ; car il se portait[13] de gaîté de cœur[14] au travail. Il vit dans l'automne son arbre répondre pleinement à ses espérances. Ainsi il eut le double avantage de s'enrichir d'une abondante récolte, et de perdre les habitudes vicieuses qu'il avait contractées[15]. Son père fut si satisfait de ce changement, qu'il lui céda, l'année suivante, de moitié[16] avec son frère, le produit d'un petit verger.

[10] er muß; es ist nöthig daß er. [11] croire, halten für. [12] plus de querelles, jetzt bekam er keinen Streit mehr (il n'eut ist ausgelassen). [13] se porter au travail, sich zur Arbeit anschicken, arbeiten. [14] frohen Muthes. [15] contracter une habitude, eine Gewohnheit annehmen. [16] zur Hälfte.

17. ABEL.

Le petit Abel, à peine âgé de huit ans, venait de perdre sa mère. Il en fut si affligé, que rien ne pouvait lui rendre la gaîté si naturelle à son âge. Sa tante fut obligée de le prendre chez elle, de peur qu'il n'aigrît encore, par sa tristesse, la douleur de son père.

Ils allaient[1] cependant le voir quelquefois. Abel quittait alors ses habits de deuil; et quoiqu'il eût le chagrin dans le cœur, il s'efforçait de prendre une figure joyeuse. M. Duval était sensible[2] à cette attention délicate de son fils; mais il n'en ressentait qu'avec plus d'amertume le malheur d'avoir perdu la mère de cet aimable enfant; et son désespoir le poussait à grands pas vers le tombeau.

Il y avait près de quinze jours qu'Abel n'était allé le voir. Sa tante, sous différens prétextes, avait toujours éludé ses instances. M. Duval était dangereusement malade. Il n'osait demander à embrasser son fils, craignant de lui porter un coup trop douloureux par le spectacle de son état. Ces combats paternels, joints à la violence de ses regrets, abattirent tellement ses forces, que bientôt il ne resta plus aucune espérance de guérison. Il mourut en effet le dernier jour de l'année.

Le lendemain Abel s'était éveillé de bonne heure, et il tourmentait sa tante, pour qu'elle le

[1] aller voir quelqu'un, jemand besuchen. [2] était sensible à, war sehr erfreut über.

menât[3] souhaiter la bonne année[4] à son père. Il vit qu'on lui faisait reprendre ses habits de deuil.

ABEL.

Pourquoi ce vilain noir aujourd'hui que nous allons chez mon papa? Qui est donc mort encore?

Sa tante était si affligée, qu'elle n'eut pas la force de lui répondre.

ABEL.

Eh bien! si vous ne voulez pas me le dire, je le demanderai à mon papa.

La bonne dame ne put pas y tenir[5] plus longtemps; et laissant éclater sa douleur: C'est lui, c'est lui qui est mort, dit-elle.

ABEL.

Il est mort! O mon Dieu, ayez pitié de moi! C'est d'abord maman, et ensuite mon papa! Pauvre petit enfant abandonné que je suis[6], sans père ni mère! O mon papa! O maman!

Abel, à ces mots, tomba évanoui dans les bras de sa tante, qui eut beaucoup de peine à le faire revenir.

Ne t'afflige pas, lui disait-elle, tes parens te restent encore.

ABEL.

Et où donc? Où les retrouver?

[3] mener quelqu'un faire quelque chose, jemand hinführen, damit er etwas thun könne. [4] souhaiter le bon jour, la bonne année, einen guten Tag, ein glückliches neues Jahr wünschen. [5] je n'y tiens plus, ich halte es nicht mehr aus. [6] pauvre enfant que je suis! ich armes Kind!

SA TANTE.

Dans le ciel, auprès du bon Dieu. Ils se trouvent heureux dans cette place, et ils auront toujours l'œil ouvert sur leur enfant. Si tu es sage, honnête et laborieux, ils prieront le Seigneur de te bénir. Le Seigneur n'a jamais abandonné personne, et sûrement il prendra soin de toi. C'est la dernière prière que ton papa lui fit hier au soir en mourant.

ABEL.

Hier au soir! quand je me réjouissais d'aller l'embrasser aujourd'hui! Hier au soir! il n'est donc pas encore à l'église? O ma tante! je veux le voir avant qu'on l'y porte. Il n'a pas voulu me faire ses adieux. Ah! il craignait de m'affliger, et je l'aurais peut-être affligé moi-même. Mais à présent que je ne lui causerai plus de peine, je veux le voir pour la dernière fois. Ma tante, ma chère tante, je vous en supplie!

SA TANTE.

Eh bien! mon ami, nous irons, pourvu que tu sois tranquille. Tu vois à mes larmes combien je suis désolée d'avoir perdu ton père. Il m'a fait du bien toute sa vie. J'étais pauvre, et je ne subsistais que par ses secours. Tu vois cependant que je me résigne à la Providence. Elle veille pour nous. Tranquillise-toi, mon petit ami.

ABEL.

Il faut bien que je me tranquillise. Mais, ma tante, menez-moi donc voir encore mon papa.

Sa tante le prit par la main, et ils sortirent. Le jour était sombre ; il tombait un brouillard épais ; Abel marchait en pleurant.

Lorsqu'ils arrivèrent devant la maison, ils la trouvèrent tendue de noir. Le cercueil était sur[7] la porte. Tous les amis de M. Duval étaient autour de lui. Ils pleuraient, ils sanglotaient, ils disaient tous que sa vie avait été pleine d'honneur et de probité. Le petit Abel fendit la presse[8], et se jeta sur le cercueil. D'abord il ne put proférer une seule parole : enfin, il releva sa tête en s'écriant : O mon papa ! regarde comme ton petit Abel pleure sur toi. Tu me consolais, lorsque maman mourut ; et pourtant tu pleurais toi-même. Je ne t'ai plus aujourd'hui pour me consoler de t'avoir perdu. O mon papa, mon bon papa !

Il ne put en dire davantage, suffoqué par la douleur. Sa bouche était ouverte, et sa langue restait immobile. Ses yeux, tantôt fixes, tantôt hagards, n'avaient plus de larmes. Sa tante eut besoin de toutes ses forces pour l'arracher avec violence du cercueil, tant il le tenait embrassé. Elle le conduisit chez une voisine, et la pria de le garder jusqu'après l'enterrement de son père. Elle n'osait le prendre avec elle pour l'accompagner.

Bientôt les cloches sonnèrent l'heure des funérailles. Abel les entendit. La femme qui le gardait était sortie un moment de la chambre.

[7] an, vor. [8] fendre la presse, sich durch die Menge durchdrängen.

Il s'élance hors de la maison, et court à l'église. Les prêtres achevaient les prières des morts. On descendait le cercueil en silence. Un cri se fait entendre : Enterrez-moi avec mon papa. Abel s'était précipité dans la fosse.

Comme tout le monde fut effrayé!

On le retira pâle, défait, tout meurtri, et on l'emporta hors de l'église.

Il fut près de trois jours dans une défaillance continuelle. Sa tante ne le faisait[9] revenir à lui, par intervalles, qu'en lui parlant de son père. Enfin, sa première douleur se calma. Il ne pleurait plus; mais il était encore bien chagrin.

M. Frémont, riche marchand de la ville, entendit parler de cette déplorable aventure. M. Duval ne lui avait pas été inconnu. Il alla chez sa sœur pour voir le petit orphelin. Il fut touché de sa tristesse, le prit dans sa maison, et lui tint lieu de père[10]. Abel s'accoutuma bientôt à se regarder comme son fils, et il gagnait[11] tous les jours quelque chose dans sa tendresse. A l'âge de vingt ans, il gouvernait déjà tout le commerce de son bienfaiteur, et le faisait prospérer avec tant d'habileté, que M. Frémont crut devoir lui céder la moitié des profits, et lui donner sa fille en mariage. Abel avait toujours soutenu sa tante de ses économies; il eut le bonheur de la faire jouir d'une douce aisance dans sa vieillesse. Jamais le premier jour de l'an n'approchait, qu'il ne fût[12]

9 faire revenir quelqu'un à lui, einen zu sich selber bringen. 10 vertrat Vaterstelle an ihm. 11 gagner quelque chose, Fortschritte machen. 12 qu'il ne fût, so viel als sans qu'il fût.

saisi d'une espèce de fièvre, en se rappelant ce qu'il avait une fois éprouvé à cette époque. Et il avouait que c'était[13] aux sensations dont il était alors affecté, qu'il devait les principes de courage, d'honneur et de droiture qu'il suivit dans le long cours de sa vie.

[13] c'était aux sensations qu'il devait, statt qu'il devait aux sensations.

18. LA CICATRICE.

Ferdinand avait reçu de la nature une ame pleine de noblesse et de générosité. Son esprit était vif et pénétrant, son imagination forte et sensible, son humeur[1] franche et joyeuse, et ses manières avaient une grâce animée qui lui conciliait tous les cœurs.

Avec tant de qualités aimables, il avait un défaut bien incommode pour ses amis, celui[2] de s'affecter[3] trop vivement des moindres impressions, et de s'abandonner, en aveugle[4], à tous les mouvemens qu'elles excitaient dans son ame.

Lorsqu'il jouait avec ses camarades, la plus légère contradiction l'irritait; on voyait le feu de la colère enflammer tout à coup son visage; il trépignait des pieds, poussait des cris, et se livrait à toutes les violences de l'emportement.

Un jour qu'il se promenait à grands pas dans sa chambre, en rêvant aux préparatifs d'une fête que son papa lui avait permis de donner à sa sœur, Marcellin, son ami et son confident, vint

[1] seine gewöhnliche Stimmung. [2] nämlich denjenigen. [3] sich hinreißen lassen. [4] blindlings, wie ein Blinder.

pour lui communiquer les idées qui lui étaient venues à ce sujet. Ferdinand, plongé dans la rêverie, ne l'avait pas aperçu. Marcellin, après l'avoir[5] inutilement appelé assez haut, se mit à le tirailler deux ou trois fois par le pan de son habit, pour s'en faire remarquer[6]. Ferdinand, impatienté de ces secousses, se retourna brusquement, et repoussa le pauvre Marcellin avec tant de rudesse, qu'il le fit tomber à la renverse à l'autre bout de la chambre.

Marcellin restait là étendu sans aucune apparence de vie et de sentiment; et comme sa tête avait porté contre[7] la corniche saillante d'une armoire, le sang coulait à grands flots[8] de ses tempes.

Dieu ! quel spectacle pour le malheureux Ferdinand, qui n'avait certainement jamais eu dans son cœur l'intention de faire du mal à son tendre ami, pour lequel il aurait donné la moitié de sa vie !

Il se précipite à côté de lui[9], en disant avec de grands cris: Il est mort, il est mort! J'ai tué mon cher Marcellin, mon meilleur ami! Au lieu de songer aux moyens de lui donner[10] des secours, il demeurait couché auprès de lui, en poussant les plus tristes sanglots.

Heureusement son père avait entendu ses gémissemens. Il accourut, prit Marcellin dans ses bras, l'emporta dans son lit, lui fit respirer des

[5] nachdem er — hatte. [6] se faire remarquer de quelqu'un, von einem bemerkt werden, seine Aufmerksamkeit auf sich ziehen. [7] porter contre, anstoßen. [8] in großen Strömen. [9] neben ihn. [10] verschaffen.

sels, et lui jeta au visage quelques gouttes d'eau fraîche, qui le firent bientôt revenir à lui-même.

Le retour de Marcellin à la vie fit naître[11] une vive joie dans le cœur de Ferdinand ; mais elle ne fut pas assez puissante pour calmer entièrement sa douleur.

On visita la blessure. Il s'en fallait[12] bien peu qu'elle ne fût dangereuse, et peut-être mortelle.

Marcellin, transporté dans la maison de son père, eut un accès de fièvre très-violent. Sa tête était prise[13]; et il commença bientôt à délirer.

Ferdinand ne s'éloigna pas un moment de son chevet. Il gardait[14] un morne silence ; car personne ne lui adressait la parole. On ne cherchait ni à le consoler, ni à l'affliger.

Marcellin l'appelait sans cesse dans ses rêveries. Mon cher Ferdinand, s'écriait-il, que t'ai-je donc fait pour que tu m'aies traité si méchamment ? Ah ! tu dois être encore plus malheureux que moi, de m'avoir blessé sans sujet. Ne t'afflige pas, je te pardonne. Pardonne-moi aussi de t'avoir fait mettre[15] en colère, je ne voulais pas te fâcher.

Ces discours, que Marcellin lui adressait sans le voir, quoiqu'il fût devant ses yeux, et qu'il lui tînt la main, redoublaient encore la tristesse de Ferdinand. Chaque trait de tendresse était un coup de poignard pour son cœur.

Enfin Dieu voulut que la fièvre se calmât peu à peu, et que la plaie commençât à guérir. Au bout de six jours Marcellin fut en état de se lever.

Qui pourrait se représenter la joie de Ferdinand? Ah! certainement personne, à moins[16] qu'il n'ait senti une fois, dans sa vie, la douleur qu'il éprouva aussi long-temps qu'il fut témoin des souffrances de son ami.

Lorsque celui-ci fut entièrement rétabli, Ferdinand reprit[17] un visage serein; et sans qu'on eût besoin de lui faire d'autres leçons, il travailla, de toute la force de son caractère, à vaincre cette humeur emportée qui le dominait.

Marcellin ne garda de sa chute qu'une cicatrice légère à la tempe. Ferdinand ne la regardait jamais sans émotion, même dans un âge plus avancé. Toutes les fois qu'il rencontrait Marcellin, il le baisait sur cette cicatrice, qui devint le sceau de la tendre intimité dont ils furent unis l'un à l'autre dans tout le cours de leur vie.

[11] faire naître, erzeugen, hervorbringen, erregen. [12] il s'en faut peu, es fehlt wenig. [13] eingenommen. [14] beobachten. [15] faire mettre en colère, zum Zorne reizen, veranlassen. [16] à moins que, es sey denn. [17] reprit un visage serein, bekam wieder ein heiteres Gesicht, wurde wieder heiter.

19. LE CEP DE VIGNE.

Monsieur Surgy était allé se promener à sa maison de campagne, avec Julien, son fils, dans l'un des premiers jours du printemps. Déjà fleurissaient la violette et la primevère ; et plusieurs arbres s'étaient déjà parés d'une verdure naissante[1] et de fleurs blanches et rouges. Ils allèrent par hasard sous une treille, du pied de laquelle

[1] naissant, entstehend, neugeboren, frisch.

s'élevait un cep de vigne rude et tortu, qui étendait tristement et sans ordre ses bras dépouillés. Mon papa! s'écria Julien, voyez ce vilain arbre! Pourquoi ne pas l'arracher [2] et en chauffer le four? Et aussitôt il se mit à le tirailler pour l'enlever de terre, mais ses racines l'y tenaient trop fortement attaché. Ne le tourmente pas, dit à son fils M. Surgy, je veux qu'il reste sur pied [3]; quand il en sera temps [4], je te dirai mes raisons.

JULIEN.

Mais, mon papa, voyez à côté ces fleurs brillantes des amandiers et des pêchers. Pourquoi ne s'est-il pas aussi bien paré, s'il veut qu'on le garde? Il gâte et il attriste tout le jardin. Voulez-vous que j'aille dire à Mathurin de venir l'arracher?

M. SURGY.

Non, te dis-je, mon fils, je veux qu'il reste sur pied, au moins quelque temps encore.

Julien persistait à le condamner : son père tâcha de détourner son attention sur d'autres objets; et le malheureux cep de vigne fut oublié.

Les affaires de M. Surgy l'appelaient dans une ville éloignée; il partit le lendemain, et ne revint qu'au commencement de l'automne.

Son premier soin fut d'aller visiter sa maison de campagne; il y mena encore [5] son fils. Le soleil était fort chaud; ils allèrent se mettre à l'abri sous la treille.

[2] nach pourquoi steht oft der Infinitif statt des fragenden Présent de l'Indicatif. [3] rester sur pied, aufrecht stehen bleiben. [4] il en est temps, es ist Zeit; die Zeit ist gekommen. [5] wieder.

Ah! mon papa, dit Julien, quelle belle verdure! Je vous remercie d'avoir fait arracher[6] ce vilain bois desséché, qui me faisait tant de peine à voir[7] ce printemps, et d'avoir mis à la place ce charmant arbrisseau, pour me causer une agréable surprise. Quels fruits ravissans! Voyez ces belles grappes; les unes violettes, les autres toutes[8] noires. Il n'y a pas un seul arbre dans tout le jardin qui fasse une aussi belle figure[9]. Ils ont tous perdu leur fruit: mais lui, voyez comme il en est couvert; voyez ces grandes feuilles vertes sous lesquelles se cache le raisin: je voudrais bien savoir s'il est aussi bon qu'il me paraît beau. M. Surgy lui en donna une grappe à goûter; c'était du muscat. Ses transports recommencèrent, et combien ils furent plus vifs, lorsque son père lui apprit que c'était de ces graines qu'on exprimait la liqueur délicieuse dont il goûtait quelquefois au dessert!

Te voilà[10] tout étonné, mon fils, lui dit M. Surgy; je te surprendrais bien davantage si je te disais que c'est là cet arbre rude et tortu que tu voulais arracher au printemps. Je vais, si tu veux, appeler Mathurin, et lui dire de le jeter au feu.

JULIEN.

Oh! gardez-vous-en bien, mon papa; qu'il prenne tous les autres plutôt que celui-ci: j'aime tant le muscat!

[6] ich danke Ihnen, daß Sie haben ausreißen lassen. [7] faire peine à voir, durch seinen Anblick wehe thun, Mühe machen. [8] ganz (Neue franz. Sprachl., S. 190). [9] faire une belle figure, schön aussehen. [10] te voilà, da bist du.

M. SURGY.

Tu vois donc, Julien, que j'ai bien fait de n'avoir pas suivi ton conseil. Ce qui t'est arrivé, arrive souvent dans la vie. On voit un enfant mal vêtu et d'un extérieur peu agréable; on le méprise, on s'enorgueillit en se comparant avec lui, on pousse[11] même la cruauté jusqu'à lui tenir des discours insultans. Garde-toi, mon fils, de[12] ces jugemens précipités. Dans ce corps peu favorisé de la nature réside peut-être une ame élevée qui étonnera un jour le monde par ses grandes vertus, ou qui l'éclairera par ses lumières. C'est une tige grossière, mais qui porte les plus beaux fruits.

[11] pousser jusqu'à, so weit treiben, daß. [12] vor.

II. TRAITS D'HISTOIRE NATURELLE.

1. LE LION.

Le lion est le roi des animaux quadrupèdes, le plus courageux et le plus magnanime; il ne craint pas d'attaquer l'éléphant et le rhinocéros, bien plus gros que lui. Il a la[1] figure imposante, le regard assuré, la démarche fière, la voix terrible. Sa taille est si bien proportionnée, que son corps paraît être le modèle de la force jointe à l'agilité. Les plus grands ont huit à neuf pieds

[1] In Beschreibungen steht der Artikel le, la, les, statt daß man im Deutschen den Einheitsartikel setzt (Neue fr. Sprachl., S. 230).

de longueur, depuis le mufle jusqu'à l'origine de la queue, qui est elle-même longue d'environ quatre pieds. Ils ont de quatre à cinq pieds de hauteur. Mais il y en a qui sont beaucoup plus petits. La tête du lion est couverte de [2] poils longs et touffus, et son cou est orné d'une crinière. Il habite les pays les plus chauds de l'Asie et de l'Afrique.

La lionne, qui est dépourvue [3] de la crinière, est un parfait modèle d'amour maternel. Lorsqu'elle a perdu ses petits, elle poursuit ceux qui les lui ont enlevés, à travers les précipices les plus dangereux et jusque dans la mer.

Le rugissement du lion ressemble au roulement du tonnerre; il épouvante tous les animaux du désert. Lorsqu'il saute sur sa proie, il fait un bond de douze à quinze pieds. Il a, comme les chats, l'avantage de voir dans les ténèbres.

On a vu au cap de Bonne-Espérance un lion prendre dans sa gueule un veau, le porter avec la même facilité qu'un chat porte une souris, et franchir un fossé très-large avec beaucoup d'aisance, tout [4] en tenant toujours sa proie entre ses dents.

Toutes les fois que [5] le lion a pu [6] connaître la supériorité de l'homme, il a tellement perdu de son courage qu'un seul cri humain a suffi pour l'effrayer.

[2] mit. [3] être dépourvu, mit etwas nicht versehen seyn (von pourvoir, versehen, vorsorgen). [4] tout en tenant, eigentlich ganz indem er hielt, d. h. indem er zu gleicher Zeit, oder dessen ungeachtet hielt. [5] so oft. [6] pouvoir heißt hier Gelegenheit haben.

Le lion est capable d'attachement, de générosité et de reconnaissance. Un historien raconte
le trait suivant.

Dans les temps où les Romains avaient[7] l'em
pire du monde, un gouverneur de la province
d'Afrique avait un esclave, nommé Androclès
Les mauvais traitemens que celui-ci essuyait[8]
tous les jours de la part de son maître, le for
cèrent enfin de prendre la fuite, et pour échappe
à sa vengeance, il se retira dans le désert. Fatigue
de la route, il entra dans une caverne profonde
et ténébreuse, pour se reposer, à l'abri[9] des ar
deurs du soleil. Mais à peine y était-il établi, qu'i
vit avec effroi arriver un lion, qui s'appuyait dou
loureusement sur une de ses pattes ensanglantées
et qui poussait des rugissemens épouvantables
Androclès se crut perdu; mais le lion, au lieu de
se précipiter sur lui, s'approcha doucement, e
sembla lui montrer sa blessure et lui demande
du secours. L'esclave, revenu de sa terreur, eu
le courage d'examiner la patte malade de l'ani
mal, arracha une grosse épine enfoncée entre se
griffes, et exprima le sang corrompu de la plaie
Le lion, se sentant soulagé, se coucha aux pied
de son bienfaiteur, laissa la patte entre ses mains
et s'endormit paisiblement. Depuis ce jour l
lion et Androclès vécurent ensemble, comm
deux amis, pendant trois ans. Le premier ap
portait dans la caverne les proies dont il s'em
parait dans ses excursions, et Androclès en pre

[7] avoir l'empire du monde, die Welt beherrschen. [8] auszustehe
haben; ausgesetzt seyn. [9] à l'abri de, geschützt gegen.

nait sa part, qu'il faisait rôtir au soleil. Mais comme ce genre de vie finit par l'ennuyer[10], il choisit le moment où l'animal reconnaissant était à la chasse, pour quitter son asile. Après trois jours de marche, il eut le malheur de tomber entre les mains d'un détachement de soldats; il fut conduit à Rome et condamné, comme esclave déserteur, à être dévoré par les bêtes féroces. Déjà le malheureux Androclès, au milieu de l'arène, attendait la mort; un lion énorme se précipita vers lui en poussant un rugissement qui faisait trembler d'effroi tous les spectateurs. Mais, ô prodige! le terrible animal, au moment où, arrivé près de sa victime, il allait s'élancer sur elle, s'arrête tout à coup, comme frappé d'étonnement; sa fureur s'apaise; il s'approche d'un air soumis[11], et en agitant sa queue comme un chien qui a reconnu son maître. Il lèche doucement les pieds et les mains de l'esclave évanoui. Ses caresses le rappellent à la vie. Androclès se ranime; ses yeux rencontrent ceux du lion; sa frayeur fait place à la joie la plus vive, il embrasse le lion comme un ami tendrement aimé. Rome entière, à ce spectacle étonnant, pousse un cri d'admiration. L'empereur fait appeler auprès de lui l'esclave, et apprend de sa bouche ce que nous venons de raconter. Il lui fait grâce[12] de la vie et lui fait présent[13] du lion. On vit alors

[10] finir par faire quelque chose, etwas zuletzt thun; endlich thun. [11] mit Unterwürfigkeit, in einer ehrerbietigen Stellung. [12] faire grâce de la vie, begnadigen, das Leben schenken. [13] faire présent de, ein Geschenk machen mit.

Androclès, tenant son libérateur attaché à une simple courroie, marcher au milieu de Rome, et l'on entendit le peuple s'écrier sur son passage : « Voilà le lion qui a donné l'hospitalité à un homme, et voici l'homme qui a guéri le lion! »

2. L'ÉLÉPHANT.

L'éléphant est le plus gros des quadrupèdes; il habite les climats chauds de l'Asie et de l'Afrique, et recherche les forêts épaisses, les bords des fleuves et les lieux humides. Ses jambes informes soutiennent un corps épais et sans souplesse. On aperçoit à peine sa petite queue, tandis que de larges oreilles ombragent amplement les deux côtés de sa tête. Ses yeux sont petits en proportion de sa taille énorme. Ce qu'il y a de plus extraordinaire, c'est que son nez se prolonge de plusieurs pieds. Mais cet animal, formé avec si peu d'élégance, est doué d'une grande intelligence et de beaucoup d'adresse. Ce nez si long et si flexible lui sert de main. A l'aide de ce nez, qu'on appelle trompe, il pourvoit[1] à tous ses besoins, puise de l'eau, cueille les herbes et les fleurs, dénoue les cordes, ouvre et ferme les portes, débouche les bouteilles, ramasse par terre[2] la plus petite pièce de monnaie; en un mot, il fait presque tout ce que nous faisons avec nos doigts. Cette trompe lui est indispensable; car, n'ayant pour ainsi dire point de cou, il ne peut baisser la tête jusqu'à terre. Quand il a soif, il

[1] pourvoir à, sorgen für. [2] par terre, auf der Erde; à terre, auf die Erde.

remplit d'eau cette trompe, et boit ensuite comme s'il vidait une bouteille. Il se nourrit d'herbes, de feuilles, de fruits et de grains. Il mange environ cent cinquante livres d'herbes par jour.[3]

Ce qui distingue encore l'éléphant, ce sont deux énormes dents, qui lui sortent de la bouche de chaque côté de la trompe, et qu'on appelle défenses; elles se recourbent légèrement et en pointe[4]. Ces défenses sont des armes terribles, dont[5] il épouvante les plus féroces animaux : elles fournissent une matière précieuse, appelée ivoire; elles pèsent jusqu'à cent livres chacune.

L'éléphant est[6] à peu près trente ans à grandir, et vit, quand il est libre, au-delà[7] de cent cinquante ans. Il y en a qui ont jusqu'à quinze pieds de hauteur; le dos est large de six pieds.

Ils marchent ordinairement de[8] compagnie : le plus âgé conduit la troupe; le second d'âge marche le dernier; les jeunes et les femelles sont au milieu des autres : les mères portent leurs petits, et les tiennent embrassés de leurs trompes.

L'éléphant devient, par l'éducation, un animal domestique. Une fois dompté, il est le plus doux et le plus patient de tous les animaux : il s'attache à celui qui le soigne; il le caresse, le prévient[9] et semble deviner tout ce qui peut lui plaire. En peu de temps il vient à bout[10] de comprendre

[3] par jour, täglich; par an, jährlich, u. s. w. [4] sie sind zugespitzt. [5] womit. [6] être à grandir, wachsen. Je suis à faire une chose, ich bin mit einer Sache beschäftigt, thue etwas. [7] über. [8] in. [9] kommt seinen Wünschen zuvor. [10] venir à bout, etwas zu Stande bringen, hinbringen.

les signes et même la parole. Il reçoit les ordres de son maître avec attention, les exécute avec prudence et empressement. On lui apprend aisément à fléchir le genou, pour donner plus de facilité à ceux qui veulent le monter. Il se sert de sa trompe pour enlever des fardeaux, aide lui-même à les charger. Il travaille sans se rebuter, pourvu qu'on ne l'insulte pas par des coups donnés mal à propos. Son cornac, c'est ainsi qu'on appelle celui qui le guide, est monté sur son cou. Un éléphant domestique rend autant de services que six chevaux.

Tous les tonneaux, sacs, paquets, qui se transportent dans l'Inde d'un lieu à l'autre, sont voiturés par des éléphans. Ils ne cassent ni n'endommagent rien de ce qu'on leur confie. Ils posent doucement les paquets, et les rangent dans l'endroit qu'on leur montre; ils essaient avec leurs trompes, s'ils sont bien situés[11], et quand c'est un tonneau qui roule, ils vont d'eux-mêmes chercher des pierres pour l'établir solidement.

[11] être bien situé, wohl aufliegen.

3. LE CHIEN.

Le chien est l'ami de l'homme. C'est un des animaux les plus intelligens, et c'est celui qui s'attache le plus sincèrement à son maître. Il est le gardien de nos maisons et de nos troupeaux. Sans avoir, comme l'homme, la lumière de la pensée, il a toute la chaleur du sentiment. Plus sensible au souvenir des bienfaits qu'à celui des outrages, il lèche la main qui vient de le frapper. C'est le seul animal dont la fidélité soit à l'épreuve[1]; le seul qui entende son nom; le seul qui, lorsqu'il a perdu son maître, le cherche, et qui, s'il ne le trouve point, l'appelle par ses gémissemens; le seul qui, dans un voyage qu'il n'aura fait qu'une fois, se souvienne du chemin et retrouve sa route; le seul, enfin, qui défende son maître comme un ami, et meure pour lui, s'il ne peut le sauver.

Il y a un grand nombre de variétés de chiens; toutes n'ont pas la même docilité, ni la même douceur. Le chien de Sibérie sert à tirer des traîneaux sur la neige glacée; ordinairement le nombre des chiens employés à cet effet[2] est de cinq, dont quatre sont attelés deux à deux[3], et le cinquième sert de guide. On a vu de ces animaux faire un voyage de soixante lieues en trois jours.

Une espèce de chiens non moins remarquable sont ceux de Terre-Neuve[4]. Ils sont aussi forts que dociles et intelligens. Comme ils ont les pieds pourvus de membranes, ils nagent avec une grande facilité; c'est pour cela qu'on en a transporté en Europe, où l'on s'en sert pour porter du secours aux personnes tombées dans l'eau.

Les chiens sont sujets à une maladie terrible, qui rend leur morsure mortelle. Lorsqu'un de ces animaux montre de l'abattement, il est tou-

[1] être à l'épreuve, Probe halten. [2] zu diesem Zwecke. [3] je zu zwei. [4] Neufundland, eine große Insel, unweit der östlichen Küste von Nordamerika, wo die Stockfische gefangen werden.

jours prudent de s'en éloigner. Les enfans surtout doivent éviter la rencontre de tout chien étranger. La rage est le plus fréquente[5] dans les fortes chaleurs de l'été.

[5] am häufigsten, am gewöhnlichsten.

4. LE LOUP.

Le loup est plus grand que le chien, auquel il ressemble d'ailleurs beaucoup. La couleur de son poil est un mélange de noir, de brun et de gris. Il a la tête longue, le nez effilé, et des oreilles étroites et pointues. Ses yeux sont étincelans et d'une couleur verte; sa queue touffue traîne presque à terre: tous ses traits annoncent une extrême férocité.

Il est naturellement grossier et poltron; mais il devient ingénieux par besoin et hardi par nécessité: pressé[1] par la faim, il brave tous les dangers. Il est surtout friand de la chair du bétail. Le loup devient toujours plus rare dans les contrées habitées, parce que partout les hommes lui font[2] la guerre, comme à un ennemi dangereux.

[1] pressé, statt s'il est pressé. [2] faire la guerre à qq., Krieg mit jemanden führen; jemanden bekriegen.

5. LE RENARD.

Le renard a les formes plus déliées que le loup, et il est beaucoup moins gros que cet animal; sa queue est plus longue et plus touffue. On ne peut jamais parvenir à l'apprivoiser entièrement, non plus[1] que celui-ci. Il est le plus rusé de tous

[1] eben so wenig.

les animaux de proie[2]. Il établit son domicile au bord des bois, aux environs des villages; il sait[3] le rendre très-commode, et cherche toujours à en dérober l'entrée à la vue. Il écoute le chant des coqs et le cri des volailles, et pour les surprendre, il choisit habilement son temps, cache sa marche, se glisse, se traîne, arrive et fait rarement des tentatives inutiles. S'il peut franchir les clôtures ou passer par-dessous, il ne perd pas un instant; il ravage la basse-cour, il y met tout à mort[4], se retire ensuite lestement en emportant sa proie, qu'il cache sous la mousse, ou qu'il porte dans son terrier; il revient quelques momens après en chercher une autre; ensuite une troisième et ainsi de suite, jusqu'à ce que le jour ou quelque mouvement l'avertisse qu'il faut se retirer et ne plus revenir. Le renard est très-vorace; il mange des œufs, du lait, du fromage, des fruits, et surtout des raisins; lorsque les levrauts, les lapins et les volailles lui manquent, il se contente du rat, du mulot, du serpent, du lézard, et par là il se rend assez utile à l'homme. Il est très-avide de miel, et attaque pour cela les abeilles sauvages, les guêpes, les frelons. Ces insectes guerriers se jettent en foule sur lui; lorsqu'il en est couvert, il se retire à quelque distance et se roule par terre pour les écraser; il revient si souvent à la charge[5], qu'il les oblige à lui abandonner le guêpier: alors, il le déterre et mange

[2] un animal de proie, ein Raubthier. [3] er versteht die Kunst. [4] mettre à mort, tödten, umbringen. [5] revenir à la charge, den Angriff erneuern.

le miel et la cire. Il mange aussi du poisson, des écrevisses, des hannetons, des sauterelles.

6. LE RENNE.

Le renne est, comme le cheval, un animal à sabot, mais ce sabot est fendu comme celui du bœuf et du cerf, tandis que celui du cheval est d'une seule pièce. Il ressemble assez au cerf, et porte, comme lui, un bois qui se divise en petites cornes. La hauteur de ce quadrupède est en général de quatre pieds. Il habite les climats froids du Nord; ses sabots sont très-longs et fort larges, ce qui lui donne la facilité de marcher sur la neige, et l'empêche de s'y enfoncer trop profondément. Il remplace, à lui seul [1], pour les habitans de la Laponie, le cheval, la vache, la chèvre et la brebis, et fait [2] leur seule richesse. Son lait leur procure du fromage, sa chair une nourriture excellente, sa peau des vêtemens, ses nerfs des cordes pour leurs arcs, et du fil à coudre, et ses os des cuillers. En hiver ils l'attèlent à des traîneaux, qu'il tire sur la glace et la neige avec une rapidité qui égale celle du cheval.

L'été il se nourrit de toutes sortes de plantes; en hiver il broute une espèce de mousse qu'il tire adroitement de dessous [3] la neige avec ses pieds et son bois. La vîtesse du renne est incroyable : on assure qu'un Lapon, avec une paire de rennes attelés à son traîneau, peut parcourir quarante lieues en un jour.

[1] für sich allein. [2] ausmachen. [3] de dessous la neige, unter dem Schnee hervor.

7. LE CHAMEAU.

Ce que le renne est pour les pauvres habitans de la Laponie et du Groënland, le chameau l'est pour quelques peuples de l'Orient, et principalement pour les Arabes. Il y en a deux variétés : le dromadaire et le chameau proprement dit[1]. Celui-ci a deux bosses, tandis que le premier n'en a qu'une. Le chameau est destiné à vivre dans des contrées sablonneuses, arides et brûlées du soleil. Sa hauteur est d'environ six pieds, et son corps est couvert d'un poil brun ou châtain. Ses pieds sont faits pour marcher dans les sables. Il se contente de peu de nourriture, et peut rester jusqu'à huit jours sans boire. Les Arabes regardent le chameau comme un présent du Ciel. Rien, en effet, n'égale pour eux l'utilité de cet animal, tout[2] difforme qu'il est. Ils se nourrissent de son lait et de sa chair, et son poil leur fournit des vêtemens; il transporte les plus lourds fardeaux et traverse le désert avec une rapidité extraordinaire. On peut l'appeler avec raison le navire du désert.

La charge du chameau est de 1000 à 1200 livres, et avec ce fardeau il fait douze lieues par jour; sans charge, il parcourt en un seul jour jusqu'à cinquante lieues. Il est doué de la faculté de découvrir une source à une demi-lieue de distance[3]. Il a deux estomacs, dans l'un desquels il peut conserver l'eau pendant plusieurs jours. Lorsque les voyageurs éprouvent une grande di-

[1] eigentlich. [2] tout — que, so sehr auch. [3] in einer Entfernung von einer halben Stunde.

sefte d'eau, ils prennent le parti[4] de tuer un chameau, pour boire l'eau qui est contenue dans son estomac, et qui est toujours douce et salubre.

[4] prendre le parti, sich entschließen; ein Mittel ergreifen.

III. MAXIMES.

1. Travaillez et priez. La prière et le travail rendent[1] bon et sage.
2. Les meilleurs médecins pour les enfans sont la tempérance, la propreté et l'exercice, sources de santé et de bien-être.
3. L'ignorance est elle-même un grand mal, et la mère d'un grand nombre d'autres.
4. Le premier pas vers le bien est de ne pas faire le mal.
5. Le véritable bien ne se trouve que dans le repos de la conscience.
6. Il faut, autant qu'on peut, obliger tout le monde.
   On a souvent besoin d'un plus petit que soi.
7. L'auteur d'un bienfait est celui qui en recueille[2] le fruit le plus doux.
8. Oubliez les injures, jamais les bienfaits. Rendez[3] le mal par le bien, jamais le bien par le mal.
9. L'ingrat ne jouit qu'une fois du bienfait; l'homme reconnaissant en jouit toujours.

[1] rendre vor einem Beiwort, machen. [2] einerndten. [3] vergelten.

10. Ne parlez pas de votre bonheur à un malheureux.

11. Écoutons sans cesse la voix de notre conscience, et que la tâche de toute notre vie soit de lui obéir fidèlement.

12. La prudence est aussi nécessaire que la sagesse. Les plus grands ennemis de la prudence sont la témérité et la précipitation.

13. Rappelons-nous que le bavard se rend insupportable à tout le monde.

14. La modestie sied bien[4] au mérite; il le voile sans le cacher. Ainsi l'humble violette se décèle par son parfum.

15. L'honnête homme ne ment jamais; le mensonge est toujours plus nuisible qu'utile. Le menteur est comme le faux-monnayeur: ses premiers mensonges sont pris pour des vérités; mais bientôt la fausseté de ses paroles est reconnue, et elles cessent d'avoir cours.[5]

16. Ne remettez[6] jamais à demain ce que vous pouvez faire aujourd'hui. Demain vous aurez à faire autre chose.[7]

17. Celui qui ne sait rien a toujours besoin des autres, et reste dans la dépendance de tout le monde.

18. L'ignorance et l'oisiveté sont les plus grands de tous les maux. C'est un terrain sur lequel naissent et croissent tous les vices et toutes les misères.

[4] steht wohl an (von seoir). [5] avoir cours, eigentl. im Umlauf seyn; für ächt gelten, als wahr angenommen werden. [6] remettre à, aufschieben. [7] etwas anders.

19. La mauvaise société corrompt les mœurs. Celui qui se plaît[8] dans la compagnie des méchans, devient bientôt méchant lui-même.
20. La vertu est la santé de l'ame.

[8] se plaire, Gefallen finden.

IV. PARABOLES.[1]

1. LA MORT ET LE SOMMEIL.

Se tenant embrassés comme deux frères, l'ange du sommeil et l'ange de la mort parcouraient la terre. C'était le soir. Ils s'arrêtèrent sur une colline non loin des habitations des hommes. Un silence mélancolique régnait tout à l'entour[2], et la cloche du soir se taisait dans le village lointain.

Calmes et silencieux, comme le demandent leurs fonctions[3], les deux génies bienfaisans de l'humanité étaient assis l'un à côté de l'autre, s'embrassant avec tendresse.

La nuit approchait. Alors l'ange du sommeil se leva de son siége de mousse, et répandit, d'une main légère, les semences invisibles du sommeil:

[1] Parabeln oder Gleichnisse sind Erzählungen von Thatsachen, welche entweder wirklich oder doch möglich sind, und haben den Zweck, irgend eine Wahrheit zu versinnlichen und anschaulicher zu machen. Dieser Art sind die Gleichnisse Jesu vom verlornen Sohne, vom Säemann, u. s. w. Die Parabel unterscheidet sich von der Fabel dadurch, daß diese letztere immer eine Erdichtung enthält, und gewöhnlich eine Handlung vorstellt, die sich nicht wirklich ereignen könnte. [2] rings umher. [3] ihr Beruf, ihre Amtsverrichtungen.

le vent du soir les porta aux paisibles cabanes. Aussitôt le doux sommeil saisit les habitans des champs, depuis le vieillard qui marche avec un appui, jusqu'à l'enfant au berceau. Le malade oublia ses douleurs, l'affligé ses chagrins, le pauvre ses soucis. Les yeux de tous se fermèrent.

Après avoir rempli ses fonctions, l'ange bienfaisant du sommeil vint se replacer à côté de son frère, dont la contenance est plus sévère, et il s'écria avec une joie innocente : Oh! qu'il est doux de faire du bien sans être aperçu! Quand l'aurore paraîtra, les hommes me béniront comme leur ami et leur bienfaiteur. Que nous sommes heureux, nous, messagers invisibles de l'Esprit du bien! qu'elle est belle, notre paisible vocation!

Ainsi parla le doux ange du sommeil.

L'ange de la mort le regarda avec mélancolie, et une larme, comme les immortels en répandent, parut dans son grand œil obscurci. Ah! dit-il, que[4] ne puis-je jouir comme toi de la reconnaissance des hommes! Mais, moi, la terre me nomme son ennemi, et me regarde comme le destructeur de ses joies.

O mon frère, reprit l'ange du sommeil, l'homme de bien, à son dernier réveil, ne verra-t-il pas aussi en toi son ami, son bienfaiteur, et ne te bénira-t-il pas aussi avec reconnaissance? ne sommes-nous pas frères, et envoyés par le même père?

L'œil de l'ange de la mort rayonna, et les deux frères s'embrassèrent plus tendrement.

[4] que, statt pourquoi.

2. LA PÈCHE.

Un laboureur, revenant un jour de la ville, rapporta à ses enfans cinq pêches magnifiques. Comme ils n'en avaient jamais vu, ils furent fort étonnés et eurent un grand plaisir à regarder ces beaux fruits de couleur rouge et couverts d'un tendre duvet. Le père les distribua à[1] ses quatre enfans, et il y en eut[2] une pour la mère.

Le soir, quand les enfans allèrent se coucher, le père leur demanda comment ils avaient trouvé[3] les pêches?

Délicieuses, cher papa, dit l'aîné; elles ont un goût à la fois doux et acide. J'ai gardé soigneusement le noyau, et je veux le mettre en terre pour en avoir un arbre.

Bien, dit le père, c'est[4] penser à l'avenir en[5] sage économe, comme doit faire le laboureur.

J'ai mangé la mienne tout de suite, cria le plus jeune, et j'ai jeté le noyau, et maman m'a encore donné la moitié de la sienne. Ah! c'était si sucré, cela fondait dans la bouche.

Ce n'est pas là de la prudence, dit le père; mais tu as agi comme un enfant, et cela est[6] de ton âge. Tu auras dans la vie assez d'occasions de mettre de la prudence dans ta conduite.

Le second fils dit alors : J'ai ramassé le noyau que mon petit frère avait jeté; je l'ai cassé et j'ai mangé l'amande, qui était aussi douce qu'une noix; mais j'ai vendu ma pêche, et j'en ai retiré[7] assez d'argent pour en acheter une douzaine, la première fois que j'irai à la ville.

Voilà qui est prudent, dit le père en secouant la tête, même trop prudent pour un enfant. Dieu veuille que tu ne deviennes pas marchand!

Et toi, Edmond? Edmond répondit avec franchise : J'ai porté ma pêche à George, le fils de notre voisin, qui a la fièvre; il ne voulait pas la prendre : alors je l'ai posée sur son lit, et je m'en suis allé.

Eh bien! dit le père, lequel de vous a fait le meilleur usage de sa pêche?

Et les enfans s'écrièrent tous ensemble : C'est Edmond.

Edmond garda le silence, et la mère l'embrassa, les larmes aux yeux.

[1] unter. [2] einen bekam die Mutter. [3] wie ihnen die Pfirsiche geschmeckt hätten. [4] das heißt. [5] als. [6] ist deines Alters, deinem Alter angemessen. [7] retirer de, daraus ziehen, dafür erhalten.

3. LE CARRÉ D'ŒILLETS.

O petite[1] maman, donne-nous à chacun un carré de fleurs qui nous appartienne, un à moi, un à Gustave, et un à Malvina; et alors chacun cultivera le sien.

Ainsi parla le petit Fréderic à sa mère; et la mère lui accorda sa demande, et donna à chacun un carré plein de beaux œillets. Les enfans en eurent une grande joie; ils disaient : Quand les œillets seront en fleurs[2], ce sera superbe! car ce n'était pas encore le temps des œillets; mais ils avaient déjà des boutons.

[1] petite maman, ein Schmeichelwort, statt liebe Mama.
[2] être en fleurs, blühen.

Cependant Fréderic, plein d'impatience, avait bien de la peine à attendre le moment de la fleuraison, et il désirait que ses œillets fleurissent avant tous les autres.

Il allait à chaque heure voir ses œillets; il les prenait dans la main, contemplait leurs boutons, et était tout joyeux quand une petite feuille rouge ou jaunâtre brillait à travers les fentes de la verte enveloppe.

Mais, enfin, il s'ennuya[3] d'attendre. Il ouvrit les boutons avec ses doigts, et déplia toutes les petites feuilles de la fleur; puis il cria d'une voix triomphante : Venez voir, mes œillets ont fleuri! Mais, quand le soleil brilla sur les fleurs, elles penchèrent tristement la tête, et leurs feuilles étaient en désordre et flétries avant midi; et le petit garçon pleurait.

Enfant impatient! lui dit la mère, Dieu veuille que ce soit la dernière joie de ta vie que tu gâtes par ta faute! tu n'auras pas acheté trop cher le grand art de savoir attendre.

[3] er wurde des Wartens überdrüssig, müde.

4. HANNA ET SULAMITE.

Dans le pays d'Israël, au pied du Tabor, une veuve, nommée Hanna, demeurait avec sa fille unique, qui s'appelait Sulamite. Elles étaient pauvres, et la cabane qu'elles habitaient était petite : mais leur cœur était gai et serein, et leurs jours s'écoulaient doucement; car elles étaient pieuses et craignaient Dieu. Hanna instruisait sa fille dans le bien; elle apprenait à Sulamite comment Dieu fait naître[1] les plantes de la terre, verse sa rosée sur elles, fait lever son soleil sur tout ce qui vit, et comment il accorde à l'homme tant de biens tous les jours. Outre cela elle lui racontait des histoires et des sentences tirées des[2] livres saints, et pendant qu'elle parlait, les larmes lui venaient aux yeux. Alors Sulamite disait à sa mère : Mère, tu pleures! Mais la mère répondait en souriant : Oh! mon enfant, sa bonté et son amour sont trop grands pour qu'un cœur humain puisse les contenir!

C'est ainsi qu'elles s'entretenaient entre elles, et leurs actions répondaient[3] à leurs paroles. Dieu les bénit, et leur petit jardin produisait beaucoup de fruits, ainsi que les arbres qui étaient autour de la cabane et qui s'élevaient au-dessus du toit, en sorte qu'elles pouvaient encore en donner à d'autres, et soulager les malades et les indigens de[4] leur superflu; et Hanna disait: Il est encore plus doux, Sulamite, de donner que de recevoir! Oh! que nous sommes heureuses de pouvoir aussi porter notre obole[5] à l'offrande, et de ce qu'on ne se détourne pas de nous avec dédain!

Elles vivaient ainsi heureuses et paisibles dans leur cabane, l'embellissant de leur mieux, et cultivant avec soin leur petit jardin.

Mais voilà qu'une contagion maligne arriva.

[1] faire naître, entstehen oder werden, hervorkeimen lassen. [2] aus. [3] entsprechen; gemäß seyn. [4] mit. [5] eine kleine Münze, wie ein Pfenning, als bescheidene Gabe dargebracht.

Hanna tomba malade, et Sulamite, sa fille, était malade aussi de peine et d'inquiétude.

Alors la mère sentit qu'elle allait mourir, et elle dit à Sulamite, avec un visage riant et d'une voix douce : Chère enfant, mon heure est venue; mais ne perds pas courage : console-toi; le père qui est là-haut prendra soin de toi. Elle ne put parler davantage, car ses forces avaient diminué.[6]

Sulamite pleurait du fond[7] de son cœur; elle se mit à genoux, leva les mains vers le ciel, et pria! O toi, Père chéri, qui es au ciel, conserve-moi ma bonne mère, mon seul appui dans ce monde! Comment pourrais-je rester seule ici-bas?

Ainsi pria Sulamite, et les anges portèrent la prière de l'innocence vers le ciel.

Alors parut l'aurore, le soleil se leva, et l'éclat rougeâtre du jour naissant se répandit doucement dans la chambre. Sulamite se pressait contre le sein de sa mère, et cherchait à la ranimer.

Mais l'ange de la mort s'approcha dans le rayon doré de la lumière matinale[8]; il les toucha l'une et l'autre, dégagea[9] doucement leur ame, et Hanna et Sulamite s'élevèrent, dans l'éclat du soleil levant, vers un monde plus beau.

[6] abnehmen. [7] aus dem Innersten. [8] das Morgenlicht. [9] lösen, befreien; entbinden.

5. LE COUCOU.

Deux laboureurs, le vieux Conrad et son voisin Paul, se promenaient un jour d'été dans la campagne et visitaient leurs champs, tout[1] en s'entre-

[1] indem sie zu gleicher Zeit.

tenant de choses et d'autres. Le vieux Conrad passait[2] pour un homme sage dans toute la contrée; car il avait vu beaucoup de pays, et savait répondre sur toutes sortes de sujets. Paul était curieux, causeur, et questionnait volontiers.

Pendant qu'ils étaient[3] ainsi à parler, le coucou se fit entendre, et ils l'écoutèrent avec plaisir. Paul dit alors : C'est une chose singulière; cet oiseau chante toujours de même[4], répète continuellement les mêmes sons, et bien que[5] sa voix n'ait rien d'agréable, on a du plaisir à l'entendre! Quand il commence à chanter, on se demande l'un à l'autre dans le village : avez-vous déjà entendu le coucou? Les enfans l'imitent dans les rues. On le fait même chanter dans les horloges, et dans les foires on est étourdi de ce cri.

Paul, en parlant ainsi, regardait son voisin, s'attendant[6] qu'il aurait quelque chose à lui répondre.

Il est vrai, dit Conrad, le chant du coucou n'est pas brillant, c'est plutôt un cri qu'un chant; et cependant on a du plaisir à l'entendre. Mais cela se conçoit aisément. Le coucou ne chante que quand le soleil est sur l'horizon, et dans les plus beaux jours de l'année, lorsque les arbres se couvrent de feuilles et de fleurs, et que les champs promettent l'abondance. Il est donc pour les hommes un signe de prospérité; il leur annonce que la nature est en travail[7] pour produire

[2] passer pour, gelten für. [3] être à faire quelque chose, in etwas begriffen seyn, etwas thun. [4] auf die nämliche Weise. [5] bien que, statt quoique, obgleich. [6] in der Erwartung. [7] beschäftigt.

leur nourriture. Celui qui apporte une bonne nouvelle est toujours bien reçu.

6. LES FLEURS FAVORITES.

Gustave, Hermann et Alvina, les trois enfans d'un riche propriétaire, se promenaient un beau jour de printemps dans la campagne. On entendait de tous côtés le chant des alouettes et des rossignols, et les fleurs s'ouvraient à la rosée et aux doux rayons du soleil matinal.

Les enfans portaient[1] autour d'eux leurs regards satisfaits, allaient d'une colline à l'autre en cueillant des fleurs, et célébraient dans leurs chants la magnificence du printemps, la bonté du Créateur qui couvre la terre des productions les plus variées, et la beauté des fleurs, depuis[2] la violette cachée sous l'herbe, jusqu'à la rose qui croît sur l'arbrisseau, et le thym chéri des abeilles.

Ainsi le printemps de la vie était en harmonie[3] avec le printemps de l'année.

Alors les enfans se dirent entre eux : Que chacun de nous aille de son côté[4], et choisisse la fleur qu'il aime le mieux[5]; nous nous retrouverons là-bas au berceau. Et, tout enchantés de leur projet, ils se dispersèrent dans les champs pour chercher leur fleur favorite.

[1] porter ses regards, seine Blicke richten, schauen, blicken. [2] von — an. [3] in Uebereinstimmung, im Einklang. [4] aller chacun de son côté, jeder seines Wegs gehen. [5] aimer le mieux, am liebsten haben; am meisten lieben.

Ils se séparèrent, mais la même pensée les tenait unis; car ils allaient tous trois à la recherche[6] du beau.

Ils reparurent bientôt sur le chemin du berceau, et chacun portait à la main tout un bouquet de ses fleurs chéries. D'aussi loin qu'ils s'aperçurent l'un l'autre, ils élevèrent leurs bouquets en l'air[7] en poussant des cris de joie; puis ils entrèrent ensemble dans le berceau, et convinrent de se dire mutuellement le motif qui avait déterminé chacun dans le choix de sa fleur.

Gustave, le plus âgé, avait pris la violette. Voyez, dit-il, elle fleurit et exhale son odeur dans un silence modeste et sous l'ombre du feuillage. Sa vertu est aussi mystérieuse que l'approche douce et bienfaisante du printemps. L'homme l'aime et l'honore; les poètes la chantent; et quand on revient des champs, chacun en porte un bouquet, et nomme la tendre violette le premier-né[8] du printemps et la fleur de la modestie. Voilà pourquoi j'ai choisi la violette.

Ainsi parla Gustave, et il présenta à Hermann et à Alvina quelques-unes de ses violettes. Ceux-ci les reçurent avec joie, car elles étaient les fleurs chéries de leur frère.

Alors Hermann s'avança avec son bouquet. C'était le tendre lis des champs, qui croît à l'ombre des buissons, et élève ses clochettes

[6] aller à la recherche, ausgehen zu suchen. [7] in die Höhe.
[8] das Erstgeborne.

fleuries, rangées comme des perles et blanches comme la lumière.

Ma fleur, dit-il, est l'image de l'innocence et de la pureté du cœur, et elle m'annonce de plus[9] l'amour de celui qui orne le ciel d'étoiles et la terre de fleurs. N'est-ce pas le lis des champs qui a été appelé en témoignage[10] de l'amour paternel de l'Être en qui tout vit et se meut? Voilà pourquoi[11] j'ai choisi le lis pour ma fleur favorite.

En disant ces mots, Hermann offrit ses fleurs à son frère et à sa sœur, qui les reçurent avec une joie mêlée de respect[12], et le lis des champs leur devint sacré.

C'était le tour[13] de l'aimable Alvina. Elle avait cueilli la tendre fleur du souvenir[14]. Chers amis, dit-elle, j'ai trouvé ces fleurs au bord du ruisseau : elles brillent comme de petites étoiles au ciel; elles se mirent dans l'eau limpide, et le ruisseau coule embelli et comme couronné par elles. C'est aussi la fleur de l'amour et de la tendresse, et c'est pour cela que je l'ai choisie et que je vous la donne à tous deux.

Alors elle donna ses fleurs à ses frères avec un baiser; ses frères la remercièrent par un baiser; et les anges protecteurs des trois enfans sourirent[15] à cette aimable union de l'innocence.

9 außer dem; überdieß. 10 appeler en témoign., zum Zeugen anrufen, anführen (die Lilien werden im Evangelium erwähnt, Matth. VI, 28; Luc. XII, 27: Schauet die Lilien auf dem Felde, u. s. w.). 11 deswegen. 12 mit ehrfurchtsvoller Freude. 13 Jetzt war die Reihe an. 14 das Vergißmeinnicht. 15 Beifall zulächeln.

Les fleurs favorites étaient choisies. Faisons-en deux couronnes, dit Alvina, et consacrons-les à nos parens chéris.

Ils tressèrent deux couronnes, et, les portant à leurs parens, ils leur racontèrent le choix de leurs fleurs et tout ce qu'ils avaient fait.

Le père et la mère se sentirent heureux d'avoir de tels enfans. Charmante couronne, dirent-ils; modestie, innocence et amour entrelacés[16]! Voyez comme chaque fleur relève[17] l'autre! Comme elles s'embellissent mutuellement, et forment, par leur réunion, la plus belle des couronnes!

Il manque encore quelque chose, s'écrièrent les enfans, et, pleins de reconnaissance, ils posèrent la couronne sur la tête du père et de la mère.

Les parens, tout émus, serrèrent leurs enfans contre leur cœur en disant: Une telle couronne est plus belle que celle des rois!

[16] verflochten, vereinigt, im Bunde. [17] den Glanz erhöhen, verschönern.

7. LE PETIT SERIN.

Une petite fille, nommée Caroline, avait un serin qu'elle aimait beaucoup. Il chantait du matin au soir, et il était très-beau, jaune comme de l'or, avec une petite huppe noire sur la tête. Caroline lui donnait à manger de la graine et de l'herbe tendre, quelquefois aussi un petit morceau de sucre, et tous les jours il avait[1] de l'eau fraîche et claire.

[1] er bekam.

Mais tout d'un coup l'oiseau devint triste, et un matin, lorsque Caroline voulut lui donner de l'eau, elle le trouva mort dans la cage.

Alors la petite fit[2] de grandes lamentations et pleura beaucoup. Sa mère alla acheter un autre serin, qui avait de plus belles couleurs que le premier et qui chantait aussi bien, et elle le mit dans la cage.

Mais Caroline pleura plus fort, quand elle aperçut le nouvel oiseau.

La mère, étonnée, lui dit : Ma chère enfant, pourquoi pleures-tu encore ? pourquoi es-tu si affligée ? Tes larmes ne ressusciteront[3] pas ton oiseau, et en voilà un autre qui est tout aussi beau.

Ah ! chère maman, répondit la petite, je n'ai pas bien agi avec mon serin, et je n'ai pas fait pour lui tout ce que je devais faire.

Chère Caroline, reprit la mère, tu as cependant eu bien soin de lui !

Ah ! non, répliqua l'enfant ; quelque temps encore avant sa mort, je ne lui ai pas porté un morceau de sucre que tu m'avais donné pour lui, et je l'ai mangé. Ainsi parla Caroline, le cœur plein de tristesse.

La mère se garda bien de rire du[4] chagrin de la petite. Elle reconnut la sainte voix de la nature, parlant au cœur de l'enfant, et elle la respecta.

Oh ! dit-elle, que doit donc éprouver l'enfant ingrat sur la tombe de ses parens !

[2] erhob. [3] wieder erwecken. [4] über.

V. FABLES.

1. LA BREBIS ET LE CHIEN.

La brebis et le chien, de tous temps bons amis,
Se racontaient un jour leur vie infortunée.
Ah! disait la brebis, je pleure et je frémis,
Quand je songe aux malheurs de notre destinée.
Toi, l'esclave de l'homme, adorant des ingrats,
Toujours soumis, tendre et fidèle,
Tu reçois pour prix[1] de ton zèle,
Des coups, et souvent le trépas.
Moi, qui tous les ans les habille,
Qui leur donne du lait, et qui fume leurs champs,
Je vois chaque matin quelqu'un de ma famille
Assassiné par ces méchans :
Leurs confrères, les loups dévorent ce qui reste.
Victimes de ces inhumains,
Travailler pour eux seuls et mourir par leurs mains,
Voilà notre destin funeste!
Il est vrai, dit le chien, mais crois-tu plus heureux
Les auteurs de notre misère?
Va[2], ma sœur, il vaut[3] encor[4] mieux
Souffrir le mal que de le faire.

[1] pour prix de, zum Lohn für. [2] geh, sey ruhig. [3] il vaut mieux, es ist besser. [4] encor steht oft in Versen statt encore.

2. LE NID DE FAUVETTES.

Je le tiens ce nid de fauvette :
Ils sont deux, trois, quatre petits!
Depuis si long-temps je vous guette :
Pauvres oiseaux, vous voilà pris.

Criez, sifflez, petits rebelles,
Débattez-vous, oh! c'est en vain.
Vous n'avez pas encor vos ailes;
Comment vous sauver[1] de ma main?

Mais quoi, n'entends-je pas leur mère,
Qui pousse des cris douloureux?
Oui, je le vois, oui, c'est leur père,
Qui vient voltiger autour d'eux.

Et c'est moi qui cause leur peine,
Moi qui, l'été, dans ces vallons,
Venais m'endormir sous un chêne,
Au bruit de leurs douces chansons!

Hélas! si du sein de ma mère
Un méchant venait me ravir,
Je le sens bien, dans sa misère,
Elle n'aurait[2] plus qu'à mourir.

Et je serais assez barbare
Pour vous arracher vos enfans?
Non, non, que rien ne vous sépare,
Non, les voici, je vous les rends.

Apprenez-leur dans le bocage
A voltiger auprès de vous:
Qu'ils écoutent votre ramage,
Pour former des sons aussi doux.

Et moi, dans la saison prochaine,
Je reviendrai dans ces vallons,
Dormir quelquefois sous un chêne,
Au bruit de leurs jeunes chansons.

[1] comment vous sauver, statt comment pourriez-vous vous sauver. [2] n'avoir plus qu'à, nichts anders mehr zu thun haben, müssen.

3. LE LÉOPARD ET L'ÉCUREUIL.

Un écureuil sautant, gambadant sur un chêne,
Manqua[1] sa branche, et vint, par un triste hasard,
Tomber sur un vieux léopard,
Qui faisait sa méridienne.[2]
Vous jugez s'il eut peur! En sursaut s'éveillant,
L'animal irrité se dresse;
Et l'écureuil, s'agenouillant,
Tremble et se fait petit aux pieds de son Altesse.[3]
Après l'avoir considéré,
Le léopard lui dit : Je te donne[4] la vie;
Mais à condition que de toi je saurai
Pourquoi cette gaîté, ce bonheur que j'envie,
Embellissent tes jours, ne te quittent jamais;
Tandis que moi, roi des forêts,
Je suis si triste et je m'ennuie.
Sire, lui répond l'écureuil,
Je dois à votre bon accueil
La vérité : mais, pour la dire,
Sur cet arbre un peu haut je voudrais être assis.
— Soit, j'y consens : monte. — J'y suis.
A présent je peux vous instruire.
Mon grand secret pour être heureux
C'est de vivre dans l'innocence :
L'ignorance du mal fait toute ma science;
Mon cœur est toujours pur, cela rend bien joyeux.
Vous ne connaissez pas la volupté suprême
De dormir sans remords; vous mangez les chevreuils,
Tandis que je partage à tous les écureuils
Mes feuilles et mes fruits; vous haïssez et j'aime :

[1] verfehlte. [2] faire sa mérid., Mittagsruhe halten. [3] seine Hoheit, ein Titel, welcher fürstlichen Personen beigelegt wird. Der Leopard ist ein Fürst der Wälder. [4] schenken.

Tout est dans ces deux mots. Soyez bien convaincu
De cette vérité que je tiens[5] de mon père :
Lorsque notre bonheur nous vient de la vertu,
La gaîté vient bientôt de notre caractère.[6]

[5] tenir de, erhalten, erfahren haben. [6] wenn unser Glück auf Unschuld und Tugend gegründet ist, so wird Frohsinn bald ein Zug unseres Charakters, zur Gewohnheit.

4. LE VIEUX PAPILLON ET LE JEUNE.

Fuyez, mon fils, fuyez, cette flamme infidèle,
Disait un jour, à son cher nourrisson,
Un vieux routier[1] de papillon;
Moi-même, mainte fois je m'y suis brûlé l'aile;
Moi-même, bien souvent, j'ai manqué d'y rester:
Fuyez-là donc, vous dis-je, avec un soin extrême.
Le jeune papillon promit de l'éviter.
Mais pourquoi donc, disait-il en lui-même,
Me tant recommander d'éviter ce flambeau?
Il est si brillant et si beau!
Les vieilles gens sont trop timides,
Un nain leur paraît un géant;
Un petit moucheron leur est un éléphant.
S'il fallait les prendre pour[2] guides,
On ne verrait partout que piéges, que dangers:
Voyons donc ces lueurs qu'on nous dit si perfides,
Et mettons-nous nous-même en état d'en juger.
A ces mots, tout autour des flammes homicides,
Notre papillonneau se met à voltiger.[3]
Il n'y ressent d'abord qu'une chaleur flatteuse.
Il suit cette amorce trompeuse;
De plus près[4] il veut la sentir.
La flamme, par sa violence,
Le consume et le fait périr.
Voilà ce que produit la désobéissance

[1] ein alter sehr erfahrener. [2] zu. [3] statt notre papillonneau se met à voltiger tout autour des flammes homicides. [4] il veut la sentir de plus près (näher).

5. LA CIGALE ET LA FOURMI.

La cigale, ayant chanté[1]
Tout l'été,
Se trouva fort dépourvue,
Quand la bise[2] fut venue.
Pas[3] un seul petit morceau
De mouche ou de vermisseau.
Elle alla crier famine[4]
Chez la fourmi, sa voisine,
La priant de lui prêter
Quelque grain pour subsister
Jusqu'à la saison nouvelle.
Je vous paîrai, lui dit-elle,
Avant l'Août[5], foi d'animal[6],
Intérêt et principal.[7]
La fourmi n'est pas prêteuse[8],
C'est là son moindre défaut.
Que faisiez-vous au temps chaud,
Dit-elle à cette emprunteuse?
— Nuit et jour, à tout venant[9]
Je chantais, ne vous déplaise.[10]
— Vous chantiez! j'en suis fort aise;
Eh bien! dansez maintenant.

[1] nachdem sie gesungen hatte. [2] la bise, der rauhe Nordwind, das heißt, der Winter. [3] elle n'avait, ist ausgelassen. [4] crier famine, sich über Hungersnoth beklagen. [5] der Augustmonat (sprich oût). [6] so wahr ich ein ehrliches Thier bin. [7] das ausgeliehene Capital. [8] prêteur, der ausleiht; die Ameise leiht nicht gerne aus. [9] je chantais à tout venant, ich sang jedem Kommenden, das heißt, bei jeder Gelegenheit; immerfort. [10] es mißfalle euch nicht; mit euerer Erlaubniß.

6. LE CHIEN COUPABLE.

Mon frère, sais-tu la nouvelle?
Mouflard, le bon Mouflard, de nos chiens le modèle,
Si redouté des loups, si soumis au berger,
Mouflard vient, dit-on, de manger
Le petit agneau noir, puis la brebis sa mère,
Et puis sur le berger s'est jeté furieux.[1]
— Serait-il vrai[2]? — Très-vrai, mon frère.
— A qui donc[3] se fier? grands dieux[4]!
C'est ainsi que parlaient deux moutons dans la plaine,
Et la nouvelle était certaine.
Mouflard, sur le fait même pris[5],
N'attendait plus que le supplice;
Et le fermier voulait qu'une prompte justice
Effrayât les chiens du pays.
Mouflard recevra donc deux balles dans la tête,
Sur le lieu même du délit.
A son supplice qui s'apprête
Toute la ferme se rendit.[6]
Les agneaux de Mouflard demandèrent la grâce[7];
Elle fut refusée. On leur fit prendre place:
Les chiens se rangèrent près d'eux,
Tristes, humiliés, mornes, l'oreille basse[8],
Plaignant, sans l'excuser, leur frère malheureux.
Tout le monde attendait dans un profond silence.
Mouflard paraît bientôt, conduit par deux pasteurs:
Il arrive, et levant au ciel ses yeux en pleurs,
Il harangue ainsi l'assistance[9]:

[1] statt et puis furieux s'est jeté sur le berger. [2] ist es möglich, wahr? [3] hier ist doit-on oder peut-on ausgelassen [4] große Götter, o Himmel! [5] statt pris sur le fait, auf frischer That ertappt. [6] statt toute la ferme se rendit à son supplice. [7] les agneaux demandèrent la grâce de M., baten für M. um Gnade. [8] mit hängenden Ohren, aus Scham. [9] die Versammlung.

O vous qu'en ce moment je n'ose et je ne puis
Nommer, comme autrefois, mes frères, mes amis,
Témoins de mon heure dernière;
Voyez où peut conduire un coupable désir!
De la vertu quinze ans j'ai suivi la carrière[10],
Un faux pas[11] m'en a fait sortir.
Apprenez mes forfaits. Au lever de l'aurore,
Seul auprès du grand bois, je gardais le troupeau;
Un loup vient, emporte un agneau,
Et tout en fuyant le dévore.
Je cours, j'atteins le loup, qui, laissant son festin,
Vient m'attaquer: je le terrasse,
Et je l'étrangle sur la place.
C'était bien jusque-là: mais, pressé par la faim,
De l'agneau dévoré je regarde le reste,
J'hésite, je balance... A la fin cependant
J'y porte une coupable dent:
Voilà de mes malheurs l'origine funeste.[12]
La brebis vient dans cet instant,
Elle jette des cris[13] de mère...
La tête m'a tourné[14], j'ai craint que la brebis
Ne m'accusât d'avoir assassiné son fils;
Et pour la forcer à se taire,
Je l'égorge dans ma colère.
Le berger accourait armé de son bâton.
N'espérant plus aucun pardon,
Je me jette sur lui: mais bientôt on m'enchaîne,
Et me voici prêt à subir[15]
De mes crimes la juste peine.[16]
Apprenez tous du moins, en me voyant mourir,

[10] j'ai suivi quinze ans la carrière de la vertu. [11] ein Fehler, ein Fehltritt. [12] voilà l'origine funeste de mes malheurs. [13] jeter des cris de mère, ein mütterliches Geschrei ausstoßen. [14] la tête me tourne, ich verliere den Kopf, die Besinnung. [15] erleiden. [16] la juste peine de mes crimes.

Que la plus légère injustice
Aux forfaits les plus grands peut conduire d'abord [17];
Et que, dans le chemin du vice,
On est au fond du précipice [18],
Dès qu'on met un pied sur le bord.

[17] peut conduire d'abord aux forfaits les plus grands.
[18] in der Tiefe des Abgrundes.

7. LE CORBEAU ET LE RENARD.

Maître corbeau, sur un arbre perché [1],
Tenait en son bec un fromage.
Maître renard, par l'odeur alléché [2],
Lui tint à peu près ce langage :
Hé! bon jour, monsieur du [3] corbeau!
Que [4] vous êtes joli! que vous me semblez beau!
Sans mentir, si votre ramage
Se rapporte [5] à votre plumage,
Vous êtes le phénix [6] des hôtes de ces bois.
A ces mots le corbeau ne se sent pas [7] de joie;
Et pour montrer sa belle voix,
Il ouvre un large bec, laisse tomber sa proie.
Le renard s'en saisit, et dit : Mon bon monsieur,
Apprenez que tout flatteur
Vit aux dépens [8] de celui qui l'écoute.
Cette leçon vaut bien un fromage, sans doute.
Le corbeau, honteux et confus,
Jura, mais un peu tard, qu'on ne l'y prendrait [9] plus.

[1] statt perché sur un arbre. [2] statt alléché par l'odeur. [3] Herr von Rabe; der schlaue Fuchs schmeichelt der Eitelkeit des Raben, indem er ihn mit dem vornehmen von beehrt. [4] que, statt combien, wie. [5] entspricht; so schön ist. [6] der schönste der Vögel; der Phönix ist ein fabelhafter Vogel, dem die Dichter die größte Schönheit beilegen, und der einzig in seiner Art ist. [7] fühlt sich nicht; ist außer sich vor Freude. [8] auf Unkosten. [9] daß man ihn nicht mehr so anführen solle.

SECONDE PARTIE.

I. ANECDOTES, CONTES ET TRAITS D'HISTOIRE.

1. ANECDOTES DIVERSES.

Quelqu'un, entendant parler d'un homme mort à cent ans[1], comme d'une chose extraordinaire, dit : « Voilà une belle merveille! si mon père n'était pas mort, il aurait actuellement cent dix ans. »

Le même disait : « il n'est pas étonnant que je n'aie pas d'esprit : j'ai été changé en nourrice. »

Étant un jour tombé dans la rivière, il avait eu bien de la peine à en sortir, parce qu'il n'y avait au moment personne pour le secourir. « C'est bien heureux, dit-il, que je me sois trouvé là, car sans moi, je me serais noyé. »

Comme on parlait devant lui des chasses du roi, il demanda si les chiens du roi allaient à pied.

Un ignorant disait à un de ses camarades : « On parle toujours de nouvelles lunes; mais quand elles sont vieilles, dis-moi donc ce qu'elles deviennent? » L'autre répondit : « Comment, vous ne savez pas cela? Le bon Dieu les coupe par[2] morceaux, pour en[3] faire des étoiles. »

On demandait à un avare pourquoi il ménageait tant : « Je cherche, dit-il, à avoir de quoi[4] vivre quand je ne serai plus. »

[1] in einem Alter von hundert Jahren. [2] in. [3] daraus. [4] Etwas; Mittel.

Un bavard, après avoir étourdi un de ses amis de ses vains propos, s'aperçut enfin que celui-ci ne lui répondait rien : « Je vous importune peut-être, lui dit-il, vous êtes occupé d'autre chose? » — « Non, répondit l'ami, vous pouvez continuer, je ne vous écoute pas. »

2. L'OR.

Deux frères, appelés Gustave et Louis, passèrent la mer pour chercher fortune dans un monde éloigné. Gustave obtint une pièce de terrain inculte. Il le travailla avec beaucoup de soin, et en fit un champ qui bientôt lui fournit du pain en abondance.

Louis se mit sur le chemin des montagnes, où il voulait recueillir des grains d'or. Il y vécut, avec beaucoup de peine, de racines et d'écorces d'arbres; mais il revint enfin chez son frère avec un sac plein d'or.

« Regarde, mon frère, lui dit-il, quelle bonne fortune j'ai faite! Tout cet or m'appartient; mais donne-moi vite à manger, car je suis épuisé de fatigue et de faim. »

« Je le veux bien, répondit Gustave : pourvu que tu me paies chaque morceau de pain au poids de l'or.[1] »

Quoique ce marché ne plût pas fort à Louis, il fut obligé d'y consentir, car il était trop faible et trop épuisé pour aller plus loin.

Quelques jours après, lorsque Gustave se vit en possession de tout l'or de son frère, il lui dit : « Mon cher frère, voilà ton trésor que je te rends. Je ne suis pas assez cruel pour prendre ce qui t'appartient. Je voulais seulement te faire voir[2] que la richesse ne donne pas le bonheur, et que l'amour du travail est préférable à l'or. »

[1] payer au poids de l'or, mit Gold aufwiegen. [2] faire voir, zeigen.

3. LE FER A CHEVAL CASSÉ.

Un paysan se mit[1] un jour en campagne, suivi de son fils, le petit Thomas. « Regarde, lui dit-il, en chemin, voilà par terre un morceau d'un fer à cheval; ramasse-le, et mets-le dans ta poche. » — « Bah! reprit Thomas, cela ne vaut pas la peine qu'on se baisse pour le ramasser. » Le père ne répondit rien, prit le fer et le mit dans sa poche. Il le vendit pour trois liards au maréchal-ferrant du village voisin et en[2] acheta des cerises.

Cela fait[3], ils continuèrent leur route. Le soleil était brûlant. On n'apercevait, à une grande distance, ni maison, ni bois, ni source. Thomas mourait de soif, et avait la plus grande peine à suivre son père.

Celui-ci laissa alors tomber une cerise, comme par hasard. Thomas la ramassa avec autant d'avidité que si c'eût été de l'or, et la porta promptement à la bouche. Quelques pas plus loin, le père laissa tomber une seconde cerise, que Thomas saisit avec le même empressement. Ce manége[4] continua jusqu'à ce qu'il les eût toutes ramassées.

Quand il eut mangé la dernière, le père se tourna vers lui en riant, et lui dit: « Tu vois maintenant que si tu avais voulu te baisser une seule fois pour ramasser le fer à cheval, tu n'aurais pas été obligé de le faire cent fois pour les cerises. »

[1] se mettre en campagne, über Feld gehen [2] dafür. [3] statt cela étant fait. [4] dieses Spiel. Manège heißt sonst die Reitschule.

4. LA TABATIÈRE D'OR.

Un colonel montrait à quelques officiers qui dînaient chez lui, une tabatière d'or qu'il venait d'acheter. Quelques momens après, voulant prendre une prise, il chercha dans ses poches, et fut fort étonné de ne plus la trouver. « Messieurs, dit-il, veuillez avoir la complaisance de voir si quelqu'un de vous ne l'aurait pas mise par distraction dans sa poche. »

Tous se levèrent aussitôt et retournèrent leurs poches sans que la tabatière reparût. Un enseigne, dont l'embarras était visible, resta seul assis, et refusa de retourner ses poches. « J'affirme sur ma parole d'honneur que je n'ai point la tabatière, dit-il; cela doit suffire. » Les officiers se séparèrent en branlant la tête, et chacun le regardait comme un voleur.

Le lendemain matin, le colonel l'ayant fait appeler, lui dit : « La tabatière s'est retrouvée; elle était tombée entre la doublure de mon habit. Dites-moi maintenant pour[1] quel motif vous avez refusé, hier au soir, de retourner vos poches, tandis que tous les autres n'ont pas hésité à le faire. »

« Monsieur le colonel, répondit l'enseigne, c'est une chose que je n'avouerai qu'à vous seul. Mes parens étant fort pauvres, je leur donne la moitié de ma solde, et jamais je ne mange rien de chaud à dîner. Lorsque vous me fîtes, hier, l'honneur de m'inviter, j'avais déjà mon dîner dans ma poche. Jugez de ma confusion si, en la tournant, j'en avais fait tomber une saucisse et un morceau de pain bis. »

« Vous êtes un excellent fils, dit le colonel, touché de cet aveu. Afin que vous puissiez plus facilement soutenir vos parens, votre couvert sera mis tous les jours chez moi. » Là-dessus il le conduisit dans la salle à manger, et devant tous les officiers il lui présenta la tabatière comme une marque de son estime.

[1] aus.

5. LE CHARLATAN.

Un voyageur, bien vêtu, entra un dimanche au soir dans un cabaret de village, où il se fit donner une poularde rôtie et une bouteille du meilleur vin. A peine eut-il porté le premier morceau à sa bouche, qu'il se mit à gémir d'une manière pitoyable, se disant[1] tourmenté depuis quinze jours d'un horrible mal de dents. Tous les paysans qui se trouvaient là, lui témoignèrent une grande compassion.

Quelques instans après survint un empirique, qui, s'étant assis dans un coin, demanda un verre d'eau-de-vie.

Lorsqu'on l'eut informé de l'indisposition de l'étranger, il assura qu'il y apporterait[2] bon remède. Il tira de sa cassette un petit morceau de papier doré, artistement plié, l'ouvrit et dit: « Monsieur, vous n'avez qu'à mouiller le bout du doigt, et après l'avoir trempé dans la poudre que voici, vous l'appliquerez sur la dent. » L'étranger ayant fait ce qui lui avait été prescrit, s'écria aussitôt : « Dieu ! quel bien-être subit j'éprouve! toute douleur s'est à l'instant évanouie. » Alors, ayant fait présent d'un écu à l'empirique, il l'invita à souper avec lui.

Toutes les personnes qui se trouvaient à l'auberge, et tous les habitans du village, s'empressèrent d'acheter de cette précieuse poudre, et le charlatan en vendit bien cent petits paquets, à 12 sous chacun. Lorsqu'ensuite quelque paysan se plaignait du mal de dents, on accourait avec le remède merveilleux, qui, au[3] grand étonnement de tout le monde, ne soulagea personne.

Enfin la supercherie vint au jour. On apprit que les deux voyageurs s'étaient donné le mot, pour tromper les bons villageois. La poudre n'était rien qu'un peu de craie. Les deux fripons expièrent dans une maison de correction ce tour et bien d'autres encore qu'ils avaient faits.

[1] indem er vorgab, er sey. [2] anbringen. [3] zu.

6. LE SPECTRE.

Martin, s'étant glissé à minuit dans le jardin d'un château, remplit deux sacs de fruits, dont il voulut d'abord emporter un à sa demeure.

Au moment où, ainsi chargé, il marchait le long du mur du jardin, l'horloge vint à sonner minuit; le vent soufflait dans le feuillage d'une manière à faire frissonner[1], quand tout à coup Martin aperçut tout près de lui un

[1] auf eine Weise daß er schaudern machte, schauerlich.

homme noir, qui semblait porter complaisamment l'autre sac.

Pousser un cri, jeter sa charge et se mettre à courir de toute la vîtesse de ses jambes, fut pour lui l'affaire d'un instant. L'homme noir laissa de même tomber son sac, se mit à courir près de Martin aussi vite que lui, jusqu'au bout du mur, où il disparut.

Le lendemain matin, Martin n'eut rien de plus pressé que de parler à tout le monde de l'horrible fantôme ; mais il se garda bien de dire un mot du vol qu'il avait commis. Cependant le bailli le fit appeler ce jour même. « Cette nuit, dit-il, vous avez dérobé du fruit dans le jardin du château. Les sacs vous ont trahi, puisqu'ils portent tous deux le nom de votre père. C'est pourquoi je vous ferai mettre en prison. Quant au fantôme noir, ce n'était rien que votre ombre que vous aperçûtes sur le mur nouvellement blanchi, à la clarté de la lune qui se levait. »

La même chose arrive à tous ceux qui font du mal. Le bruit d'une feuille qui s'agite les effraie, et leur ombre même les fait fuir.

7. LES AMIS APRÈS LA MORT.

Un père raconta un jour l'histoire suivante à ses enfans :

« Le gouverneur d'une île fut rappelé par le roi son maître, pour rendre compte [1] de son administration. Ceux de ses amis en qui il avait mis sa plus grande confiance, le laissèrent partir sans faire un pas. D'autres, sur lesquels il ne comptait pas moins, ne l'accompagnèrent que jusqu'à son vaisseau. Quelques-uns de la part desquels [2] il aurait à peine espéré tant de dévouement, le suivirent pendant son long voyage jusqu'au pied du trône du roi. Ils intercédèrent en sa faveur, et ils lui attirèrent les bonnes grâces du souverain.

« L'homme, continua le père, possède aussi trois sortes d'amis ici-bas.

« Ordinairement il n'apprend à les bien connaître que[3] lorsqu'il est rappelé de ce monde, pour rendre compte de ses actions à Dieu.

« Les premiers de ces amis, l'argent et les biens terrestres, le quittent tout-à-fait à sa mort. Les seconds, qui sont les parens et les personnes de sa connaissance, ne l'accompagnent que jusqu'au tombeau. Les troisièmes sont ses bonnes œuvres : elles font avec lui son long voyage dans l'éternité, plaident pour lui devant le trône du Très-Haut, et lui obtiennent grâce et miséricorde.

« Qu'il est insensé, l'homme qui néglige précisément des amis si fidèles! »

[1] Rechnung stellen, Rechenschaft geben. [2] de la part desquels, von welchen. [3] ne — que, erst.

8. LE TEMPS PERDU.

Titus, qui détruisit Jérusalem, en[1] 70, mérita, quand il fut monté sur le trône, d'être appelé les délices du genre humain. Étant un soir à souper avec ses amis, il se souvint que, ce jour-là, il n'avait fait de bien à personne; il s'écria avec douleur : « Ah! mes amis, j'ai perdu un jour! »

[1] en, im Jahr (statt l'an).

9. LE JEU.

Le sage Platon, voyant un jeune homme jouer, lui en[1] fit des reproches très-vifs : « Je ne joue qu'un très-petit jeu, lui répondit le jeune homme. » — Eh! comptez-vous pour rien, répliqua le sage, l'habitude du jeu que vous contractez par là.

[1] deßwegen.

10. LE DINER DANS LA COUR.

Un domestique avait beaucoup à souffrir du caractère

inégal de son maître. Un jour celui-ci revint chez lui, de fort mauvaise humeur, et se mit à table pour dîner. Il trouva la soupe trop froide, et, cédant à sa colère, il saisit le potage et le jeta par la fenêtre. Le domestique s'avise[1] alors de jeter après la soupe, la viande qu'il allait mettre sur la table, puis le pain, puis le vin, puis enfin la nappe elle-même. « Téméraire, que fais-tu? » s'écria le maître irrité, en se levant furieux de sa chaise. « Pardonnez-moi, monsieur, répliqua froidement le domestique, si je n'ai pas compris votre intention. Je croyais que vous vouliez aujourd'hui dîner dans la cour. L'air est si serein, le ciel si beau, les arbres sont en fleurs. » Le maître reconnut sa faute, se corrigea, et remercia intérieurement son domestique de[2] la leçon qu'il venait de lui donner.

[1] ließ sich beikommen, kam auf den Einfall. [2] für.

11. LE DERVICHE[1] OFFENSÉ.

Le favori d'un sultan jeta une pierre à un pauvre derviche qui lui avait demandé l'aumône. Le religieux offensé n'osa se plaindre, mais il prit la pierre et la conserva. « Tôt ou tard, se disait-il, j'aurai une occasion de me venger de[2] cet homme orgueilleux et cruel. » Quelques jours après il entendit des cris dans les rues; il s'informa de[3] leur cause et apprit que le même favori était tombé en disgrâce; que le sultan le faisait conduire sur un chameau par toute la ville, et l'exposait aux insultes du peuple. Aussitôt le derviche prit sa pierre, pour la jeter au courtisan déchu; mais il se reprocha bientôt ce mouvement, jeta la pierre dans un puits et dit: « Je sens maintenant qu'il ne faut jamais se venger; car si notre ennemi est puissant, ce serait imprudence et folie; s'il est malheureux, ce serait bassesse et cruauté. »

Le bon derviche avait raison d'agir ainsi. Mais lorsque notre ennemi n'est ni puissant ni malheureux, et que par conséquent il n'y a ni folie ni bassesse à s'en venger, peut-on alors lui rendre le mal pour le mal ? Non; la vengeance n'est jamais permise, parce qu'elle n'est jamais généreuse, et qu'elle est presque toujours injuste.

[1] so heißt man bei den Türken eine Art von armen Geistlichen. [2] an. [3] nach.

12. LA VENGEANCE DE L'HOMME DE BIEN.

Courbé sous un lourd fardeau, le vieux Semnon, un pauvre pêcheur[1], revenait de la forêt. Malgré son âge, il avait bravé la rigueur de la saison pour aller chercher un peu de bois pour sa famille. Il marchait péniblement dans un sentier couvert de neige, devant la maison du chasseur Ithamar, et allait traverser le pont qui conduisait à sa demeure, située de l'autre côté de la rivière.

« Arrêtez, vieillard, lui cria le chasseur, en sortant, tout rouge de colère, de sa maison; où avez-vous pris ce bois? Il est à moi, vous me l'avez volé. » — « Je ne suis pas un voleur, Ithamar, répondit en tremblant le pauvre Semnon. » — « Vous mentez, dit le chasseur; hier seulement[2] j'ai coupé ce bois dans la forêt; rendez-le moi! » — « Non, chasseur, je l'ai recueilli, morceau par morceau, honnêtement, et sans toucher à ce qui vous appartient. Regardez seulement, c'est du bois mort, tel qu'on le trouve épars sous les arbres. » — « Tu me l'as volé, te dis-je, cria Ithamar, cesse de mentir », et en même temps il arracha le fagot aux mains du vieillard, et le jeta dans le torrent. « Voilà notre dispute terminée », dit-il en riant et en rentrant triomphant dans sa maison.

Quelques jours après, le temps s'adoucit; la glace de la rivière se rompit, et d'énormes débris se heurtèrent avec fracas contre le pont, qui tremblait et menaçait de se briser. Le même jour Chalisson, le jeune fils d'Ithamar, revenait de la ville et avait à[3] passer sur le pont ébranlé.

[1] der Fischer, zu unterscheiden von pécheur, der Sünder. [2] erst. [3] avoir à faire, zu thun haben, thun müssen.

Mais il hésitait, effrayé, en voyant la fureur des eaux, que les glaçons arrêtaient dans leur cours. Semnon, qui sur la rive travaillait à une nacelle, lui conseilla d'attendre et de ne pas exposer sa vie. Ithamar, au contraire, placé à l'autre bord, lui cria de passer, et de ne pas écouter les conseils du vieux pêcheur.

Chalisson obéit à son père; mais la fureur des glaçons et des vagues soulevées redoubla; un choc terrible précipita le pont dans les flots et avec lui le malheureux jeune homme. Les cris du père étaient impuissans pour le sauver; le torrent l'entraînait, pressé entre un glaçon et une poutre du pont brisé. Vainement le chasseur courait le long de la rive, désolé, se tordant les bras, frappant la terre de ses pieds, poussant des exclamations de douleur et de rage. Le pêcheur pouvait, peut-être, le sauver; mais l'osera-t-il, affaibli qu'il est[4] par l'âge et la misère; le voudra-t-il, dans le ressentiment récent encore des outrages dont Ithamar l'avait abreuvé[5] naguère?

Mais Semnon ne se souvenait ni de sa vieillesse, ni de l'offense; il s'élança dans son bateau, le poussa vigoureusement à travers les glaces et les débris, arracha l'enfant à la fureur des flots, et vint l'apporter aux pieds de son père. « Je te rends ton fils, lui dit-il avec douceur; regarde, il est sain et sauf[6]; seulement il est un peu effrayé. » Ithamar n'osa lever les yeux vers Semnon, et demeura long-temps muet et confus. « Pardonnez-moi, généreux vieillard! s'écria-t-il enfin, en versant un torrent de larmes; pardonnez-moi ma dureté envers vous! » — « Qu'ai-je à te pardonner, répliqua Semnon; ne me suis-je pas, à l'heure même, assez vengé de toi? » — « Quoi, dit Ithamar, avec une profonde émotion, votre vengeance s'exerce par des bienfaits! Dieu, est-ce ainsi que se venge[7] l'homme de bien? »

[4] wie er ist. [5] abreuver d'outrages, eigentlich mit Beleidigungen tränken, überschütten, überhäufen. [6] frisch und gesund, wohlbehalten. [7] rächt sich so.

13. PHILIPPE, ou L'INTEMPÉRANCE.

Philippe est le fils d'un honnête boulanger de Valence. Il a été élevé par son père dans de bons principes, et il a lui-même un excellent cœur et nombre[1] de qualités estimables. Mais il ne faut[2] qu'un seul vice pour rendre beaucoup de vertus inutiles. Ce pauvre Philippe en est la preuve. Il avait contracté de bonne heure l'habitude de boire avec excès, en sorte qu'il était rarement en état de faire son ouvrage. Le travail l'ennuyait aussi, parce qu'il trouvait plus de plaisir à vider un verre qu'à pétrir du pain. Il aurait cependant pu continuer l'état de son père et vivre honorablement dans une agréable aisance. Mais sa passion était plus forte que toute autre considération, et de plus[3], les mauvaises connaissances qu'il avait faites au cabaret, achevaient de le détourner de ses devoirs.

Enfin, un jour qu'il s'était enivré avec un jeune soldat, dont le corps était en garnison à Valence, celui-ci lui conseilla de s'engager[4], en l'assurant que rien n'était préférable à la professiou de soldat, qu'on n'y avait rien à faire, et qu'on pouvait se divertir depuis le commencement du jour jusqu'à la fin. Philippe, enchanté du tableau que lui fait son camarade, va sur-le-champ signer son engagement, sans penser au chagrin qu'il causera à sa famille. Il ne tarda pas à être puni d'avoir à ce point[5] oublié ce qu'il devait aux auteurs de ses jours.

Le voilà enrôlé et faisant[6] tous les matins l'exercice. Ce n'était pas le plus beau du métier, et Philippe commençait à trouver que son camarade ne lui avait pas parlé des inconvéniens de la profession. Un jour que le malheureux avait bu dès le matin avec deux ou trois autres mauvais sujets du régiment, il se présenta à l'exercice

[1] nombre ohne Artikel, statt beaucoup. [2] il ne faut que, es braucht sich nur, es ist genug an. [3] überdieß. [4] sich anwerben lassen. [5] so sehr. [6] faire l'exercice, sich in den Waffen üben.

dans un état fort peu décent. Le voilà[7] qui ne sait où il en est[8], et qui fait manquer toutes les manœuvres, parce qu'il voit double, qu'il va de travers, et qu'il marche sur les pieds de ses voisins. Le sergent veut le faire sortir des rangs, et le prend par le collet. Philippe ne trouve pas cela bon, tire son sabre et blesse le sergent. Aussitôt on l'arrête, on le conduit en prison; il est jugé et condamné à mort pour avoir levé le sabre contre son supérieur.

Le sergent était un brave homme, qui supplia son colonel d'implorer la clémence du roi en faveur du malheureux Philippe, et le roi a bien voulu commuer la peine, en sorte que Philippe se trouve aujourd'hui condamné aux travaux forcés à perpétuité.[9]

[7] le voilà qui ne sait, da weiß er nun nicht. [8] woran er ist. [9] auf Lebenszeit.

14. L'EMPLOI DU TEMPS.

Martin, quoique simple compagnon, excellait dans son métier. Il aspirait de tous ses désirs[1] à devenir maître; mais il lui manquait une certaine somme pour se faire recevoir.[2]

Un marchand, qui connaissait son industrie, voulut bien[3] lui prêter cent écus pour trois ans, afin qu'il payât sa maîtrise, et qu'il achetât ce qu'il lui était nécessaire pour se mettre en état de travailler.

On se figurera sans peine la joie de Martin. Il voyait déjà dans son imagination sa boutique richement étoffée. Il avait peine à compter le nombre des pratiques nouvelles qui s'empresseraient de l'employer, et tout l'argent que son travail allait[4] lui rapporter au bout de l'année.

Dans les transports extravagans de joie où le jetaient ces pensées, il aperçoit un cabaret. Allons, dit-il, en

[1] mit ganzer Seele; sein ganzes Bestreben gieng dahin. [2] sich aufnehmen lassen. Ehemals mußte ein Geselle, wenn er Meister werden wollte, eine gewisse Summe Geld bezahlen. [3] vouloir bien, so gütig seyn. [4] würde.

y entrant, il faut commencer à tirer de cet argent quelque plaisir.

Il hésita quelques momens à demander du vin. Sa conscience lui criait à haute voix que le moment de jouir n'était pas encore arrivé; qu'il fallait d'abord songer aux moyens de rembourser, au temps prescrit, les avances qu'on lui avait faites; que jusqu'alors il n'était pas honnète d'en dépenser un sou, sans la plus grande nécessité. Il s'avançait vers le seuil de la porte, prèt à céder à ces premiers mouvemens de droiture. Cependant, dit-il, en retournant sur ses pas[5], quand je dépenserais aujourd'hui trente sous pour me réjouir du bonheur qui m'attend, il me resterait[6] encore quatre-vingt-dix-neuf écus et demi. C'est plus qu'il n'en faut[7] pour payer ma maîtrise, et me mettre en fonds[8]; et je puis, en un jour, réparer cette petite brèche par mon travail.

C'est ainsi que[9], déjà le verre à la main, il cherchait à étouffer ses reproches intérieurs. Mais, hélas! le pauvre homme! c'était le premier pas qui devait l'entraîner à sa ruine.

Le lendemain une douce image du plaisir qu'il avait goûté la veille dans le cabaret, vint se présenter[10] à son esprit; et il fit beaucoup moins de façons avec sa conscience pour dépenser encore trente sous de la même manière. Il devait lui rester quatre-vingt-dix-neuf écus.

Les jours suivans le goût de l'ivrognerie s'était si bien emparé de lui, qu'il prit, sans remords, trois écus l'un après l'autre, et les dépensa, comme il avait fait[11] le premier. Car, se disait-il à chaque séance, ce n'est que trente sous. Oh! il m'en restera encore bien assez.

[5] zurückkehren. [6] es blieben mir. Im Französischen wird das unpersönliche Zeitwort nie in den pluriel gesetzt. (Neue franz. Sprachl., S. 118.) [7] mehr als nöthig ist. [8] se mettre en fonds, sich einrichten; die ersten Ausgaben zur Einrichtung des Gewerbs bestreiten. [9] so. [10] stellte sich dar; vint se présenter, statt se présenta. [11] fait, statt dépensé. Faire steht oft zur Vermeidung der Wiederhohlung desselben Zeitworts. (Neue franz. Sprachl., S. 339.)

Telles étaient ses paroles insensées pour répondre à la voix de sa raison, qui de temps en temps se faisait entendre. Il ne considérait pas que sa fortune consistait en cent écus pleins, et que du sage emploi de la moindre partie dépendait l'utile destination de la somme entière.

Vous voyez, mes amis, par quels degrés insensibles il se précipita dans une vie de débauche. Il ne trouvait plus aucun plaisir à travailler, uniquement occupé, comme il l'était, de sa richesse actuelle, qui lui semblait inépuisable. Cependant il ne tarda[12] guère à s'apercevoir qu'elle diminuait de jour en jour. Il sentit avec effroi qu'il ne pouvait plus atteindre son but, parce qu'il n'y avait pas d'apparence que son bienfaiteur lui prêtât cent nouveaux écus, après l'avoir vu dissiper les premiers dans le désordre.

Bourrelé de honte et de remords, plus[13] il cherchait à les étouffer dans le vin, plus il avançait l'heure de sa ruine. Enfin il arriva, ce funeste moment, où, dégoûté[14] du travail, en horreur à lui-même, la vie lui devint insupportable dans la perspective de l'avenir effrayant qui s'ouvrait devant lui.

Il s'éloigna de sa patrie, poursuivi par les furies du désespoir, et il alla se jeter dans une bande de voleurs, avec lesquels il commit toute sorte de scélératesses. Mais le Ciel vengeur ne les laissa pas long-temps impunies, et une mort violente fut le dernier terme de ses jours criminels.

Oh! si le malheureux avait écouté la première fois les avis de sa raison et les reproches de sa conscience! tranquille aujourd'hui dans son état, il attendrait au sein de l'aisance et de l'honneur le repos d'une vieillesse fortunée.

Enfans, vous frémissez de sa folie déplorable. Telle est cependant celle de la plupart des hommes dans l'emploi qu'ils font de la vie. Elle leur a été donnée pour la couler[15] heureusement dans les jouissances de la vertu, et ils la prodiguent à toutes les dissipations honteuses du vice. Ils pensent qu'il leur en restera toujours assez pour faire l'usage glorieux, assigné par le Créateur. Cependant les jours, les mois, les années s'écoulent, et ils se trouvent emportés par leurs passions au bout de leur carrière, sans l'avoir remplie. Trop heureux encore si leur égarement ne les pousse pas à se plonger dans l'abîme du désespoir.

[12] il ne tarda pas à s'apercevoir, statt il s'aperçut bientôt. [13] plus — plus, je mehr — desto mehr. [14] je suis dégoûté d'une chose, eine Sache ist mir zum Ekel geworden, ekelt mich an. [15] couler sa vie, sein Leben hinbringen.

15. ANTONIO ET ROGER.

Deux matelots, l'un Espagnol, l'autre Français, étaient dans les fers[1] à Alger[2]. Le premier s'appelait Antonio, le second Roger. Employés, par hasard, aux mêmes travaux, ils se communiquèrent leurs peines et leurs regrets : ils parlaient ensemble de leurs familles, de leur patrie, de la joie qu'ils ressentiraient s'ils étaient jamais libres, et ils portaient ainsi leurs chaînes avec plus de courage.

Ils travaillaient à la construction d'un chemin qui traversait une montagne.

L'Espagnol un jour s'arrête, laisse tomber languissamment les bras, et jette un long regard sur la mer : « Mon ami, dit-il à Roger avec un profond soupir, tous mes vœux sont au bout de cette vaste étendue d'eau : que[3] ne puis-je la franchir avec toi? Je crois toujours voir ma femme et mes enfans qui me tendent les bras du rivage de Cadix[4], ou qui donnent des larmes à ma mort. » Antonio était absorbé dans cette image accablante : chaque fois qu'il revenait à la montagne, sa vue mélancolique s'attachait sur cet espace immense qui le séparait de son pays.

[1] in Banden, in der Sklaverei. [2] Algier, ein Raubstaat in Afrika; an dem mittelländischen Meere, dessen Bewohner Seeräuber sind. [3] statt pourquoi. [4] eine See- und Handelsstadt in Spanien.

Un jour il embrasse avec transport son camarade : « J'aperçois un vaisseau, mon ami, tiens, regarde, ne le vois-tu pas comme moi? Il n'abordera pas ici, parce qu'on évite ces parages ; mais demain, si tu veux, Roger, nos maux finiront, nous serons libres. » — « Nous serons libres? » — « Oui, demain ce navire passera à environ deux lieues du rivage, et alors du haut de ces rochers nous nous précipiterons dans la mer, et nous atteindrons le vaisseau, ou nous périrons : la mort n'est-elle pas préférable à une cruelle servitude? » — « Si tu peux te sauver, répond Roger, je supporterai avec plus de résignation mon malheureux sort : tu n'ignores pas[5], Antonio, combien tu m'es cher. Cette amitié qui m'attache à toi, ne finira qu'avec ma vie; je ne te demande qu'une seule grâce : mon ami, vas trouver mon père. Si le chagrin de[6] ma perte et la vieillesse ne l'ont pas fait mourir, dis-lui....... » — « Que j'aille[7] trouver ton père, mon cher Roger? Eh! que prétends-tu faire? me serait-il possible d'être heureux, de vivre un seul instant, si je te laissais dans l'esclavage?» — « Mais, Antonio, je ne sais[8] pas nager, et tu le sais, toi. » — « Je sais t'aimer, repartit l'Espagnol en fondant en larmes, et en serrant avec chaleur Roger contre sa poitrine : mes jours sont les tiens; nous nous sauverons tous deux : va, l'amitié me prêtera des forces, tu te tiendras attaché à cette ceinture. » — « Il est inutile, Antonio, d'y penser; je ne saurais m'exposer[9] à faire périr mon ami; l'idée seule m'inspire de l'horreur; cette ceinture m'échapperait, ou je t'entraînerais avec moi; je serais la cause de ta perte. » — « Pourquoi former[10] ces craintes? je te l'ai dit, l'amitié soutiendra mon courage; je t'aime trop pour[11] qu'elle ne produise pas des miracles : cesse de combattre mon dessein, je

[5] ne pas ignorer, wissen. [6] über. [7] statt tu veux que j'aille; wie, ich soll? [8] ich kann nicht. (Neue franz. Sprachl., S. 344, das Wort savoir.) [9] ich will mich nicht der Gefahr aussetzen. [10] eigentlich bilden, hegen, nähren. [11] als.

l'ai résolu. Je m'aperçois que les monstres qui nous gardent nous épient ; il y a de nos compagnons qui seraient assez lâches pour nous trahir. Adieu, j'entends le signal qui nous rappelle, il faut nous séparer ; adieu mon cher Roger, à demain. »

Ils sont renfermés dans leur bagne. On ne vint point le lendemain à l'heure ordinaire tirer les esclaves de prison ; l'Espagnol était dévoré d'impatience, et Roger ne savait s'il devait se réjouir ou s'affliger de ce contre-temps. Enfin on les rend à leurs travaux ; ils ne pouvaient se parler ; leur maître ce jour-là les avait accompagnés. Antonio se contentait de regarder Roger et de soupirer ; quelquefois il lui montrait des yeux la mer, et avait de la peine, à cet aspect, à contenir les mouvemens de son cœur. Le soir arrive ; ils se trouvent seuls : « Saisissons le moment, s'écrie l'Espagnol en s'adressant à son compagnon, viens. » — « Non, mon ami, jamais je ne pourrai me résoudre à exposer ta vie ; adieu, adieu..... Antonio, je t'embrasse pour la dernière fois ; sauve-toi, je t'en conjure, ne perds pas de temps, et souviens-toi toujours de notre tendre amitié : je te prie seulement de me rendre le service que tu m'as promis à l'égard de mon père ; il doit être bien vieux, bien à plaindre, va le consoler : s'il avait besoin de quelques secours.... mon ami. »

A ces mots Roger tomba dans les bras d'Antonio, en versant un torrent de pleurs, son ame était déchirée. « Tu pleures, Roger, ce n'est pas des pleurs qu'il faut, c'est du courage ; ne résiste plus. Si tu diffères encore une minute, nous sommes perdus : peut-être ne retrouverons-nous jamais l'occasion ; choisis, ou laisse-toi conduire, ou je me brise la tête contre ces rochers. »

Le Français se jette aux genoux de l'Espagnol, veut encore lui faire des représentations, lui montrer les risques infaillibles qu'il court, s'il s'obstine à vouloir le sauver avec lui. Antonio le regarde tendrement, l'embrasse, gagne le sommet d'un rocher; il s'élance avec lui dans la mer. Ils vont d'abord au fond, reviennent ensuite au-dessus des flots. Antonio s'arme de toutes ses forces, nage en retenant Roger, qui semble se refuser aux efforts de son ami, et craint de l'entraîner dans l'abîme.

16. *Suite d'Antonio et Roger.*

Les personnes qui étaient dans le vaisseau, restaient[1] frappés d'un spectacle qu'ils ne pouvaient distinguer; elles croyaient qu'un monstre marin s'approchait du navire. Un nouvel objet détourne leur curiosité; on aperçoit une chaloupe s'empresser de quitter le rivage, et poursuivre avec précipitation ce qu'on avait pris pour quelque poisson monstrueux. C'étaient les soldats préposés à la garde[2] des esclaves, qui brûlaient[3] de reprendre Antonio et Roger. Celui-ci les voit venir, et en même-temps il jette les yeux sur son ami, qui commençait à s'affaiblir; il fait un effort[4] et se détache d'Antonio, en lui disant: « On nous poursuit, sauve-toi et laisse-moi périr, je retarde ta course. » A peine a-t-il dit ces mots qu'il tombait déjà au fond de la mer. Un nouveau transport d'amitié ranime l'Espagnol; il s'élance vers le Français, le reprend au moment qu'il périssait[5], et tous deux disparaissent.

La chaloupe, incertaine de quel côté poursuivre sa route, s'était arrêtée, tandis qu'une barque, détachée du navire, allait reconnaître ce qu'on n'avait fait[6] qu'entrevoir: les flots recommencent à s'agiter; on distingue enfin deux hommes, dont l'un, qui tenait l'autre embrassé, s'efforçait de nager vers la barque. On fait force[7] de rames pour voler à leur secours. Antonio est près de laisser

[1] eigentlich blieben, waren, standen. [2] der Wache vorgesetzt, d. h. welchen die Bewachung anvertraut war. [3] eigentlich brannten, d. h. eifrig, gar sehr wünschten. [4] faire un effort, sich anstrengen. [5] als er im Begriff war unter zu gehen. [6] ne faire qu'entrevoir, nur halb sehen. (Neue franz. Sprachl. S. 339.) [7] faire force de rames, eiligst, stark rudern.

échapper Roger : il entend qu'on lui crie de cette barque ; il serre son ami, fait de nouveaux efforts et saisit d'une main défaillante un des bords de la barque. Il est près de retomber, on les retient tous deux ; les forces d'Antonio étaient épuisées, il n'a que le temps de s'écrier : « Qu'on porte du secours à mon ami, je me meurs ; » et toutes les horreurs de la mort se répandent sur son visage. Roger, qui était évanoui, ouvre les yeux, lève la tête, et voit Antonio étendu à ses côtés, et ne donnant plus aucun signe de vie ; il s'élance sur son corps, l'embrasse, l'inonde de ses larmes, pousse mille cris : « Mon ami, mon bienfaiteur, c'est moi qui suis cause de ta mort ! Mon cher Antonio, tu ne m'entends plus, c'est donc là ta récompense pour[8] m'avoir sauvé la vie ? Ah ! qu'on se hâte de me l'ôter cette vie malheureuse, je ne puis plus la supporter, j'ai perdu mon ami ! »

Roger veut se poignarder ; on lui arrache une épée dont il s'était saisi ; il apprend[9], au milieu des sanglots, les détails de son aventure aux gens de la barque ; il retombait toujours sur le corps d'Antonio. « Qu'on ne m'empèche point de mourir : oui, mon ami, je vais te suivre, ajoutait-il en couvrant le corps pâle de ses baisers et de ses larmes... ayez pitié... au nom de Dieu, laissez-moi mourir... »

Le Ciel, qui sans doute est touché des larmes des hommes lorsqu'elles sont sincères, semble donner une marque signalée de sa bonté en faveur d'un sentiment si rare. Antonio pousse un soupir, Roger jette[10] un cri de joie : on se réunit à lui pour donner du secours au malheureux Espagnol ; enfin il lève un œil mourant ; ses premiers regards cherchent à se fixer sur le Français ; à peine l'a-t-il aperçu, qu'il s'écrie : « J'ai pu sauver mon cher Roger ! »

La barque arrive au vaisseau ; ces deux hommes inspirent une sorte de respect à l'équipage : tant[11] la vertu

[8] dafür daß. [9] er erzählt. [10] jeter un cri, einen Schrei auslassen.
[11] tant de droits, so große Rechte.

a de droits sur les cœurs! ils excitent un intérêt puissant; tous se disputent le plaisir de les obliger. Roger arrivé en France, court dans les bras de son père, qui pensa mourir d'un excès de joie. L'Espagnol, à qui on avait offert un poste très-avantageux pour un homme de son état, aima mieux aller rejoindre sa femme et ses enfans; mais l'absence ne diminua rien de son amitié; il demeura toute sa vie en correspondance avec Roger.

17. LE VIEILLARD MENDIANT.

M. D'ARCY, *à un domestique.*

Que[1] ne faites-vous entrer ce bon vieillard?

LE VIEILLARD.

Monsieur, on me l'a proposé, c'est moi qui ne l'ai pas voulu.

M. D'ARCY.

Et pourquoi donc?

LE VIEILLARD.

Je rougis de le dire. Je fais une chose à laquelle je ne suis pas accoutumé; je viens...... pour demander l'aumône.

M. D'ARCY.

Vous me paraissez honnête : pourquoi rougiriez-vous d'être pauvre? J'ai des amis qui le sont; soyez de ce nombre.

LE VIEILLARD.

Pardonnez-moi, monsieur, je n'ai pas le temps.

M. D'ARCY.

Qu'avez-vous donc à faire?

[1] que, statt pourquoi.

LE VIEILLARD.

Ce qu'il y a de plus[2] important ici-bas : à mourir. Je peux vous le dire, puisque nous voilà[3] seuls. Je n'ai plus que huit jours à vivre.

M. D'ARCY.

Comment savez-vous cela ?

LE VIEILLARD.

Comment je le sais ? Je ne peux guère vous l'expliquer. Mais je le sais, parce que je le sens ; et cela est sûr. Heureusement personne ne perd à ma mort : ma fille et mon gendre me nourrissent depuis deux ans.

M. D'ARCY.

Ils n'ont fait que leur devoir.

LE VIEILLARD.

J'étais assez riche pour n'avoir pas à craindre d'être à charge à personne. Je prêtai mon argent à un monsieur qui se disait[4] mon ami. Il mena joyeuse vie, jusqu'à ce qu'il m'eût réduit au besoin. Pardonnez-moi, monsieur : vous êtes aussi gentilhomme ; mais je dis la vérité.

M. D'ARCY.

J'ai autant de plaisir à l'entendre, que vous en avez à la dire, même quand elle parlerait contre moi.

LE VIEILLARD.

J'aurais été plus sage de travailler jusqu'à la mort. Mais j'étais devenu pâle et blême ; et je regardai ce changement comme un signe que me faisait Dieu de me reposer. Monsieur, je n'ai jamais fui le travail. Quand

[2] das was am wichtigsten ist, das Wichtigste. [3] nous voilà, statt nous sommes ici. [4] se dire, sich ausgeben für.

j'étais jeune, c'est lui qui soutenait ma santé : je n'ai pas eu d'autre médecin. Mais ce qui fortifie dans la jeunesse, épuise dans les vieux ans. Je ne pouvais plus travailler. Lorsque j'eus perdu ma fortune, je voulus reprendre[5] mon travail ; je le voulais de tout mon cœur. Je cherchai mes bras, je ne les trouvai plus. Pardonnez-moi ces larmes de souvenir. Je n'ai jamais eu de moment plus triste que celui où je me sentis si faible.

M. D'ARCY.

Vous eûtes alors recours à vos enfans ?

LE VIEILLARD.

Non, monsieur, ils vinrent au-devant de moi. Je n'avais plus qu'une fille ; mais je trouvai un fils dans son mari. Tout ce qu'ils avaient semblait m'appartenir. Ils eurent soin[6] de moi, quoique je n'eusse pas un écu à leur laisser. Que Dieu les fasse asseoir à sa table céleste, comme ils m'ont fait asseoir à leur table en ce monde.

M. D'ARCY.

Est-ce qu'ils sont devenus aujourd'hui plus froids envers vous.

LE VIEILLARD.

Non, monsieur ; mais ils sont devenus pauvres eux-mêmes. Le torrent de la montagne a noyé leurs récoltes et renversé leur maison. Ils ont emprunté pour me faire vivre avec aisance jusqu'à la mort : c'est la seule chose en laquelle ils m'aient désobéi. Je veux qu'ils trouvent au moins l'argent de mes funérailles tout prêt, pour ne pas leur être à charge au-delà de ma vie. C'est pour cela que je viens demander l'aumône. Je suis un vieux homme, mais un jeune mendiant.

[5] reprendre son travail, wieder anfangen zu arbeiten. [6] avoir soin de quelqu'un, für jemanden Sorge tragen.

M. D'ARCY.

Et où demeurez-vous ?

LE VIEILLARD.

Pardonnez, monsieur, mais je ne le dis pas, tant pour moi que pour mes enfans.

M. D'ARCY.

Excusez mon indiscrète curiosité. Je vous promets que je ne chercherai pas à la satisfaire.

LE VIEILLARD.

J'y compte, monsieur. Dans huit jours, regardez le ciel, vous y verrez, je l'espère, ma demeure, qui ne sera plus secrète.

M. D'ARCY, *lui présentant une poignée d'écus.*

Prenez ceci, bon vieillard, et que Dieu soit avec vous.

LE VIEILLARD.

Tout cela, monsieur? non, ce n'était pas ma pensée. Il ne me faut qu'un écu. Le reste m'est inutile : on n'a besoin de rien dans le ciel.

M. D'ARCY.

Vous donnerez le surplus à vos enfans.

LE VIEILLARD.

Que Dieu m'en préserve ! Mes enfans peuvent travailler ; ils n'ont besoin de rien.

M. D'ARCY.

Adieu, bon vieillard ; allez vous reposer.

LE VIEILLARD, *lui rendant tout son argent, excepté un écu.*

Reprenez ceci, monsieur

M. D'ARCY.

Mon ami, vous me faites rougir.

LE VIEILLARD.

Je rougis bien aussi, moi! C'est déjà trop de prendre un écu. Gardez le reste pour ceux qui ont à mendier plus long-temps que moi.

M. D'ARCY.

Votre situation me touche.

LE VIEILLARD.

J'espère qu'elle aura touché Dieu. Votre générosité le touche aussi, monsieur; et il vous en tiendra compte.[7]

M. D'ARCY.

Voulez-vous prendre quelque nourriture?

LE VIEILLARD.

J'ai déjà pris du pain et du lait.

M. D'ARCY.

Emportez du moins quelque chose avec vous.

LE VIEILLARD.

Non, monsieur, je vous remercie. Cependant un verre de vin, un seul.

M. D'ARCY.

Plus, si vous voulez, mon ami.

LE VIEILLARD.

Non, monsieur, un seul : je n'en porte[8] pas davantage. Vous méritez que je boive chez vous le dernier verre de vin que je goûterai sur la terre, et je dirai dans le ciel

7 tenir compte à quelqu'un de quelque chose, einem etwas zu Gute halten, anrechnen. 8 vertragen.

chez qui je l'ai bu. Grand Dieu! un verre même d'eau ne demeure pas sans récompense auprès de toi. (*M. d'Arcy va chercher lui-même une bouteille. Le Vieillard se voyant seul, élève ses mains vers le ciel.*)

Mon dernier coup de vin! Dieu de justice, je te prie de le rendre un jour toi-même à celui qui me le donne.

M. D'ARCY, *portant une bouteille et deux verres.*

Prenez ce verre, bon vieillard. J'en ai apporté aussi un pour moi. Nous boirons ensemble.

LE VIEILLARD, *regardant le ciel.*

Je te remercie, mon Dieu, pour tout le bien que tu me fais dans ce monde. (*Il boit un peu, et s'arrête. A M. d'Arcy, en trinquant avec lui.*) Que Dieu vous donne une fin aussi heureuse qu'à moi.

M. D'ARCY.

Bon vieillard, passez ici cette nuit. Personne ne vous verra, si vous le désirez.

LE VIEILLARD.

Non, monsieur, je ne le peux pas. Mon temps est précieux.

M. D'ARCY.

Pourrais-je vous être bon[9] encore à quelque chose?

LE VIEILLARD.

Je le voudrais, monsieur, par rapport[10] à vous; mais je n'ai plus besoin de rien dans ce monde. (*Il regarde sur lui.*) Rien que d'un gant toutefois : j'ai perdu le mien.

M. D'ARCY *fouillant dans sa poche et lui en présentant une paire.*

Tenez[11], mon ami.

[9] être bon à quelque chose, zu etwas dienen. [10] wegen. [11] da nehmt.

LE VIEILLARD.

Gardez celui-là. Je n'en ai demandé qu'un.

M. D'ARCY.

Et pourquoi ne prenez-vous pas l'autre?

LE VIEILLARD.

Cette main sait résister à l'air. Il n'y a que[12] la gauche qui ne peut le supporter. Elle est refroidie depuis deux ans. (*Il gante sa main gauche, et présente la droite nue à M. d'Arcy.*) Je penserai à vous, monsieur.

M. D'ARCY.

Et moi aussi à vous. O mon ami! laissez-moi vous suivre. Il m'en coûte[13] de garder la parole que je vous ai donnée.

LE VIEILLARD.

Aussi tant mieux pour vous, monsieur, si vous la gardez. (*Il dégage sa main, et veut s'en aller.*)

M. D'ARCY.

Donnez-moi encore votre main, bon vieillard; elle est pleine des bénédictions de Dieu.

[12] il n'y a que la gauche qui, nur die Linke. [13] es kostet mich Mühe, es wird mir schwer.

18. LE PARRICIDE.

Quel temps affreux! je meurs de froid, et je n'ai point d'asyle contre les vents et les frimas, point de lit où[1] réchauffer mes membres engourdis. Je suis vieux, et mes forces sont épuisées par le travail. Fils barbare! Cette pensée me navre et me déchire! Fils barbare! c'est moi qui t'ai donné le jour, c'est moi qui t'ai nourri, c'est moi qui t'ai soigné dans les maladies de ton enfance. En te

[1] wo ich könnte.

voyant[2] souffrir, mes larmes coulaient sur tes joues. Tu m'aimais alors, et tu me disais en me caressant : Mon papa, qu'as-tu donc à pleurer? Je ne suis plus malade; ne t'afflige plus, voilà que je me porte bien. Tu te relevais sur ton lit; tes petites mains jouaient dans ma chevelure; tu me disais encore : Ne sois plus chagrin, je suis guéri; et en disant ces mots, tu retombais de faiblesse. Tu voulais parler, et tu ne pouvais pas. Enfin, ton corps s'est fortifié. Tu es devenu sain et robuste. Tu aurais dû être le soutien de ma vieillesse; j'avais travaillé toute ma vie pour toi, et tu me chasses de ta maison dans les vents et dans la neige. Nous ne pouvons plus vivre ensemble, mon père, m'as-tu dit en fureur. Et pourquoi donc, mon fils? Que t'ai-je fait? Je t'ai exhorté à la vertu; voilà[3] mon crime. En te voyant consumer dans la débauche les fruits de soixante ans de travail, ces biens dont je m'étais fait une joie de me dépouiller pour t'enrichir, je t'ai montré l'abîme où tu courais[4] te précipiter. Dieu m'est témoin que j'étais plus inquiet sur[5] toi que sur moi-même. N'avais-je pas gardé[6] assez long-temps le silence, dans la crainte de t'affliger? Mais mon silence et mes gémissemens secrets, tu ne les entendais pas. Il a donc fallu parler. J'ai cru devoir alors reprendre les droits d'un père. J'ai cependant tempéré l'autorité par la douceur. Mes discours étaient aussi tendres que pressans. Je t'ai parlé de ta mère, que tes désordres ont fait mourir de chagrin. Je t'ai parlé de moi-même, qu'ils allaient aussi plonger dans le tombeau. Je t'ai montré mes joues creusées par les larmes que tu m'as fait répandre. Je t'ai montré mes cheveux blancs, hérissés sur ma tête d'angoisse et de[7] douleur. Je t'ai ouvert mes bras, pour t'inviter à venir sur mon sein. Je serais tombé à tes genoux, si ton père, dans cette humiliante posture

[2] da, wenn ich dich sah. [3] dieß ist. [4] courir, laufen, eilen. [5] wegen. [6] garder le silence, schweigen. [7] vor.

avait pu t'attendrir. Et toi, mon fils.... non, je ne puis le croire encore, tu es venu contre moi d'un air menaçant; ton bras s'est roidi, et ta porte s'est refermée sur moi. Toi, mon fils? tu ne l'es plus. Pourquoi sens-je encore dans mes entrailles que je suis ton père? Que[8] je voudrais pouvoir te maudire! Mais non; je n'ose même exhaler tout haut mes plaintes. Je crains que Dieu ne les entende, et que cette maison, dont tu me chasses, ne s'écroule sur toi. Je vais me coucher sur cette pierre, devant ta porte. Demain, tu ne pourras sortir sans me voir. Je ne puis penser que ton cœur ne s'attendrisse, en voyant ce que j'aurai souffert dans cette affreuse nuit. Mais si la rigueur de la saison, si l'épuisement de ma vieillesse, et plus encore ma douleur, ont terminé ma vie, frémis de ton crime, pleure sur moi, pleure encore plus sur toi-même; je bénirai ma mort, si elle peut servir à te changer.

Telles[9] furent les plaintes du vieillard; et l'aquilon emporta ses soupirs dans toute la longue durée de la nuit. Les airs retentissaient d'affreux sifflemens, la forêt courbait ses arbres fracassés; toute la nature semblait frémir d'horreur sur ce crime. Le lendemain au matin, on trouva le vieillard mort sur la pierre. Il avait les mains jointes et le visage tourné vers le ciel. Le nom de son fils était le dernier mot qu'il avait prononcé. Il avait prié jusqu'au dernier moment pour le parricide.

[8] wie sehr. [9] dieß.

19. LE BON FILS.

La mère Marcelle, assise devant sa porte, file sa quenouille; Firmin, son fils, assis auprès d'elle, tient un livre dans sa main.

FIRMIN. Ces fables sont assez jolies, ma mère, voulez vous que j'en lise encore une?

MARCELLE. Comme tu voudras, mon fils : mais il y a

long-temps que tu lis haut, je crains que cela ne te fatigue.

FIRMIN. Bon! me fatiguer[1]! je m'interromps pour causer avec vous; cela me repose[2]. Voyons encore celle-ci. (*Il lit.*)

LA BREBIS ET L'AGNEAU.

FABLE.

Une brebis, un jour, disait à son agneau :
Mon fils, je suis toute saisie[3],
En songeant aux dangers qui menacent ta vie;
Tout le monde t'en veut[4]; le maître du troupeau
Attend que tu fasses envie[5]
A quelque bon boucher, autrement dit bourreau,
Qui nous prend, nous achète, et sans cérémonie
De sang froid vient nous égorger.
Son confrère le loup t'épie,
Comme lui, voulant te manger.
Enfin contre mon fils tout à la fois conjure[6];
Tu vois le jour[7] à peine, on va te le ravir;
Et, plus vieille que toi, je te verrai mourir,
Contre l'ordre de la nature.
Hélas! répond l'agneau, c'était un de mes vœux :
Mourir jeune n'est pas un destin si contraire :
Je serais bien plus malheureux,
Si je survivais à ma mère.

Ah, ma mère! cette fable me plaît beaucoup; je pense comme cet agneau-là.

MARCELLE. Ta tendresse me rend heureuse, mon ami! Nous sommes pauvres, nous n'avons rien au monde que cette chaumière et notre petit jardin. J'ai perdu mon mari, je n'ai plus de parens, je suis souvent tourmentée par des créanciers de ton père, qui avait un peu le défaut d'emprunter. Tout ce qu'il a laissé de[8] dettes me regarde, parce que je me suis engagée[9] pour lui. J'ai soixante-neuf ans, et je commence à souffrir des infir-

[1] ei, jawohl, wie sollte es mich ermüden. [2] dies macht daß ich ausruhe. [3] erschrecken. [4] en vouloir à quelqu'un, einem übel wollen. [5] faire envie, Lust erregen, gefallen. [6] statt tout à la fois conjure contre mon fils. [7] das Tageslicht. [8] an. [9] verbürgt.

mités de la vieillesse : hé bien, quand tu es près de moi, quand je te vois, quand je t'entends, je suis jeune, riche, bien portante, je retrouve tout cè que j'ai perdu ; une seule de tes caresses me fait oublier dix ans de chagrin, et quand tu m'appelles ta mère, j'éprouve un plaisir cent fois au-dessus de toutes les peines que j'ai souffertes. Maintenant c'est assez lu ; va te dissiper un peu.

FIRMIN. Non, ma mère ; je suis bien aise de rester ici.

MARCELLE. C'est que [10] j'ai quelque chose à faire.

FIRMIN. Quoi donc?

MARCELLE. Je voudrais aller sarcler ce petit carré de légumes qui est auprès du mûrier.

FIRMIN. Il est sarclé.

MARCELLE. Comment cela donc? Il ne l'était pas hier au soir.

FIRMIN. C'est vrai. Mais comme il n'y a rien de plus mal-sain à votre âge que de se tenir baissé pendant deux heures à arracher de mauvaises herbes, je me suis levé ce matin avant le jour, et j'ai sarclé le petit carré.

MARCELLE. (*A part.*) Je m'en étais bien doutée. (*Haut.*) C'est égal, mon ami, va-t'en ; j'ai beaucoup filé cette semaine, il faut que je mette mon fil en écheveau : cela ne me fatiguera pas ; et je n'ai pas besoin de toi.

FIRMIN. Votre fil est en écheveau. J'avais les bras un peu engourdis ce matin d'avoir sarclé dans la rosée ; pour les dégourdir, j'ai dévidé votre fil : ensuite j'ai été chercher notre vache, que ce drôle de vacher n'avait pas ramenée hier au soir du bois. Je l'ai mise dans notre étable ; j'ai donné de la litière fraîche au petit veau ; j'ai fait votre lit, le mien aussi ; la vache a du foin, notre dîner cuit ; vous n'avez rien à faire qu'à vous tranquilliser, et je ne veux pas m'en aller.

MARCELLE. Mais écoute. Je suis un peu fatiguée, et je voudrais dormir : tu ne peux pas dormir pour moi ; et si tu restes, tu me réveilleras.

FIRMIN. Je ne vous réveillerai point, parce que je vais m'amuser à lire ces fables; et en lisant des[11] yeux, je ne ferai point de bruit.

MARCELLE. Si fait[12], si fait.

FIRMIN. Non, non, ma mère.

MARCELLE. Nous allons voir; je t'avertis que je dors.

FIRMIN. Bonne nuit.

MARCELLE. (*A part.*) Faisons semblant de dormir, c'est le seul moyen de le faire sortir. (*Elle fait semblant de dormir; Firmin lit et la regarde de temps en temps: après un assez long silence, il se lève, s'approche doucement de sa mère, et dit à voix basse*):

FIRMIN. Dors, dors, ma bonne et tendre mère. J'ai tant de plaisir à te voir reposer! Quand j'étais enfant, tu ne me quittais pas; tu veillais sur mon sommeil; il est bien juste qu'à mon tour je veille aussi sur le tien, et que je rende à ta vieillesse tous les soins que tu donnas à mon enfance. Dors, ma bonne mère, dors.

[10] es ist deswegen, darum. [11] mit. [12] doch.

20. ÉSOPE.[1]

Ésope, l'incomparable fabuliste, fut un jour cruellement frappé par son maître, qui le chassa de la ville et l'envoya au désert. O l'infortuné! s'écria un de ses compagnons d'esclavage. Infortuné, dit Ésope, pourquoi le serais-je plus que toi? Et où trouveras-tu au désert du bonheur et de la joie, reprit l'autre?

Dans le sentiment de ma liberté, répondit le Phrygien; et on le poussa dehors.

Peu de jours après, quelques-uns de ceux qui le connaissaient, allèrent au désert pour enterrer ses os; car

[1] Aesop, aus Phrygien, in Kleinasien, der berühmte Fabeldichter, lebte wahrscheinlich vor etwa 2400 Jahren. Er war sehr klein und häßlich von Gestalt; aber desto größer und schöner war sein Geist. Er blieb sich immer gleich, in der Sklaverei wie im Glück, im Gefängniß so wie am Fuße des Thrones.

ils croyaient qu'il aurait terminé volontairement sa mi sérable existence : mais ils trouvèrent Ésope fort content assis au pied d'un arbre. Ils s'en étonnèrent, et lui diren pourquoi ils étaient venus. Il sourit, et leur conta l fable du Bûcheron et de la Mort[2]. Quand il eut fini, il lui demandèrent : Qui pouvait donc empêcher le bûchero de suivre la mort qu'il avait invoquée? La douceur d l'existence, répondit Ésope, et la peau durcie de sa main

Alors l'un de ceux qui étaient là, lui dit : Ésope, nou sommes étonnés avec raison de ta sérénité et de ta bonn humeur. La nature t'a refusé tout ce qui peut réjouir le hommes : ton corps est frêle, et tu ne respires qu'ave peine; ta forme est hideuse; les hommes se moquent d toi, aussitôt qu'ils te voient, et ils ne veulent plus mêm te souffrir autour d'eux comme esclave; et maintenant t voilà dans un désert... Qu'est-ce que les dieux ont pu t donner en dédommagement?

Un rayon de leur nature divine, répondit Ésope : il m'ont enseigné le langage des animaux, et m'ont accord un pouvoir créateur pour les faire parler.

Par ce pouvoir créateur tu entends sans doute la sa gesse, dit un autre, et tu parais croire que la nature, e te l'accordant, compensa[3] richement tout ce qu'elle t' refusé d'ailleurs; mais si la sagesse est le plus précieu de ses dons, l'insensé est bien misérable, et il a droit d maudire l'injustice de la nature, dès qu'il se reconnaît

L'insensé ne se reconnaît point, répliqua Ésope; car pour se reconnaître, il faut savoir scruter son propr cœur, et le regard de l'insensé ne voit que le dehor Mais la nature lui donne en compensation[4] la jouissanc illusoire de la folie, la présomption.

Quelque temps après, Ésope fut accusé d'un crim qu'il n'avait pas commis, et condamné à mort. Il fut jet dans une prison obscure. Mais le sage Phrygien conserv encore dans les fers son calme et sa bonne humeur, e sorte que le geolier étonné lui demanda : D'où te vient donc ta bonne humeur dans cet obscur cachot? De la paix avec moi-même, répondit Ésope.

Il marcha à la mort avec un visage serein. Alors un homme du peuple lui demanda : Où prends-tu cette force d'ame qui te conserve ton courage et ta gaieté même en face de la mort? Ésope répondit : Dans la conscience de mon innocence et le souvenir de ma vie passée.

[2] die bekannte Fabel von dem Holzhauer, welcher, voll Unmuth über sein hartes Geschick, seine Bürde von sich warf, und den Tod anrief, und welcher, als der Tod erschien und ihn fragte, warum er ihn gerufen, ihn bat, ihm sein Bündel Holz wieder auf den Rücken laden zu helfen. [3] compenser quelque chose, für etwas entschädigen. [4] zur Entschädigung.

21. LA POMME.

Il y avait à la cour du roi Hérode un homme riche, qui était son grand-chambellan. Il s'habillait de[1] pourpre et de tissus précieux, et passait[2] sa vie dans le luxe et les délices. Un jour, un ami de sa jeunesse, qu'il n'avait pas vu depuis long-temps, arriva d'un pays lointain pour le visiter. Le chambellan commanda[3] en son honneur un grand festin, auquel il invita tous ses amis. La table était couverte de mets délicieux, servis dans des plats d'or et d'argent; il y avait beaucoup de vases précieux, remplis de parfums et de vins de toutes sortes. L'homme riche, assis au haut de la table, paraissait fort gai, et son ami, qui était venu de si loin, était[4] à sa droite. Ils mangèrent et burent jusqu'à ce qu'ils furent rassasiés.

Alors l'étranger dit au chambellan : Jamais je n'ai vu dans mon pays une magnificence pareille à celle de ta maison! Il se mit à vanter la fortune et la richesse de son ami, et il l'estimait[5] le plus heureux des mortels.

Mais le chambellan du roi Hérode prit une pomme qui était sur un plat d'or. La pomme était grosse, belle et

[1] in. [2] zubringen. [3] anstellen. [4] saß. [5] estimer le plus heureux, als den Glücklichsten preisen.

rouge en dehors comme la pourpre. Il l'offrit à son hôte, en lui disant : Cette pomme reposait sur l'or, et sa forme est superbe! Celui-ci prit la pomme, la coupa en deux : un vers en rongeait le cœur.

Étonné, il regarda le chambellan; mais le chambellan baissa les yeux en soupirant, et dit: voilà l'image de mon bonheur.

22. LA MORT D'ABRAHAM.

Lorsque Abraham, l'homme de Dieu et le héros de la foi, chargé d'années et rassasié de jours[1], sentit la fin de sa vie approcher, il s'étendit sur son lit de repos, et fit appeler auprès de lui ses enfans et ses petits-enfans, qui vinrent se ranger autour de sa couche. Une douce sérénité etait répandue sur le visage du vénérable vieillard. Il regarda ses enfans, les bénit et leur dit : Le Dieu en qui j'ai cru toute ma vie, m'appelle maintenant. Alors ses enfans dirent en pleurant : Oh! puisse cette heure passer encore une fois! Mais Abraham répondit : Non, mes bien-aimés; j'ai marché[2] devant lui avec une confiance filiale tous les jours de ma vie, et je lui ai obéi avec amour et dans la vérité : comment, maintenant qu'il m'appelle, tarderais-je d'aller à lui! Après qu'il eut prononcé ces paroles, il inclina la tête et expira! et le visage du vieillard était comme celui d'un homme qui repose dans un doux sommeil.

[1] lebenssatt, hochbetagt. [2] gewandelt.

23. LES DEUX FRÈRES.

Il y avait[1], dans un village du département des Hautes-Alpes, un pauvre homme qu'on appelait Marcel. Cet homme avait deux enfans. L'aîné portait le nom de Jérôme, et le plus jeune se nommait Louis. Marcel avait du bon sens, mais il n'avait pas reçu d'instruction, et ressentait un grand chagrin de ne pouvoir donner de l'é-

[1] es lebte.

ducation à ses fils; car il était trop pauvre pour cela. Il n'y avait pas d'école dans le village de Marcel. Ne pouvant donc rien faire apprendre à ses deux enfans, il cherchait au moins à leur inspirer des principes de piété et de vertu.

Jérôme était fort évaporé[2] et courait tout le jour avec les petits vagabonds du village. Il allait[3] avec eux voler des fruits, passer par-dessus les murs des jardins, et plusieurs fois il avait reçu des corrections dont il ne s'était pas vanté à[4] son père. Il s'accoutumait aussi par désœuvrement à maltraiter les animaux: c'était devenu un de ses passe-temps que[5] d'assommer les chiens, les chats, ou de casser les pattes aux poules et aux canards à coups de pierre. Toutes ces mauvaises dispositions se fortifiaient en lui par l'habitude, et il était déjà facile de prévoir qu'il serait[6] un fort mauvais sujet.

Il n'en était[7] pas de même de Louis; les discours de son père faisaient une impression plus forte sur le cœur de cet enfant. Il se permettait quelquefois de faire des reproches à son frère, lorsqu'il lui voyait commettre une mauvaise action, et plus d'une fois ces reproches lui avaient attiré des coups. Le caractère de Louis était naturellement gai; cependant il avait des momens de tristesse, qui étaient causés par le chagrin d'être ignorant, et de ne trouver aucun moyen pour s'instruire. A force de réfléchir comment il pourrait faire pour se tirer[8] de là, il lui vint une idée à laquelle il s'arrêta[9] sur-le-champ. Il s'en va chez le curé du village et lui dit: Monsieur le curé, je suis bien malheureux. — De quoi donc, mon enfant? J'ai pourtant entendu dire que vous êtes un bon petit garçon, et que vous valez mieux que votre frère.

[2] flüchtig, leichtsinnig. [3] il allait voler, passer, statt il volait, il passait, [4] gegen. [5] que wird hier nicht übersetzt. (Neue franz. Sprachl., S. 325, Anmerk.) [6] daß er werden würde. [7] il en est de même de, so ist es mit (il n'en était pas de même de Louis, nicht so Ludwig). [8] sich helfen, sich aus dieser Verlegenheit ziehen. [9] s'arrêter à quelque chose, bei etwas stehen bleiben, etwas festhalten.

— Oh! monsieur le curé, mon frère est un bon garçon aussi, quoiqu'il soit un peu étourdi. — Qu'est-ce donc qui vous chagrine? — C'est de ne pas savoir lire. Oh! si j'osais vous prier, monsieur le curé, de m'apprendre à lire.... Je vous rendrais ensuite tous les services dont je serais capable.

Le curé fut tout à la fois étonné et enchanté de cette demande de la part d'un enfant si jeune, et il pensa que ce serait un sujet distingué. Il consent donc volontiers à ce que désire[10] le petit Louis, et voilà notre Louis allant tous les jours apprendre sa leçon chez le curé. Il ne lui fallut pas beaucoup de temps pour savoir lire, car il avait de très-grandes dispositions et travaillait de toutes ses forces. Le curé le prit en affection[11] et voulut continuer son éducation. Il lui enseigna successivement à écrire, à compter, un peu de géographie et d'histoire. Je n'ai pas besoin de vous dire que Louis était parfaitement instruit en même temps des vérités de la religion, et qu'il avait une grande piété.

Pendant ce temps-là, Jérôme se moquait de l'assiduité de son frère et l'envoyait promener[12], quand celui-ci lui parlait d'apprendre aussi quelque chose. Les défauts de ce jeune homme devenaient des vices à mesure qu'il grandissait. A quatorze ans, enfin, il était déjà parvenu[13] à se faire craindre et détester dans tout le village, et n'avait plus pour toute[14] société que trois ou quatre mauvais sujets, qui ne valaient pas mieux que lui. Lorsque les deux frères eurent atteint leur quinzième et seizième année, le père Marcel les fit venir un jour devant lui et leur dit : Mes chers enfans, vous voici[15] tous deux en âge de songer à votre fortune. Je ne puis vous aider pour la faire, et vous savez que j'ai moi-même bien de la peine à exister. Voici[16] quarante-huit francs que j'ai épargnés comme j'ai pu pour vous les conserver. Je vous en donne à chacun la moitié; c'est tout ce que je puis faire pour vous. Allez avec cela à la ville; tâchez de travailler, de faire fortune[17], et donnez-moi de vos nouvelles[18]. Toi, mon cher Louis, je compte[19] que tu te tireras d'affaire[20]. J'ai une grande obligation à monsieur le curé de[21] l'instruction qu'il ta donnée; elle te servira partout, et tu feras ton chemin d'une manière ou de l'autre. Quant à toi, mon pauvre Jérôme, je te vois partir avec bien des soucis. Tu aurais pu faire comme ton frère, et mériter aussi les bonnes grâces[22] de monsieur le curé, mais tu ne l'as pas voulu; tu as préféré te livrer à l'oisiveté et à la dissipation : j'ai bien peur que tu n'aies sujet de t'en repentir. Enfin, mon cœur fera les mêmes vœux pour vous deux. Allez, mes enfans, et soyez heureux.

Le bon Marcel embrassa ses fils en pleurant, et, involontairement, il pressa Louis avec un mouvement plus tendre. Le curé était arrivé pendant cette scène. Le pauvre Louis se jeta dans ses bras, sans pouvoir parler ni exprimer sa reconnaissance autrement que par des larmes. Jérôme pleura aussi et ressentit une émotion véritable; tant il est vrai que même les cœurs les plus corrompus ne peuvent se soustraire entièrement au tribut que la nature réclame. Enfin les deux frères s'éloignèrent, en se tenant par le bras, et le père Marcel et le bon curé les suivirent des yeux aussi long-temps qu'ils le purent.

[10] in das was wünscht, in den Wunsch. [11] gewann ihn lieb. [12] envoyer promener quelqu'un, eigentlich spazieren schicken; d. h. höhnisch abweisen. [13] je parviens, es gelingt mir, ich komme so weit. [14] hatte keine andere Gesellschaft mehr. [15] vous voici, statt vous êtes maintenant. [16] hier sind. [17] euer Glück zu machen. [18] donner de ses nouvelles, Nachricht von sich geben. [19] ich rechne darauf. [20] se tirer d'affaire, sich aus der Noth helfen. [21] für. [22] die Gunst, die Gewogenheit.

24. *Suite de l'histoire des deux frères.*

Louis était dans une profonde tristesse. Jérôme eut l'air[1] de penser quelque temps; mais il se remit[2] bientôt et

[1] avoir l'air, den Anschein haben, scheinen. [2] er kam wieder davon zurück.

rompit le premier le silence, en disant à son frère : Nous allons à Lyon, n'est-ce pas ? — Oui, que comptes-tu y faire ? — Je n'en sais rien. — Il faut cependant y songer. — Je verrai, l'occasion me déterminera. J'aurai le temps d'y penser quand je n'aurai plus d'argent. — Cela ne tardera[3] pas, mon pauvre Jérôme ; j'ai lu quelque part que les enfans et les fous croient que vingt ans et vingt francs ne doivent jamais finir. — Ah ! mon frère, pas de sermons, je t'en prie. Je suis assez grand pour savoir ce que j'ai à faire. — A la bonne heure[4], je ne dirai plus rien.

Après avoir marché toute la journée, nos deux piétons arrivèrent le soir à une auberge, où ils résolurent de passer la nuit. Ils étaient environ à six lieues de Lyon et espéraient s'y rendre le lendemain.

Il y avait dans l'auberge assez de monde. Entre autres personnes qui s'y trouvaient, Jérôme remarqua un fourrier qui se rendait à la garnison de Grenoble. Ce jeune homme n'avait pas la mine d'un fort bon sujet ; aussi[5] eut-il bientôt fait la conquête de Jérôme ; car, comme dit le proverbe, qui se ressemble s'assemble[6]. Au bout d'un quart d'heure ils sont amis intimes et se content l'un à l'autre leurs affaires. Le fourrier, en apprenant que Jérôme avait vingt-quatre francs dans sa poche, se lécha les lèvres. C'était un rusé coquin qui en savait plus long que son nouvel ami, et qui avait appris en garnison toutes les ruses du jeu. Il fait entendre[8] à Jérôme qu'il a aussi de l'argent, et lui propose une partie de cartes. Celui-ci n'était pas homme à refuser, et, comme tous les fous qui ne doutent de rien, il voit déjà ses fonds doublés et sa bourse remplie d'une manière intarissable.

Le sage Louis, qui avait entendu la proposition, en fut effrayé. Il voulut faire une observation à son frère, mais il en fut reçu fort brutalement et obligé de se taire.

Voilà donc mes deux joueurs aux prises[9]. La partie n

ſut pas longue. En quelques tours de cartes[10], Jérôme se vit dépouillé de ses vingt-quatre francs, et par conséquent privé de toute espèce de ressources. Prête-moi de l'argent, dit-il à Louis, afin que je regagne celui que je viens de perdre. — Non, répondit fermement Louis; tu n'as pas voulu écouter mes observations, tu trouveras bon que je sois sourd à ta demande, et que je garde mon argent.

L'amitié du fourrier fut singulièrement refroidie, aussitôt qu'il sentit que Jérôme n'avait plus le sou. Il le quitta en lui souhaitant bonne nuit et bonne chance[11] pour l'avenir, et alla se coucher.

Lorsque les deux frères furent seuls, Louis dit à Jérôme : Mon ami, je vois que nous ne pourrons pas aller ensemble. Nos goûts[12] et nos penchans ne sont point du tout les mêmes, et ne sauraient[13] jamais s'accorder. Nous nous gênerions réciproquement. Il vaut beaucoup mieux nous séparer et chercher fortune chacun de notre côté. Tu as perdu l'argent que tu avais, faute[14] d'avoir voulu suivre un bon conseil; je ne veux pourtant pas te laisser sans ressource en nous séparant. Je vais payer, sur mes vingt-quatre francs, les frais de l'auberge, et nous partagerons le reste en bons frères. Ensuite nous nous dirons adieu.

Cet arrangement convint[15] fort à Jérôme, qui l'accepta, en remerciant avec froideur son généreux frère.

Il fut fait comme l'avait proposé Louis, et au point du jour nos deux jeunes gens s'embrassèrent, puis ils prirent chacun une route différente.

[3] das wird nicht lange anstehen, währen. [4] es sey drum, meinetwegen. [5] daher auch. [6] gleich und gleich gesellt sich gern. [7] en savoir plus long, mehr wissen, verschlagener seyn. [8] er giebt zu verstehen. [9] être aux prises, handgemeng werden, an einander gerathen. [10] nach ein Paar Spielen. [11] gut Glück. [12] unser Geschmack, unsere Ansichten. [13] je ne saurais, statt je ne puis. [14] faute d'avoir voulu, weil du nicht gewollt hast. (Neue franz. Sprachl., S. 339.) [15] gefiel.

25. HISTOIRE DE JÉRÔME.

Jérôme, qui ne perdait pas de vue[1] son fourrier, et qui espérait toujours en tirer parti[2], abandonna[3] le projet d'aller à Lyon et prit le chemin de Grenoble, en marchant lentement, afin de donner au fourrier le temps de l'atteindre. Il ne fut pas long-temps sans le voir arriver, son sac sur le dos et chantant joyeusement. — Ah! vous voilà camarade! Eh! que faites-vous donc ici? je vous croyais depuis ce matin sur la route de Lyon. — J'ai changé d'idée[4], mon ami, je veux aller à Grenoble avec vous, et j'ai envie de servir dans votre régiment. — En vérité? eh bien! tant mieux. Vous êtes un bon vivant[5] et j'aime cela, moi. Oh! nous irons[6] bien ensemble. Allons, puisque c'est ainsi, en avant, marche! Je vous présenterai à mon capitaine.

Les voilà tous deux cheminant ensemble. Ils arrivent à Grenoble. Jérôme est présenté, engagé, incorporé. Il endosse l'uniforme, prend le mousquet et commence à faire l'exercice. Les premiers jours tout alla assez bien; Jérôme avait touché[7] le prix de son engagement; il avait en même temps gagné un peu d'argent au jeu avec quelqu'un de ses nouveaux camarades, en sorte qu'il ne pensait qu'à se divertir avec cet argent, et qu'il s'embarrassait[8] fort peu du reste.

Cela ne pouvait pas durer ainsi bien long-temps. La bonne humeur de Jérôme commença à diminuer en même temps que ses fonds; et lorsque sa bourse fut vide, il ne trouva plus le mot[9] pour rire. Morbleu! disait-il, ce

[1] perdre de vue, aus dem Gesicht verlieren. [2] tirer parti, seinen Vortheil ziehen. [3] abandonner, aufgeben. [4] changer d'idée, andern Sinnes werden. [5] un bon vivant, ein lebensfroher lustiger Geselle. [6] aller bien ensemble, sich gut zusammen schicken. [7] toucher de l'argent, Geld erhalten, einnehmen. [8] s'embarrasser peu de, sich wenig bekümmern um. [9] il ne trouva plus le mot pour rire, eigentlich er fand kein Wort mehr zum Lachen, d. h. es war ihm nicht mehr um das Lachen zu thun.

n'est pas là ce que je voulais. C'est pour m'amuser que je me suis fait soldat. Je veux bien faire l'exercice et monter la garde; mais à condition que je pourrai me divertir, sinon, j'envoie au diable le fusil et la giberne.

Jérôme, comme vous le savez, s'était accoutumé à trouver bons tous les moyens de satisfaire ses goûts. Or, dans cette circonstance, sans se donner la peine de chercher s'il n'y avait pas, pour se procurer de l'argent, d'autre expédient que celui d'en voler, il pensa que celui-ci était le plus simple et le plus commode, et se détermina à l'employer sans le moindre scrupule.

Il avait remarqué que quelques soldats avaient amassé un peu d'argent, soit[10] par leur économie, soit en s'occupant dans la ville à divers travaux, les jours où ils étaient libres. Ces braves gens avaient tous une petite somme en réserve dans un coin de leur sac. Les mauvais sujets disaient d'eux qu'ils étaient des avares, et Jérôme pensa qu'ils méritaient bien le tour qu'il allait leur jouer.

Un matin donc il feint d'être indisposé et de ne pouvoir aller à l'exercice avec les autres. Pendant leur absence il fait l'inspection des sacs, y ramasse une somme d'environ cinquante écus, sort de la caserne, va troquer son uniforme contre une veste grise et quitte Grenoble, en se jetant dans les chemins de traverse pour éviter d'être poursuivi.

Il arpenta le pays[11] le plus lestement possible et coucha plusieurs nuits à la belle étoile[12], ne voulant pas s'exposer à être arrêté dans les endroits où il aurait pu demander l'hospitalité. Après avoir voyagé de cette manière incommode pendant environ dix jours, il arriva dans une grande ville, qu'on lui dit être Chalons-sur-Saône. Il résolut de s'y arrêter, et jugea qu'il y serait tout aussi en sû-

[10] soit — soit, theils — theils. [11] arpenter le pays, eigentlich das Land messen, d. h. sich auf und davon machen, eilig fliehen. [12] auf freiem Felde, unter freiem Himmel.

reté qu'ailleurs, et que, puisqu'il avait échappé jusque-là, il n'avait plus rien à craindre. C'était en effet une chose presque miraculeuse que[13] de s'être soustrait aux poursuites de la gendarmerie, qui ne plaisante pas avec les déserteurs; et Jérôme était tout à la fois déserteur et voleur. Ce succès l'enhardit, et il se proposa de continuer dans la suite un métier qu'il trouvait lucratif et qui lui paraissait assez commode. Il ne pensait pas que l'œil de la justice est ouvert sur les gens de son espèce; que l'on peut bien échapper une fois, deux fois à sa surveillance; mais qu'à la fin il vous découvre, et qu'il faut alors payer une bonne fois[14] pour toutes les autres. Il commença par manger son argent, ce qui ne fut pas long[15], attendu que le jeu vint encore au secours de son estomac, pour que ce fût plus tôt fini. Quand il se vit au bout de ses ressources, il fallut songer à en trouver de nouvelles, en attendant l'occasion de faire ce qu'il appelait un bon coup.

[13] daß er. [14] une bonne fois, ein Mal recht; une fois pour toutes, ein für alle Mal. [15] cela n'est pas long, es währt nicht lange.

26. *Suite de l'histoire de Jérôme.*

Il y avait à Châlons une troupe de comédiens ambulans. Jérôme s'était lié au cabaret avec un de ces histrions, chargé de remplir les rôles de brigands dans les pièces qu'on jouait. Cet homme se nommait Bernardin. Il avait souvent parlé à Jérôme des agrémens de la profession de comédien; mais celui-ci n'en avait pas été tenté[1], pour deux raisons : la première, qu'il n'osait pas avouer à son ami Bernardin, était que, ne sachant ni lire ni écrire, il ne voyait pas trop quelle sorte de rôles il aurait pu remplir; ensuite, c'est que l'équipage misérable du brigand ne faisait pas supposer qu'il y eût une grande fortune à faire en marchant sur ses traces.

[1] je n'en suis pas tenté, ich fühle mich nicht versucht, ich habe keine Lust dazu.

Un jour néanmoins il s'avisa de demander à Bernardin s'il n'y avait pas quelques rôles dans lesquels on n'eût rien à dire; car, ajouta-t-il, je n'ai point de mémoire et je ne pourrais jamais apprendre une ligne par cœur. — Cela ne fait rien, répondit Bernardin, il y a ce que nous appelons des rôles muets. — En vérité? reprit Jérôme, eh bien! s'il manque quelqu'un de votre troupe pour cet emploi, je m'en chargerai volontiers. — Tu n'as qu'à [2] dire; il y a une place vacante, et je te vais présenter au directeur. — Touche-là [3], dit Jérôme, c'est entendu.

Jérôme est présenté, le directeur lui trouve une bonne physionomie, et dès le lendemain on le fait débuter. Il était vêtu en brigand et faisait partie de la bande de son chef Bernardin. Le costume lui allait à merveille: son visage avait surtout une expression fort convenable, et voici ce qui contribuait à la lui donner.

Avant de monter sur le théâtre, il avait jeté un coup d'œil sur le bureau où l'on vendait les billets d'entrée. L'aspect de la recette avait excité en lui certains désirs, qui se peignaient dans ses traits et les mettaient parfaitement en harmonie avec son rôle. Quand la représentation fut terminée, le directeur lui fit compliment, et lui témoigna un grand regret de ce que sa mémoire ne lui permettait pas de remplir un premier emploi. Mais Jérôme répondit toujours que la chose était impossible, et que cela ne dépendait pas de sa volonté.

Toute la nuit il eut devant les yeux l'image séduisante de la recette, et son esprit ne fut plus occupé que des moyens de se l'approprier un beau jour.

Il rêva pendant un mois ou deux aux moyens d'exécuter ce joli plan. Après y avoir beaucoup songé, il pensa qu'il n'avait pas d'autre parti à prendre que celui d'engager le receveur à faire société avec lui, et à s'esquiver

[2] n'avoir qu'à, nur brauchen. [3] eingeschlagen, topp.

tous deux en emportant la caisse. Notre Jérôme avait flairé[4] la probité de ce receveur, et comme il s'y connaissait[5] déjà assez bien, il crut pouvoir, en toute sûreté, se hasarder à lui faire la proposition. Il l'engagea donc à boire au cabaret, et tout en vidant une bouteille, Jérôme lui fit part de ses vues, et n'eut pas infiniment de peine à le persuader. Il fut arrêté entre eux que le jour suivant la grande entreprise serait exécutée. Ils ne choisissaient pas mal leur jour, car c'était un dimanche, et l'on devait donner un spectacle qui ne pouvait manquer d'attirer beaucoup de monde. Or, la chose se passa comme je vais vous le dire.

Le caissier, ayant réalisé[6] la valeur de tous ses billets, fait son sac, selon l'usage, et l'emporte comme s'il allait verser sa recette. Mais, au lieu de se rendre à la caisse, il sort furtivement de la ville et va loyalement rejoindre son compagnon, qui l'attendait à quelque distance, et qu'une indisposition supposée avait dispensé de figurer ce jour-là dans la représentation.

Aussitôt qu'ils furent réunis, ils se mirent à marcher bon pas[7], pour se mettre à l'abri le plus promptement que possible. Ils coururent ainsi toute la nuit et ne s'arrêtèrent qu'au point du jour, dans une auberge, pour y prendre quelque nourriture. Jérôme ne fut pas peu effrayé, lorsqu'il vit dans cette auberge deux gendarmes qui avaient laissé leurs chevaux dans la cour. Il n'avait pas oublié sa désertion, et, comme il s'aperçut que les gendarmes le regardaient avec quelque attention, il ne douta pas qu'ils n'eussent son signalement. Sans rien dire à son compagnon, il sort de la salle et passe dans la cour, où se trouvaient les chevaux des gendarmes. Il choisit le meilleur, donne un coup de couteau dans le poitrail de

[4] flairer, eigentlich mit dem Geruch untersuchen, auswittern. [5] s'y connaître, sich darauf verstehen. [6] zu Geld machen. [7] marcher bon pas, schnell gehen, sich schnell davon machen.

l'autre, afin qu'on ne puisse pas s'en servir pour le poursuivre, monte à cheval et se met à galopper, en se moquant des gendarmes, qui le regardaient fuir et le menaçaient inutilement.

Mais la plus triste figure était celle du pauvre diable de receveur. Jérôme emportait l'argent, tandis que lui restait sans ressource et pour ôtage entre les mains des gendarmes. Nous verrons plus tard ce qui lui arriva pour s'être laissé séduire[8] par les conseils d'un brigand.

[8] dafür daß er sich hatte verführen laßen.

27. *Fin de l'histoire de Jérôme.*

Jérôme galoppa donc sur le cheval du gendarme, jusqu'à ce que la pauvre bête, épuisée de fatigue, tomba et expira sur la place. Notre voleur alors s'éloigna de la route et entra dans un bois, pour s'y reposer et compter son trésor. Il se montait à six cents francs. Jérôme n'en avait jamais tant vu. Il se crut un moment en état d'attendre tous les événemens possibles. Cette illusion ne dura pas long-temps; car tandis qu'il contemplait encore ses richesses, il vit paraître devant lui deux hommes à figures épouvantables, qui lui mirent le pistolet sur la gorge, en lui demandant la bourse ou la vie. Le pauvre Jérôme jette un cri et tombe sur le dos, comme s'il eût déjà reçu quatre ou cinq chevrotines dans la tête. Les deux brigands le rassurèrent en lui disant : Ne crains rien, ne crains rien, nous n'en voulons[1] qu'à tes écus et nous ne te ferons pas de mal. — Eh! que diable, messieurs, leur dit Jérôme, revenu de sa frayeur, j'avais toujours entendu dire que les loups ne se mangeaient pas entre eux. J'ai l'honneur d'être des vôtres[2], et vous faites là une vilaine action de dépouiller un confrère. — Eh bien!

[1] n'en vouloir qu'à, es nur zu thun haben mit; je n'en veux qu'à, es ist mir nur zu thun um. [2] je suis des vôtres, ich gehöre zu euch, ich halte es mit euch.

dit un des brigands, si tu es en effet des nôtres, tu peux t'enrôler dans notre bande; viens avec nous. — Volontiers, messieurs, et je ne pense pas en effet qu'il me reste rien de mieux à faire.

Jérôme suivit les deux voleurs, qui le conduisirent dans un endroit fort épais du bois, où se trouvaient leurs camarades, au nombre de sept ou huit. — Voici un nouveau frère que nous vous amenons, dirent les scélérats; il apporte de l'argent à la masse.

Voilà donc Jérôme enrôlé dans une bande de voleurs! Je n'ai pas besoin de vous dire, après cela, tout ce qu'il fit pendant quatre ans qu'il y resta sans être découvert. Il devint un des plus habiles de la troupe. Au bout de peu de temps, on lui reconnut de l'intelligence pour le métier, et il remplit les fonctions de ce qu'on appelle éclaireur, c'est-à-dire, qu'il allait en avant pour épier les coups qu'il y avait à faire. Il se rendait dans une maison, s'y introduisait en qualité de domestique ou de toute autre manière, volait avec une adresse merveilleuse, et, quand la chose était nécessaire, préparait les voies à ses associés.

Un jour il se disposait à une expédition et s'était introduit, comme je viens de le dire, dans un château où il espérait faire un coup superbe. Malheureusement pour lui, un officier vint dîner au château, et Jérôme ne le reconnut pas. Pendant le dîner, l'officier observait Jérôme, qui servait et avait son assiette sous le bras. Après l'avoir regardé quelque temps, il s'écrie tout d'un coup : voilà un déserteur et un voleur! Qu'on arrête cet homme. — Jérôme, qu'un coup de foudre eût moins épouvanté que ces terribles paroles, laisse tomber son assiette et s'élance vers la porte pour s'enfuir. Mais il n'en a pas le temps; on le saisit, on l'enferme dans une chambre et l'on va chercher la force armée pour le conduire en prison.

Le moment était venu où tout allait se réunir contre Jérôme. Deux gendarmes arrivent, et l'un d'eux se trouve être [3] précisément le même sur le cheval duquel notre coquin s'était enfui après le vol de Châlons. Vous devinez le reste, mes chers amis; Jérôme est conduit en prison, son procès est instruit, ses crimes sont mis au jour, il est forcé de les avouer, et il est condamné aux galères.

Mais ce n'est pas tout : il n'y avait pas plus de huit jours qu'il était à Toulon, lorsqu'un galérien s'approche de lui sur le port et le regarde fixément quelques instans; puis, soulevant son boulet à deux mains, il le lance, en poussant un cri terrible, dans la poitrine de Jérôme, qu'il étend à ses pieds. — Misérable, dit-il, je t'attendais ici pour me venger! C'est à toi, c'est à tes perfides conseils que je dois [4] le malheur de traîner cet instrument d'infamie et de douleur. Sans toi, je n'eusse pas été un scélérat; c'est toi qui m'as fait commettre le premier crime. Mon dernier crime est un meurtre, mais je le commets pour délivrer la terre d'un monstre.

Ainsi finit Jérôme, après avoir passé par tous les degrés du crime. La vengeance du Ciel et des lois se fait quelquefois attendre; mais le coupable ne lui échappe jamais, et elle l'atteint tôt ou tard.

[3] se trouver être, zufälliger Weise seyn. [4] c'est à toi que je dois, dir verdanke ich.

28. HISTOIRE DE LOUIS.

Lorsque Louis se fut séparé de son frère, il tourna ses pas du côté de Lyon. Il pensait, chemin faisant, à Jérôme, et concevait toutes sortes de craintes sur le sort de ce malheureux. Puis, en reportant ses pensées sur lui-même, il disait : que vais-je faire? Quand je serai à la ville, quelles seront mes ressources? Je ne connais personne qui puisse me protéger. Tout ce que je dois espérer, c'est d'entrer dans quelque maison pour le service. J'aimerais bien mieux rester à la campagne et me faire[1] cultivateur. Voyons, décidons-nous : il ne faut pas entreprendre plusieurs choses; il faut s'attacher à une seule, et s'y livrer tout entier.

En causant ainsi avec lui-même, il arriva près d'une grande ferme, qui consistait en terres, bois, vignes et prés. Voici qui me conviendrait merveilleusement, dit-il. Il entre dans la maison, se présente au fermier, et lui demande s'il n'a besoin de personne. — Je n'ai besoin que d'un pâtre, répondit le fermier, si cet emploi vous convient, vous pouvez entrer chez moi. — Volontiers, dit Louis; je ferai mon possible pour que vous soyez content de mon service.

Louis est reçu, et commence à conduire les troupeaux aux champs. Cette occupation n'était pas fort de son goût; mais il prenait son parti, et il disait : il y a commencement à tout.[2]

Ce qui le désolait, c'était de n'avoir pas d'argent pour acheter quelques livres. Il imagina[3] de faire divers petits ouvrages pour en gagner, et il eut soin de ne pas toucher à ses gages, afin de les réserver pour cet usage, sur lequel il fondait un grand espoir. Du reste, il mit[4] tant de zèle et d'intelligence à soigner les bestiaux confiés à sa garde, que le fermier ne put s'empêcher de le remarquer. Il n'y avait jamais une bête malade; les étables étaient propres et saines, les litières toujours renouvelées et bien tenues. Ce fut au point que, si Louis eût voulu se placer dans une autre ferme, il eût été recherché et bien payé. Mais il avait souvent ouï dire qu'il y a toujours plus de profit[5] à rester où l'on est, qu'à courir de droite et de gauche. D'ailleurs son cœur était trop reconnaissant pour oublier à qui il devait le premier asile qu'il eût trouvé.

Aussitôt qu'il le put, il écrivit à son père pour lui faire

[1] se faire cultivateur, Ackersmann werden. [2] es will alles einen Anfang haben. [3] es fiel ihm ein. [4] er verwandte. [5] il y a plus de profit, man hat mehr Gewinn dabei, es kommt mehr dabei heraus.

part de sa position. Il écrivit aussi à son respectable instituteur, et lui confia ses projets et ses espérances. Le bon curé n'eut pas plus tôt[6] reçu la lettre de son élève, qu'il s'empressa de lui envoyer trois ou quatre livres d'agriculture qu'il possédait. Il serait difficile de peindre la joie qu'éprouva Louis en les recevant. Il se mit à les étudier avec ardeur; il les emportait aux champs avec lui, et tandis que les troupeaux paissaient, il était assis sous un arbre, lisant comme un savant dans son cabinet.

[6] pas plus tôt, nicht so bald.

29. *Suite de l'histoire de Louis.*

Au bout de deux ans, le fermier Berthaud, son maître, lui dit : Mon cher Louis, je suis content de toi. Je t'ai beaucoup d'obligation pour le bien que tu as fait à mon bétail. Je sais qu'on t'a fait des propositions avantageuses et que tu les as refusées. Je veux te faire les mêmes avantages qui t'ont été offerts. — Je suis bien reconnaissant de vos bontés; mais j'aurais une autre chose à vous proposer, si vous avez de la confiance en moi. Je sais des moyens pour augmenter beaucoup le revenu de votre ferme. Laissez-moi pendant un an gouverner les travaux. — Après quelque hésitation, le fermier y consentit.

Louis commença donc à régir les terres de son maître, et à mettre à profit[1] ses connaissances en agriculture. Il n'y eut bientôt plus, dans le domaine, ni friches ni jachères; toutes les terres furent en plein rapport; il ne fut plus question de les laisser reposer sans rien produire; mais de les cultiver avec soin, d'en tirer le plus grand parti possible, d'employer avec industrie les meilleurs engrais. Louis fit des prairies artificielles, que l'on ne connaissait pas encore dans le pays. Le fermier Berthaud, qui avait tenu[2] jusqu'à ce moment à son ancienne rou-

[1] mettre à profit quelque chose, Nutzen aus etwas ziehen, benutzen.
[2] tenir à quelque chose, fest an etwas halten, auf etwas bestehen.

tine, ne voyait pas sans crainte les expériences du jeune agriculteur; néanmoins il comptait tellement sur son talent, qu'il le laissait faire en dépit de ses propres craintes et des discours railleurs des autres fermiers du canton.

Mais lorsqu'au bout de l'année il vit les succès des travaux de Louis et que le revenu de sa ferme se trouva augmenté du tiers[3] ou du quart, il sauta au cou de Louis en l'embrassant de tout son cœur. Les autres cultivateurs, à leur tour, regardèrent cela avec étonnement et avec un peu d'envie. — Il ne tient[4] qu'à vous, leur disait le bon jeune homme, d'en faire autant et de jouir des mêmes avantages. Vous avez un terrain bien riche et qui vous donnera tout ce que vous lui demanderez; sachez seulement le faire valoir[5] ce qu'il vaut. Les plus grands trésors de la France sont dans l'industrie des cultivateurs; c'est l'agriculture qui peut faire de notre pays le pays le plus riche de la terre. Si les Français étaient sages, ils tourneraient tous leurs soins de ce côté, et ils auraient fait beaucoup pour être puissans et riches. Sachons mettre en rapport[6] ce fonds inépuisable que la nature nous a légué; écoutons les conseils que nous donnent les hommes éclairés, et ne faisons pas le sacrifice[7] de notre fortune à de vieux préjugés, à d'anciennes routines.

Le fermier Berthaud ne savait comment témoigner sa reconnaissance à Louis. Au bout de l'année d'essai, il lui avait donné de forts appointemens, dont Louis, en bon fils, faisait passer la plus grande partie à son vieux père. Il lui écrivait régulièrement, ainsi qu'au respectable curé, de qui il tenait cette éducation, source de sa prospérité. Il n'avait, dans sa position, qu'un seul chagrin, c'était d'ignorer le sort de son frère Jérôme; et c'était

[3] du tiers, um ein Drittel. [4] il ne tient qu'à vous, es hängt nur von euch ab, es kommt nur auf euch an. [5] faire valoir une terre, ein Gut verwalten, Werth daraus ziehen. [6] sachons mettre en rapport, suchen wir nur recht zu benutzen. (le rapport der Ertrag.) [7] faire le sacrifice de quelque chose, etwas zum Opfer bringen.

cependant un bonheur pour lui de l'ignorer, puisqu'il n'aurait eu qu'à en rougir.

30. *Fin de l'histoire de Louis.*

Cependant le fermier gagnait de l'argent et achetait des terres. Il avait une fille unique qui était jolie. A l'époque où Louis vint à la ferme, elle était âgée de quatorze ans, et il ne lui manquait alors qu'un peu d'instruction pour être une charmante personne. Louis obtint de son maître la permission d'enseigner à la jeune Annette le peu qu'il savait. Le fermier Berthaud s'aperçut de l'inclination que les deux jeunes gens éprouvaient l'un pour l'autre sans se l'avouer.

Il y avait environ cinq ans que Louis faisait prospérer la ferme, lorsque Berthaud lui dit un jour : Louis, tu m'as rendu des services et je n'ai pu les reconnaître autrement qu'en te traitant comme mon fils : Veux-tu le devenir tout-à-fait ? Ma fille t'aime, elle te plaît, je te la donne.

Ces mots rendirent Louis presque fou de bonheur. Il ne se possédait plus de joie. Annette consentit sans peine à cet arrangement. On fit venir le vieux Marcel pour assister aux nôces, et le bon curé voulut en être aussi. Tout se passa joyeusement. Notre cher Louis était au comble du bonheur. Lorsqu'il eut son père auprès de lui, il ne voulut plus consentir à le laisser repartir, et Berthaud joignit ses instances à celles de ce bon fils. — Tenez[1], disait-il, père Marcel, nous sommes vieux tous deux; restons ensemble l'un près de l'autre, pour être témoins du bonheur de nos enfans. D'ailleurs, ce ne sera pas chez moi que vous demeurerez : nous allons être tous les deux chez votre fils; car tout ce qui est ici est à ces jeunes gens, et je ne veux plus me mêler de rien.

Le père Marcel avait les larmes aux yeux; il ne de-

[1] tenez, sehet.

mandait pas mieux que de vivre ainsi en famille, et le discours de Berthaud acheva de le détermiuer, et de faire taire [2] sa délicatesse.

Ainsi, Louis, à vingt-cinq ans, se trouva [3] l'époux d'une femme charmante, le soutien de son père, maître de quelques hectares de bonne terre, et fermier d'une excellente ferme.

Ce fut à cette époque qu'il éprouva cependant un grand chagrin. Le bruit de la mort honteuse de son frère se répandit partout et parvint jusqu'à lui. Cet événement terrible fut le seul nuage qui troubla le bonheur de Louis, mais il le troubla d'une manière cruelle.

Lorsque Louis se vit tout-à-fait le maître, il osa faire plus encore qu'auparavant. Au bout de peu d'années sa fortune se trouva considérablement augmentée. Il serait difficile de se représenter un bonheur plus parfait que le sien. Ses enfans, élevés par ses soins dans tous les sentimens d'honneur et de probité, qu'il a professés lui-même, donnent les plus flatteuses espérances. Il est heureux père, parce qu'il a été bon fils; il est fortuné parce qu'il a été laborieux et industrieux; il est considéré et honoré, parce qu'il est bon citoyen et utile à son pays.

[2] faire taire, beschwichtigen, zum Schweigen bringen. [3] war.

31. LA PROVIDENCE. (Conte oriental.)

Zadig, seigneur de Babylone, que l'injustice des hommes avait rendu malheureux, rencontra un jour, en retournant dans sa patrie, un ermite, dont la barbe blanche lui descendait jusqu'à la ceinture. Il tenait en main un livre, qu'il lisait attentivement. Zadig s'arrêta et lui fit une profonde inclination. L'ermite le salua d'un air si noble et si doux, que Zadig eut la curiosité de l'entretenir. Il lui demanda quel livre il lisait. C'est le livre des destinées, dit l'ermite; voulez-vous en lire quelque chose? Il mi le livre dans les mains de Zadig, qui, tout[1] instruit qu'il était dans plusieurs langues, n'en put déchiffrer un seul caractère. Vous me paraissez bien chagrin, lui dit le bon vieillard. Hélas, j'en ai bien sujet! répondit Zadig. Si vous permettez que je vous accompagne, répondit l'ermite, peut-être vous serai-je utile; en même temps il se mit à parler de la destinée, de la justice, des vertus et des vices avec une éloquence si vive et si touchante, que Zadig se sentit entraîné vers lui par un charme invincible. Il le pria avec instance de ne le point quitter, jusqu'à ce qu'ils fussent de retour à Babylone. Je vous le promets, lui dit le vieillard, mais jurez-moi vous-même que vous ne vous séparerez point de moi d'ici à quelques jours, quelque chose que[2] je fasse. Zadig jura, et ils partirent ensemble.

Les deux voyageurs arrivèrent le soir à un château superbe. L'ermite demanda l'hospitalité pour lui et pour le jeune homme qui l'accompagnait. Le portier, qu'on aurait pris pour un grand seigneur, les introduisit avec une espèce de bonté dédaigneuse. On les présenta à un principal domestique, qui leur fit voir les appartemens magnifiques du maître. Ils furent admis à sa table au bas bout, sans que le seigneur du château les honorât d'un regard; mais ils furent servis comme les autres avec délicatesse et profusion. On leur donna ensuite à laver[3] dans un bassin d'or garni d'émeraudes et de rubis. On les mena coucher dans un bel appartement, et le lendemain matin un domestique leur apporta à chacun une pièce d'or, après quoi on les congédia.

Le maître de la maison, dit Zadig en chemin, me paraît être un homme généreux, quoiqu'un peu fier; il exerce noblement l'hospitalité. En disant ces paroles, il aperçut qu'une espèce de poche très-large que portait

[1] tout instruit que, so gelehrt er auch. [2] quelque chose que, was auch. [3] donner à laver, Wasser zum Waschen geben.

l'ermite, paraissait tendue et enflée : il y vit le bassin d'or garni de pierreries, que celui-ci avait volé. Il n'osa d'abord en rien témoigner ; mais il était dans une étrange surprise.

Vers le midi, l'ermite se présenta à la porte d'une maison très-petite, où logeait un riche avare ; il y demanda l'hospitalité pour quelques heures. Un vieux valet mal habillé le reçut d'un ton rude, et fit entrer l'ermite et Zadig dans l'écurie, où on leur donna quelques olives pourries, de mauvais pain et de la bière gâtée. L'ermite but et mangea d'un air aussi content que la veille ; puis, s'adressant à ce vieux valet, qui les observait tous deux pour voir s'ils ne volaient rien, et qui les pressait[4] de partir, il lui donna les deux pièces d'or qu'il avait reçues le matin, et le remercia de toutes ses attentions. Je vous prie, ajouta-t-il, faites-moi parler à votre maître. Le valet étonné introduisit les deux voyageurs : Magnifique seigneur, dit l'ermite, je ne puis vous rendre que de très-humbles grâces de la manière noble dont vous nous avez reçus : daignez accepter ce bassin d'or comme un faible gage de ma reconnaissance. L'avare fut près de tomber à la renverse. L'ermite ne lui donna pas le temps de revenir de son saisissement ; il partit au plus vite avec son jeune voyageur. Mon père, lui dit Zadig, qu'est-ce que tout ce que je vois ? Vous ne me paraissez ressembler en rien aux autres hommes : vous volez un bassin d'or garni de pierreries à un seigneur qui vous reçoit magnifiquement, et vous le donnez à un avare qui vous traite avec indignité. Mon fils, répondit le vieillard, cet homme magnifique, qui ne reçoit les étrangers que par vanité et pour faire admirer ses richesses, deviendra plus sage ; l'avare apprendra à exercer l'hospitalité : ne vous étonnez de rien, et suivez-moi. Zadig ne savait encore s'il avait affaire[5] au plus fou ou au plus sage de tous les hommes.

[4] presser quelqu'un, in einen dringen, einen antreiben. [5] avoir affaire, zu thun haben.

mais l'ermite parlait avec tant d'ascendant, que Zadig, lié d'ailleurs par son serment, ne put s'empêcher de le suivre.

Ils arrivèrent le soir à une maison agréablement bâtie, mais simple, où rien ne sentait[6] ni la prodigalité ni l'avarice. Le maître était un philosophe retiré du monde, qui cultivait en paix la sagesse et la vertu, et qui cependant ne s'ennuyait pas. Il s'était plu à bâtir cette retraite, dans laquelle il recevait les étrangers avec une noblesse qui n'avait rien de l'ostentation. Il alla lui-même au-devant des deux voyageurs, qu'il fit reposer d'abord dans un appartement commode. Quelque temps après, il les vint prendre lui-même pour les inviter à un repas propre et bien entendu. Après un entretien aussi instructif qu'agréable, l'hôte reconduisit les deux voyageurs dans leur appartement.

L'ermite lui dit qu'il prenait congé de lui, comptant[7] partir pour Babylone avant le jour. Leur séparation fut tendre, Zadig surtout se sentit plein d'estime et d'inclination pour un homme si aimable.

Quand l'ermite et lui furent dans leur appartement, ils firent long-temps l'éloge de leur hôte. Le vieillard au point du jour éveilla son camarade. Il faut partir, dit-il; mais tandis que tout le monde dort encore, je veux laisser à cet homme un témoignage de mon estime et de mon affection. En disant ces mots, il prit un flambeau, et mit le feu à la maison. Zadig épouvanté jeta des cris, et voulut l'empêcher de commettre une action si affreuse. L'ermite l'entraînait par une force supérieure; la maison était enflammée. L'ermite, qui était déjà assez loin avec son compagnon, la regardait brûler tranquillement. Dieu merci! dit-il, voilà la maison de mon cher hôte détruite de fond en comble[8]! L'heureux homme! A ces mots Zadig fut tenté à la fois d'éclater de rire, de dire des injures

[6] wo nichts anzeigte. [7] da er sich vorgenommen. [8] von Grund aus.

au révérend père, de le battre et de s'enfuir ; mais il ne fit rien de tout cela, et, toujours subjugué par l'ascendant de l'ermite, il le suivit malgré lui à la dernière couchée.

Ce fut chez une veuve charitable et vertueuse, qui avait un neveu de quatorze ans, plein d'agrémens, et son unique espérance. Elle fit du mieux[9] qu'elle put les honneurs de sa maison. Le lendemain elle ordonna à son neveu d'accompagner les voyageurs jusqu'à un pont qui, étant rompu depuis peu, était devenu un passage dangereux. Le jeune homme empressé marche au-devant d'eux. Quand ils furent sur le pont : Venez, dit l'ermite au jeune homme, il faut que je marque ma reconnaissance à votre tante. Il le prend alors par les cheveux et le jette dans la rivière. L'enfant tombe, reparaît un moment sur l'eau, et est engouffré dans le torrent. O monstre ! ô le plus scélérat de tous les hommes ! s'écria Zadig. Vous m'aviez promis plus de patience, lui dit l'ermite en l'interrompant : apprenez que sous les ruines de cette maison où la Providence a mis le feu, le maître a trouvé un trésor immense ; apprenez que ce jeune homme aurait assassiné sa tante dans un an, et vous dans deux. Qui te l'a dit, barbare ? cria Zadig ; et quand tu aurais lu cet évènement dans ton livre des destinées, t'est-il permis de noyer un enfant qui ne t'a point fait de mal ?

Tandis que le Babylonien parlait, il aperçut que le vieillard n'avait plus de barbe, que son visage prenait les traits de la jeunesse. Son habit d'ermite disparut ; quatre belles ailes couvraient un corps majestueux et resplendissant de lumière. O envoyé du ciel ! ô ange divin ! s'écria Zadig, en se prosternant, tu es donc descendu de l'empyrée pour apprendre à un faible mortel à se soumettre aux ordres éternels ? Les hommes, dit l'ange Jesrad, jugent de tout sans rien connaître : tu étais celui de tous les hommes qui méritait le plus d'être éclairé. Zadig lui demanda la permission de parler. Je me défie de moi-même, dit-il; mais oserai-je te prier de m'éclaircir un doute : ne vaudrait-il pas mieux[10] avoir corrigé cet enfant, et l'avoir rendu vertueux, que de le noyer? Jesrad reprit : S'il avait été vertueux, et s'il eût vécu, son destin était d'être assassiné lui-même avec la femme qu'il devait épouser et le fils qui en devait naître. Mais quoi ! dit Zadig, il est donc nécessaire qu'il y ait des crimes et des malheurs? et les malheurs tombent sur les gens de bien! Les méchans, répondit Jesrad sont toujours malheureux : ils servent à éprouver un petit nombre de justes répandus sur la terre, et il n'y a point de mal dont il ne naisse un bien. Mais, dit Zadig, s'il n'y avait que du bien, et point de mal? Alors, reprit Jesrad, cette terre serait une autre terre, l'enchaînement des évènemens serait un autre ordre de sagesse; et cet ordre, qui serait parfait, ne peut être que dans la demeure éternelle de l'Etre suprême, de qui le mal ne peut approcher. Il a créé des millions de mondes, dont aucun ne peut ressembler à l'autre. Cette immense variété est un attribut de sa puissance immense. Il n'y a ni deux feuilles d'arbre sur la terre, ni deux globes dans les champs infinis du ciel, qui soient semblables, et tout ce que tu vois sur le petit atome où tu es né, devait être dans sa place et dans son temps fixe, selon les ordres immuables de celui qui embrasse tout. Les hommes pensent que cet enfant qui vient de périr est tombé dans l'eau par hasard, que c'est par un même hasard que cette maison est brûlée : mais il n'y a point de hasard; tout est épreuve, ou punition, ou récompense, ou prévoyance. Faible mortel! cesse de disputer contre ce qu'il faut adorer. Mais, dit Zadig... Comme il disait *mais*, l'ange prenait déjà son vol vers la dixième sphère. Zadig à genoux adora la Providence, et se soumit.

9 du mieux que, so gut. [10] wäre es nicht besser wenn du.

II. TRAITS D'HISTOIRE NATURELLE.

1. LE CASTOR.

Par sa forme et son industrie, le castor est un animal bien digne d'être connu. C'est dans le nord de l'Amérique, sur le bord des fleuves et des grands lacs du Canada qu'il habite et qu'il construit ses étonnans travaux. La partie la plus singulière de son corps est sa queue, qui est longue d'un pied, épaisse d'un pouce et large de cinq à six. Ses pattes de devant sont des espèces de mains, dont il se sert fort adroitement; celles de derrière ont les doigts réunis par une membrane forte, qui leur permet de s'élargir comme les pattes de l'oie; elles lui sont bien utiles pour nager. Sa fourrure, ordinairement très-noire, est extrêmement douce, et fort recherchée dans le commerce.

Au mois de Juin ou de Juillet, les castors commencent à se réunir en société; ils arrivent en nombre de plusieurs côtés, et forment bientôt une troupe de deux ou trois cents. On se met aussitôt à l'ouvrage. Si les eaux, où l'on doit former l'établissement, se soutiennent à la même hauteur, comme dans un lac, ils se dispensent de construire une digue; mais dans les eaux courantes, qui sont sujettes à hausser ou à baisser, comme sur les ruisseaux, les rivières, ils forment une chaussée qui maintient l'eau toujours à la même hauteur. Cette chaussée traverse la rivière comme une écluse, et va d'un bord à l'autre; elle a souvent quatre-vingts ou cent pieds de longueur, sur dix ou douze pieds d'épaisseur à sa base. Cette construction paraît énorme pour des animaux de cette taille, et suppose en effet un travail immense; mais la solidité avec laquelle l'ouvrage est construit, étonne encore plus que sa grandeur. L'endroit de la rivière où ils établissent cette digue est ordinairement peu profond. S'il se trouve sur le bord un gros arbre qui puisse tomber dans l'eau, ils commencent par l'abattre, pour en faire la pièce principale de leur construction : cet arbre est souvent plus gros que le corps d'un homme ; ils le scient, ils le rongent au pied, et, sans autre instrument que leurs quatre dents incisives, ils le coupent en assez peu de temps, et le font tomber en travers sur la rivière ; ensuite ils coupent les branches de la cime de cet arbre tombé, pour le faire toucher[1] partout également. Ces opérations se font[2] en commun. On va couper ailleurs d'autres arbres plus petits, que l'on dépèce de manière à en faire des pieux ; ces pièces de bois sont abandonnées au courant des eaux jusqu'au lieu de la construction ; ils en font une espèce de pilotis serré, qu'ils renforcent encore en entrelaçant des branches entre les pieux.

A mesure qu'un certain nombre de castors plantent les pieux, les autres vont chercher de la terre, qu'ils gâchent avec leurs pieds et battent avec leur queue ; ils la portent dans leur gueule et avec les pieds de devant, et ils en transportent une si grande quantité, qu'ils en remplissent tous les intervalles de leurs pilotis. Voilà donc par ce moyen l'eau arrêtée, et obligée de rester à la même hauteur.

Mais pourquoi des travaux si considérables ? Dans quelle intention sont-ils entrepris ? Afin de rendre plus commodes les habitations que l'on veut élever. Ce sont des cabanes ou plutôt des espèces de maisonnettes bâties dans l'eau sur un pilotis plein, tout près du bord de leur étang, avec deux issues, l'une pour aller à terre, l'autre pour se jeter à l'eau. La forme de cet édifice est presque toujours ovale ou ronde ; il y en a de plus grands et de plus petits, depuis quatre ou cinq pieds jusqu'à

[1] aufliegen. [2] se font statt sont faites.

huit ou dix de diamètre[3]; il s'en trouve quelquefois qui sont à deux ou trois étages. Les murailles ont jusqu'à deux pieds d'épaisseur; elles sont élevées à plomb sur un pilotis plein, qui sert en même temps de fondement et de plancher à la maison. Une voûte termine l'édifice, et lui sert de couverture. Les parois en sont revêtues d'une espèce de stuc si bien gâché et si proprement appliqué, qu'il semble que la main de l'homme y ait passé; la queue leur sert de truelle, pour appliquer ce mortier qu'ils gâchent avec leurs pieds. Les bois qu'ils emploient sont presque toujours légers et tendres. En les coupant avec leurs dents, ils ont le plaisir de ronger continuellement de l'écorce, dont le goût leur est fort agréable. Ils en font ample provision pour se nourrir pendant l'hiver. C'est dans l'eau et près de leurs habitations qu'ils établissent leur magasin. Chaque cabane a le sien, et il est proportionné au nombre de ses habitans, qui y ont tous un droit commun, et ne vont jamais piller leurs voisins. On a vu des bourgades composées de vingt ou vingt-cinq cabanes; ordinairement elles ne sont qu'au nombre de dix à douze. Les habitans de ces cabanes ne souffrent point que des étrangers viennent s'établir dans leur enceinte. Les cabanes contiennent depuis deux jusqu'à trente castors. Quelque nombreuse que soit la société, la paix s'y maintient sans altération. Chacun s'occupe de l'intérêt commun; et si quelque castor aperçoit un ennemi, il donne un grand coup de sa queue sur l'eau. A ce signal, tous les autres plongent dans les eaux, ou se réfugient dans les cabanes, qui ne craignent que le feu du ciel ou le fer de l'homme.

Ces asiles sont non-seulement très-sûrs, mais encore très-propres et très-commodes. Le plancher est jonché de verdure; des rameaux de buis ou de sapin leur servent de tapis, sur lequel ils ne souffrent jamais aucune ordure.

Les travaux se font, pour l'ordinaire, en été; dans l'automne on s'occupe d'approvisionner les magasins, et l'on passe l'hiver en famille. Les femelles mettent bas deux ou trois petits au printemps; elles restent seules alors dans les cabanes : les mâles font quelques excursions au loin. Quelques semaines après, les femelles vont les rejoindre avec leurs petits déjà assez grands. S'il faut former un nouvel établissement ou réparer l'ancien, c'est toujours en été qu'on se rassemble. Telle est la vie du castor, un des animaux les plus industrieux que l'on connaisse.

[3] le diamètre, der Durchmesser, die Breite oder Dicke eines Körpers von einer Seite zur andern, indem man das Maß durch den Mittelpunkt zieht.

2. LA TORTUE.

On connaît quinze espèces de tortues, que l'on partage en *tortues de terre, tortues de mer* et *tortues d'eau douce.*

Les tortues, en général, n'ont pas une figure bien attrayante. Celle de terre ressemble au serpent par la tête, et au lézard par la queue et par les pattes. C'est tout ce que l'on voit de son corps quand elle est dans sa position naturelle; car elle est recouverte d'une ample écaille voûtée, qui lui sert comme de bouclier. Quand elle craint quelque danger, elle se retire tout entière sous cette écaille, et elle peut, ainsi garantie, recevoir un choc assez considérable, sans en éprouver aucun mal. Outre cette écaille qui est sur son dos, elle a une autre armure que l'on appelle la *carapace;* c'est une enveloppe osseuse, destinée à garantir son corps. Cette espèce de cuirasse est composée de deux pièces principales, dont l'une, qui est d'une forme convexe, recouvre le dos de l'animal; et l'autre, qui est plus aplatie, garnit le ventre. Cette armure a par-devant et par-derrière des ouvertures pour passer la tête, les pattes et la queue de la tortue, qui a la faculté de retirer ces divers membres dans l'intérieur de sa carapace. Il ne faut pas confondre la carapace avec la grande écaille qui couvre le dos, et qui est si dure, qu'une roue de carrosse pourrait passer dessus sans la faire plier. La tortue de terre se nourrit de fruits, d'herbes, de limaçons, de vers et d'insectes. Elle ne paraît qu'en été; dans l'hiver elle habite des trous, où l'on présume qu'elle reste sans manger. Sa chair est blanche et fort bonne à manger. On connaît le proverbe *marcher comme une tortue :* c'est un animal que l'on peut en effet prendre pour le symbôle de la lenteur. Les plus grandes tortues de terre n'ont pas plus de quatre pieds de longueur; mais on en voit peu de cette taille.

La tortue de mer est beaucoup plus grande. Il y en a de cette dernière espèce qui parviennent à un accroissement prodigieux. Quelques voyageurs assurent avoir vu dans l'Océan Indien des tortues dont l'écaille aurait pu contenir quatorze hommes à la fois. La tortue de mer ne diffère de la tortue de terre que par les pieds, qui ne sont point faits pour marcher, mais pour nager. Au printemps, cet animal quitte les eaux, s'avance sur le sable, y fait un trou au moyen de ses pattes, et y dépose ses œufs. Quand la ponte est finie, elle recouvre les œufs d'un sable très-fin, et s'en va : c'est le soleil qui doit les échauffer et les faire éclore. La tortue va pondre de quinze jours en quinze jours jusqu'à trois fois, et chaque ponte peut être de quatre-vingt-dix œufs. Ces œufs, ronds et gros comme des balles à jouer, couverts d'une coque mollasse, semblable à du parchemin mouillé, et renfermant du blanc et du jaune, sont très-bons à manger : aussi a-t-on grand soin de les chercher sur les rivages que fréquentent les tortues. Les petits éclosent ordinairement au bout de vingt-quatre jours : on les voit sortir du sable, et se rendre aussitôt à la mer. Mais ils ont plus d'un danger à courir jusque-là : les oiseaux de proie et d'autres animaux en dévorent plus des trois-quarts avant qu'ils aient gagné le flot, qui les repousse encore long-temps, de sorte que sur trois cents œufs il échappe à peine dix petits.

L'écaille de la tortue forme un grand article de commerce; en l'amollissant dans l'eau très-chaude, on en fait des boîtes, des peignes, des manches de couteaux et une infinité d'autres objets, qui se vendent assez cher.

3. LES SERPENS.

La plupart des animaux terrestres ont des pieds; les oiseaux ont des ailes, et les poissons des nageoires : voici des animaux qui n'ont ni ailes, ni nageoires, ni pieds; et cependant la nature leur a donné les moyens de s'avancer avec rapidité, de monter le long des arbres, de nager dans les eaux, et même de s'élancer : on les appelle *serpens*. Ils se glissent rapidement par des ondulations, c'est-à-dire en se repliant et en s'alongeant. Cette classe d'animaux est fort nombreuse, et se retrouve dans les climats chauds et les climats tempérés. Il y a des espèces malfaisantes, et dont la morsure donne la mort; il y en a d'autres qui ne font aucun mal. C'est dans les climats les plus chauds, au milieu des déserts, que se trouvent les serpens les plus dangereux et les plus grands. Nous n'en avons que de petits dans nos climats tempérés, et la plupart n'ont point de venin. En France, nous ne connaissons que quatre espèces de ces reptiles : l'*aspic*, qui déchire avec ses dents, mais dont la morsure n'est point dangereuse; l'*orvet* et la *couleuvre*, qui ne sont point dangereux non plus; et la *vipère*, qui seule contient un venin qui peut donner la mort, mais à la blessure de laquelle on peut porter remède.[1]

La plupart des serpens sont ovipares, et cachent leurs œufs, qui ont une coque molle, dans un lieu où le soleil puisse les faire éclore. Tous les serpens changent[2] de peau

[1] porter remède à quelque chose, etwas heilen. [2] changer de quelque chose, etwas wechseln.

au moins deux fois par an. Cette mue s'opère dans l'espace d'une nuit et d'un jour.

4. L'HIRONDELLE.

Mes enfans, si une hirondelle se trouve à votre portée, respectez-la, ne lui faites aucun mal : si une hirondelle tombe à vos yeux, demi-morte de fatigue, de froid ou de faim, gardez-vous de la maltraiter, réchauffez-la dans vos mains, cherchez-lui des insectes, mettez-la dans votre sein, jusqu'à ce qu'elle ait repris ses forces; mais qu'elle reste libre de toutes ses actions; qu'elle puisse, aussitôt qu'elle le voudra, revoler vers[1] son nid. L'hirondelle est l'amie de l'homme; elle ne vient dans nos contrées que pour les purger des insectes malfaisans qui s'y multiplient à l'infini dans la saison des chaleurs, et jamais cette bonne mère de famille ne nous a porté le moindre préjudice. Malheur aux barbares qui lui donnent la mort! Qu'ils satisfassent sur d'autres animaux leur passion pour la chasse! Toute autre proie leur sera meilleure que celle-ci : l'hirondelle ne peut être utile à l'homme qu'autant[2] qu'elle respire, et sa chair n'est point bonne à manger. Respectons donc l'hirondelle pour notre intérêt, si nous ne la respectons pas pour ses mœurs douces et aimables; et puisque nous n'aurions aucun plaisir à la tuer, laissons-la vivre pour qu'elle nous délivre de cette nuée de mouches qui, pendant l'été, dévorent ou gâtent notre nourriture, et se désaltèrent de notre propre sang. Nous la verrons repartir lorsque le froid viendra à son tour combattre ces ennemis de notre repos; et pendant son séjour, elle ne nous aura demandé pour toute récompense des services qu'elle nous aura rendus, qu'un modeste asile dans notre cheminée ou sous notre toit.

[1] in. [2] ne — qu'autant que, nur in so fern als.

5. LES PAPILLONS.

Parmi les petits êtres ailés dont l'air se peuple dans la saison des chaleurs, il n'en est pas de plus jolis, et qui se partagent entre eux autant de beautés que les papillons; mais ces petits animaux ne naissent pas ce que nous les voyons alors; ils passent les premiers beaux jours sous une forme moins agréable; et pour que nous ne soyons pas tentés de fouler aux pieds la chenille qui rampe sur notre chemin, il faut que nous sachions que bientôt, si nous la laissons vivre, elle prendra, pour voltiger de fleurs en fleurs, ces ailes nuancées d'or et d'azur, qui plus tard donnent à certains papillons une parure si riche et si bien faite[1] pour charmer nos regards. Les chenilles se montrent au printemps pour la plupart : elles sont elles-mêmes le produit des œufs que les papillons de l'année précédente ont répandus de côté et d'autre avant de mourir. Tous les papillons qui sont nés avec la belle saison ne meurent pas avec elle; un assez grand nombre survit aux plus grands froids. On trouve les uns à plusieurs pieds sous terre, les autres dans des trous d'arbres creux, d'autres dans des crevasses de murailles. Certaines espèces de chenilles se rassemblent en grand nombre, et s'amoncellent sur les branches des arbres les plus hauts; elles y forment de leur substance[2] un tissu très-fort, s'en enveloppent, et s'y tiennent cachées jusqu'au retour de la belle saison.

On divise les papillons en papillons de jour ou diurnes, et en papillons de nuit ou nocturnes ou phalènes. Le papillon nocturne le plus singulier est le papillon *feuille-morte* : il n'y a personne qui ne prît[3] ce papillon, lorsqu'il est en repos sur un arbre, pour un paquet de feuilles sèches.

La chenille d'où provient ce papillon, est très-commune dans nos vergers, et sa figure produit, dans un

[1] so sehr dazu geeignet. [2] aus ihrem Körper. [3] der nicht halten würde.

autre genre, le même effet que celle de son papillon. Sa couleur est d'un gris brun; le dessous de son ventre est d'un jaune feuille-morte.

Les papillons de jour semblent se disputer le droit de charmer nos yeux par la fraîcheur et la variété de leurs couleurs. Leur légèreté, leur vivacité, leur course vagabonde, tout plaît en eux.

Beaucoup de chenilles sont un véritable fléau pour les habitans de la campagne; elles rongent les moissons avant même qu'elles soient parvenues à leur maturité, et s'attachent aux arbres fruitiers, auxquels elles ne sont pas moins nuisibles. Mais il est une espèce de ces animaux, intéressans par l'innocence de leur vie et le profit qu'ils nous apportent : je veux parler des vers à soie.

Ces insectes précieux se sont très-bien naturalisés dans une partie de la France méridionale, où on les élève avec succès, et où ils se sont multipliés au point que la soie qu'ils fournissent est l'objet d'une branche de commerce très-considérable.

6. LA FOURMI.

Il y a un grand nombre d'espèces de fourmis; nous ne parlerons que de la plus commune, celle dont vous avez vu cent fois la fourmilière.

Ce qu'il y a de fort singulier parmi les fourmis, c'est qu'on y trouve trois espèces d'individus : des fourmis mâles, des fourmis femelles, et des fourmis ouvrières, qui n'ont point de sexe. Les mâles sont les plus petits, et sont principalement distingués par quatre ailes transparentes; les femelles ont quatre ailes également, et sont bien plus grosses. Les ouvrières, qui, pour la grosseur, tiennent le milieu entre les mâles et les femelles, n'acquièrent jamais d'ailes. Ce sont ces dernières qui sont chargées de construire l'habitation, de soigner les œufs, et de gouverner les petits. Vous savez comment sont faites les fourmilières;

les petites entrées que l'on y remarque conduisent à une cavité souterraine, enfoncée d'un pied et plus. Vous sentez combien de peines doivent coûter à ces insectes de semblables travaux. Ils ne peuvent détacher à la fois qu'une très-petite molécule de terre, et l'emporter ensuite dehors à l'aide de leurs mâchoires; mais la quantité et l'ensemble[1] des ouvrières supplée à leur force et à leur grandeur. Elles ont soin, pour ne pas s'embarrasser, de sortir par une porte et de rentrer par l'autre. Ces grands travaux ont pour but d'offrir une habitation commode aux petits qui vont naître, et à la société entière, qui s'y retire pendant l'hiver. N'allez pas croire[2] qu'elle y vit, comme on l'a dit mille fois, des provisions qui ont été amassées dans les beaux jours de l'été. La fourmi n'a pas besoin de cette prévoyance; car le froid l'engourdit, et elle demeure comme morte dans le souterrain, jusqu'au moment où le printemps vient la rappeler à la vie. Les graines, les morceaux de fruit ou de viande que vous lui voyez emporter quelquefois avec tant de peine et de patience, ne sont que pour les besoins du moment.

Vous avez sans doute vu dans les fourmilières ce que l'on appelle des œufs de fourmi; ce ne sont point des œufs, mais des vers blancs : les œufs sont si petits, qu'on les aperçoit à peine; on les prendrait pour du sucre en poudre. Au bout de quelques jours, il en sort des vers qui grossissent bien vite, et au point même d'être plus gros que les fourmis. Ce sont les ouvrières qui, comme nous l'avons dit, prennent soin de ces petits vers. Vers le milieu des beaux jours de l'été, elles les portent à l'entrée de leur souterrain pour leur faire sentir l'influence de l'air doux; au déclin du jour, elles les reportent au fond de la fourmilière. Elles les nourrissent avec le même soin; si les vivres sont rares, elles font diète[3] et donnent tout aux pe-

[1] das Zusammenarbeiten. [2] statt ne croyez pas. [3] faire diète, sich mit wenig Nahrung begnügen.

tits. Le ver, parvenu à sa grosseur, se change en nymphe, et attend, dans cet état d'immobilité, son changement en fourmi, qui n'arrive qu'au printemps : elle reste nymphe pendant l'hiver. Les mâles ne vivent qu'une saison ; ils meurent à la fin de l'automne ; la plupart des femelles éprouvent le même sort. Ces deux classes sont beaucoup moins nombreuses que celle des ouvrières.

7. LA BALEINE.

Il y a des baleines qui ont jusqu'à cent pieds de long et même au-delà. La baleine ordinaire, qu'on trouve dans les mers du Nord, et qu'on nomme baleine du Groënland, n'en a que soixante à soixante-dix. Sa tête seule fait un tiers de sa masse. La circonférence de la baleine, dans l'endroit où son corps est le plus gros, est du tiers de sa longueur totale ; sa queue a quatre brasses de large. Lorsque la baleine est sur le côté, elle donne de cette queue des coups capables de renverser et de submerger la plus forte chaloupe. Elle s'en aide pour fendre les flots avec une vîtesse vraiment surprenante, eu égard à la pesanteur de son corps. Ses nageoires ne lui servent qu'à se diriger ; la femelle s'en sert cependant aussi pour porter son baleineau, lorsqu'elle est mère. L'ouverture de la gueule de la baleine a quelquefois plus de vingt pieds : les mâchoires ne sont pas armées de dents, mais garnies des deux côtés de longues et larges lames qui ont la courbure d'une lame de faux, pointues comme elle, d'une substance de corne noire, flexible, élastique, et qui finit par se franger aux bords ; ces lames se nomment fanons. Ces fanons, dont les plus grands ont de six jusqu'à dix et douze pieds de longueur, quatre à cinq lignes d'épaisseur, sont autant de grands râteaux ou de filets avec lesquels la baleine recueille sa pâture au fond des mers. Les ployans dont les femmes se servent, qu'elles mettent dans leurs corsets, et qu'on nomme baleines, sont des lames prises de ces fanons, ou des dents de la baleine.

La graisse de la baleine sert à faire une huile utile aux drapiers pour la préparation des laines, aux corroyeurs pour adoucir les cuirs, aux peintres pour délayer certaines couleurs, aux marins pour graisser le brai dont on enduit les vaisseaux. La chair des baleines est difficile à digérer, mais cependant propre aux estomacs robustes des habitans des contrées que'lles fréquentent.

[1] wenn man bedenkt.

III. CONSEILS ET RÉFLEXIONS

Sur les devoirs de l'homme, et Maximes de conduite.

1. Aimez Dieu par-dessus toutes choses ! et votre prochain comme vous-mêmes.

2. Ne faites pas à autrui ce que vous ne voulez pas qu'on vous fasse.

3. Résignez-vous sans murmurer aux décrets de la Providence divine, qui veille sur tous les hommes comme un bon père veille sur ses enfans, qui est toute-puissante pour faire votre bonheur, et qui connaît et emploie les meilleurs moyens pour vous rendre heureux.

4. Craignez Dieu, qui voit tout, qui entend tout, et qui est partout; craignez-le, non comme un esclave craint son maître, mais comme un fils craint son père.

5. Chérissez vos parens; obéissez-leur en tout ce qui est bien. Celui qui refuse quelque chose à son père et à sa mère, dit le livre de la Sagesse, et qui dit que ce n'est pas un péché, a part au crime des homicides. La bénédiction du père affermit la maison des enfans, et la malédiction de la mère la détruit jusqu'aux fondemens.

6. Quand vous avez fait choix d'un état, livrez-vous y tout entier et restez-y constamment. Que[1] de gens malheureux pour n'avoir jamais su se fixer! Étudiez soigneusement ce qui a rapport à votre profession, et vous deviendrez habile. Soyez laborieux et économe, et vous deviendrez riche. Soyez frugal et tempérant, et vous conserverez votre santé. Pratiquez toujours la vertu, et vous serez heureux. Le bonheur est de tous les états honnêtes.

7. L'honnêteté est le meilleur moyen d'arriver à la fortune. La probité n'est pas seulement un devoir; c'est de la sagesse et un moyen de prospérité.

8. Le temps est le plus précieux de tous les trésors; perdre son temps, c'est prodiguer ce qu'il y a de meilleur. La paresse va si lentement que la pauvreté l'a bientôt attrapée. Celui qui aime le travail, ne meurt jamais de faim. La faim, avant que d'entrer dans une maison, regarde si l'on y travaille, et dans ce cas, elle n'ose y pénétrer.

9. Rien ne se punit plus vite, a dit un sage, que les folies de la vanité et de l'orgueil. L'orgueil déjeûne avec l'abondance, dîne avec la pauvreté, et soupe avec le mépris.

10. Un frère est un ami donné par la nature. Les frères aînés ont quelque chose des devoirs des pères; les plus jeunes quelque chose des devoirs d'enfans.

11. Respectez la vieillesse; n'insultez jamais aux cheveux blancs. La vieillesse a des défauts, des infirmités, que nous devons respecter, non pas seulement parce que nous serons vieux un jour, mais surtout parce que ces infirmités et ces défauts sont moins ceux des vieillards que de la nature humaine.

12. Aimons notre patrie, sans haïr les étrangers. Nous ne pouvons être heureux qu'avec nos concitoyens;

[1] wie viel giebt es nicht.

si la patrie est malheureuse, nous serons malheureux nous-mêmes.

13. Au lieu de murmurer et de se plaindre, on ferait mieux de travailler et d'être économe. Le travail chasse la misère, et l'économie l'empêche de revenir. Les plus grandes charges sont celles qu'on s'impose soi-même par l'oisiveté et la dissipation.

14. Il n'y a personne qui soit plus digne de pitié qu'un homme qui s'expose, par l'intempérance, à perdre la raison, et à se rendre l'égal des animaux. Il est plus à plaindre qu'un fou, puisque l'ivresse est une folie volontaire, et qu'il est honteux de s'être rendu fou par sa faute.

15. La paresse est un vice qui produit d'autres vices. Un homme oisif et fainéant est un être inutile sur la terre; il ne sert ni à lui ni aux autres, et quand il quitte la vie, il ne fait que débarrasser le monde[a]. Dieu nous a tous placés ici-bas pour travailler, et pour nous servir les uns les autres. La paresse et l'oisiveté sont les plus grands ennemis du bonheur et de la santé.

16. La gourmandise, comme tous les autres vices, se charge de punir ceux qui se laissent séduire par elle. Le gourmand peut se rendre malade avec les choses les plus saines, parce qu'il les prend sans modération, et que l'excès même des meilleures choses produit toujours de fâcheux effets. La santé paie les dettes de la sensualité.

17. La colère est une passion que l'on peut dompter à sa naissance; mais malheur à celui qui s'abandonne à son empire : car elle devient bientôt plus forte, et l'on n'en triomphe plus alors.

La colère peut surprendre le sage, mais il n'y a qu'un fou qui s'y livre.

18. Il y a plus d'avantage à rester en bonne intelligence avec ses concitoyens qu'à être jaloux les uns des autres. Ne faut-il pas que tout le monde vive? L'industrie est

[a] so befreit er nur die Welt von einer Last.

un vaste champ, que chacun a le droit de cultiver. Il ne faut pas tout vouloir pour soi. L'envie est une maladie cruelle, qui use tout à la fois le corps et l'ame.

19. L'ordre peut enrichir les plus pauvres, comme le désordre appauvrit les plus riches.

20. La propreté vaut souvent mieux pour conserver la santé que tous les remèdes de la médecine.

La pauvreté ne peut pas excuser la mal-propreté; car l'eau et l'air appartiennent à tout le monde et ne coûtent rien. La mal-propreté coûte plus cher que la propreté, parce qu'elle nuit extrêmement à la santé.

21. La Providence a voulu qu'il y eût des riches qui occupassent les pauvres et les fissent vivre. Mais elle a donné aux riches bien des soucis, afin qu'ils ne fussent pas plus exempts de peine et de travail que les autres; car elle voit tous les hommes du même œil, et ne fait pas de distinction entre ses enfans.

22. Une bonne résolution est le premier pas vers le bien, et le premier pas est toujours le plus difficile. Mais il y a des gens très-forts à projeter de belles choses, et tout aussi prompts à en abandonner l'exécution. Tenir et promettre sont deux. La persévérance est une vertu nécessaire à la pratique de toutes les autres.

23. Il suffit que le mensonge soit mensonge, pour n'être pas digne d'un homme. Celui qui blesse la vérité, offense Dieu et se blesse lui-même; car il parle contre sa conscience.

24. Ce n'est pas en se laissant décourager que l'on remédie au mal. Celui qui sait souffrir avec résignation, attendre avec patience, travailler avec constance et fermeté, ne succombe jamais à la mauvaise fortune. Aide-toi, et le Ciel t'aidera. Un honnête homme, s'il est laborieux, ne meurt jamais de faim, ni lui ni ses enfans. Le malheur est comme les lâches: il poursuit ceux qu'il voit trembler, et s'enfuit quand on l'attend de pied ferme.

On est toujours fort contre l'adversité, lorsqu'on s'arme contre elle de patience et de courage, et qu'on a les mains pures et une bonne conscience.

25. Toutes les professions sont honorables quand elles sont utiles et qu'on les exerce avec probité. Nul état honnête ne déshonore un homme tant[3] que l'homme s'honore lui-même.

Celui qui veut monter plus haut qu'il ne peut, risque à tout moment de tomber plus bas qu'il n'était.

26. Gardez-vous bien d'acheter les drogues que débitent les charlatans. Un bon médecin n'a pas besoin de se faire charlatan. Les remèdes que distribuent ces imposteurs sont ou inutiles ou plus dangereux que le mal.

La tempérance est le meilleur médecin, comme le travail est le meilleur cuisinier.

27. Les hommes qui traitent les animaux avec cruauté, sont de méchantes gens. Quand on s'accoutume à faire sans nécessité du mal aux bêtes, on en fera bientôt aux hommes.

La Providence nous a donné les animaux domestiques pour être nos serviteurs; nous avons le droit de nous en servir, mais non celui de les maltraiter.

28. L'habitude la plus dangereuse qu'un jeune homme puisse contracter, c'est celle du jeu. Un joueur est un homme qui commence par perdre l'argent qui est à lui, ensuite celui des fous qui lui en prêtent, et qui finit souvent par voler son père quand il n'a plus de crédit.

La loterie est celui de tous les jeux de hasard qui offre le moins de chances; elle est une cause de ruine pour ceux qui font la folie d'y mettre.

29. Un grand obstacle au bonheur, c'est de s'attendre à un trop grand bonheur.

30. Il n'est point de route plus sûre pour aller au bonheur, que celle de la vertu. Si l'on y parvient, il est

[3] so lange.

plus pur, plus doux et plus solide par elle ; si on la manque, elle seule peut en dédommager.

31. On n'est heureux ni par la fortune, ni par les dignités, ni par le savoir, ni par les plaisirs du monde ; mais on est heureux par le témoignage d'une conscience sans reproche : c'est là que se trouvent la paix, le plaisir solide de l'ame, le bonheur. Ce bonheur est au pouvoir de tous, et il n'est au pouvoir de personne de nous le ravir ; il est indépendant de tous les accidens de la vie ; il reste dans nous quand tout périt autour de nous.

32. Il manque beaucoup au bonheur de celui qui n'a jamais été malheureux.

33. Le secret le plus sûr est celui qu'on ne confie à personne. Ne cherchez jamais à surprendre les secrets d'autrui. Un secret est un fardeau dont chacun cherche à se délivrer.

LES DEUX CHEMINS.

Le maître d'école d'un village sur les bords du Rhin enseignait un jour, au milieu des enfans de la commune, assis autour de lui et l'écoutant avec plaisir ; car sa manière d'enseigner était pleine de force et de douceur. Il parlait en ce moment de la bonne et de la mauvaise conscience, et de la douce voix du cœur.

Lorsqu'il eut fini, il demanda à ses élèves : Quel est celui d'entre vous qui pourra me faire une comparaison sur ce sujet ?

L'un d'eux s'avança en disant : Je pourrais bien vous en dire une, mais je ne sais pas si elle est juste.

Dis-nous-la à ta manière, répondit le maître ; et l'enfant parla ainsi :

Je compare le trouble de la mauvaise conscience à ce que j'ai éprouvé un jour lorsque les soldats ennemis passèrent par notre village. Ils emmenèrent de force mon père avec notre cheval. Comme mon père ne revenait point, ma mère pleurait et se lamentait, ainsi que nous tous, et elle m'envoya à la ville, à la recherche de mon père.

J'y allai; mais je revins tard dans la nuit et le cœur bien triste, car je n'avais pas trouvé mon père.

C'était une nuit obscure d'automne. Le vent grondait et sifflait entre les chênes, les sapins et les rochers; les chouettes et les hiboux criaient. J'avais dans mon ame le pressentiment que j'avais perdu mon père, et je me représentais la douleur de ma mère quand je reparaîtrais seul à la maison. A cette idée, je fus saisi d'un frisson terrible, me trouvant dans la nuit obscure: le mouvement d'une feuille m'épouvantait, et je pensais en moi-même: voilà ce que doit éprouver l'homme qui porte en lui une mauvaise conscience.

Enfans, dit alors le maître, voudriez-vous marcher ainsi au milieu des ténèbres, cherchant en vain votre père, et n'entendant que la voix de la tempête et les cris des oiseaux de proie?

Oh non, s'écrièrent tous les enfans à la fois en frissonnant.

L'enfant recommença à raconter: Une autre fois, dit-il, je fis le même chemin avec ma sœur. Nous avions été acheter à la ville toutes sortes de jolies choses pour une petite fête que mon père voulait donner à ma mère le lendemain. Nous revenions tard dans la nuit, mais c'était au printemps; le ciel était clair et beau, la nature était calme, et il régnait partout un si profond silence, qu'on entendait le murmure de la source qui coulait le long du chemin, et au loin tout à l'entour les rossignols chantaient dans les buissons. Nous marchions ensemble, ma sœur et moi, nous tenant par la main, et le cœur si content que nous n'avions pas envie de parler; et nous rencontrâmes notre bon père qui venait au-devant de nous. Alors je me dis en moi-même: Voilà ce que doit éprouver l'ame de l'homme qui a fait le bien.

Le jeune garçon se tut. Le maître regarda un instant ses enfans avec bienveillance; puis ils s'écrièrent tous ensemble : Oui, nous voulons devenir des hommes de bien !

IV. FABLES.

1. LES DEUX VOYAGEURS.

Le compère Thomas et son ami Lubin
Allaient à pied tous deux à la ville prochaine.
Thomas trouve sur son chemin
Une bourse de louis pleine[1];
Il l'empoche aussitôt. Lubin, d'un air content,
Lui dit : pour nous la bonne aubaine!
Non, répond Thomas froidement,
Pour nous, n'est pas bien dit, *pour moi* c'est différent.
Lubin ne souffle[2] plus : mais en quittant la plaine,
Ils trouvent des voleurs cachés au bois voisin.
Thomas tremblant, et non sans cause,
Dit : nous sommes perdus! Non, lui répond Lubin,
Nous n'est pas le vrai mot; mais *toi* c'est autre chose.
Cela dit, il s'échappe à travers les taillis.
Immobile de peur, Thomas est bientôt pris :
Il tire la bourse et la donne.

Qui ne songe qu'à soi quand la fortune est bonne,
Dans le malheur n'a point d'amis.

[1] statt pleine de louis d'or. [2] giebt keinen Laut von sich; sagt kein Wort mehr.

2. LES DEUX PAYSANS ET LE NUAGE.

Guillot, disait un jour Lucas,
D'une voix triste et lamentable,
Ne vois-tu pas venir là-bas
Ce gros nuage noir? C'est la marque effroyable
Du plus grand des malheurs. Pourquoi? répond Guillot.
—Pourquoi? Regarde donc; ou je ne suis qu'un sot,

Ou ce nuage est de la grêle,
Qui va tout abîmer, vigne, avoine, froment;
Toute la récolte nouvelle
Sera détruite en un moment.
Il ne restera rien, le village en ruine
Dans trois mois aura la famine;
Puis la peste viendra, puis nous périrons tous.
La peste! dit Guillot : doucement, calmez-vous;
Je ne vois point cela, compère :
Et, s'il faut vous parler selon mon sentiment,
C'est que je vois tout le contraire;
Car ce nuage assurément
Ne porte point de grêle, il porte de la pluie.
La terre est sèche dès long-temps,
Il va bien arroser nos champs,
Toute notre récolte en doit être embellie.
Nous aurons le double de foin,
Moitié plus de froment, de[1] raisins abondance;
Nous serons tous dans l'opulence,
Et rien, hors les tonneaux, ne nous fera besoin[2];
C'est bien voir que cela, dit Lucas en colère.
Mais[3], chacun a ses yeux, lui répondit Guillot.
— Oh! puisqu'il est ainsi je ne dirai plus mot,
Attendons la fin de l'affaire :
Rira bien qui rira le dernier[4]. — Dieu merci,
Ce n'est pas moi qui pleure ici.
Ils s'échauffaient tous deux; déjà dans leur furie,
Ils allaient se gourmer, lorsqu'un souffle de vent
Emporta loin de là le nuage effrayant :
Ils n'eurent ni grêle ni pluie.

[1] an. [2] faire besoin, Noth thun. [3] Ei. [4] der zuletzt lacht, lacht am besten.

3. LE CHEVAL ET LE POULAIN.

Un bon père cheval, veuf, et n'ayant qu'un fils,
L'élevait dans un pâturage
Où les eaux, les fleurs et l'ombrage
Présentaient à la fois tous les biens réunis.
Abusant pour jouir, comme on fait à cet âge,

Le poulain tous les jours se gorgeait de sainfoin;
Se vautrait dans l'herbe fleurie;
Galopait sans objet; se baignait sans envie,
Ou se reposait sans besoin.
Oisif et gras à lard, le jeune solitaire
S'ennuya, se lassa de ne manquer de rien;
Le dégoût vint bientôt; il va trouver son père :
Depuis long-temps, dit-il, je ne me sens pas bien;
Cette herbe est mal-saine et me tue,
Ce trèfle est sans saveur, cette eau est corrompue;
L'air qu'on respire ici m'attaque les poumons;
Bref, je meurs si nous ne partons.
Mon fils, répond le père, il s'agit de ta vie,
A l'instant même il faut partir.
Sitôt dit, sitôt fait[1], ils quittent leur patrie.
Le jeune voyageur bondissait de plaisir.
Le vieillard, moins joyeux, allait d'un train plus sage
Mais il guidait l'enfant, et le faisait gravir
Sur des monts escarpés, arides, sans herbage,
Où rien ne pouvait le nourrir.
Le soir vint, point de pâturage;
On s'en passa. Le lendemain,
Comme l'on commençait à souffrir de la faim,
On prit du bout des dents une ronce sauvage.
On ne galopa plus le reste du voyage;
A peine, après deux jours, allait-on même au pas.
Jugeant alors la leçon faite,
Le père va reprendre une route secrète
Que son fils ne connaissait pas,
Et le ramène à la prairie,
Au milieu de la nuit. Dès que notre poulain
Retrouve un peu d'herbe fleurie,
Il se jette dessus : Ah! l'excellent festin,
La bonne herbe! dit-il : comme elle est douce et tendr
Mon père il ne faut pas s'attendre[2]
Que nous puissions rencontrer mieux;
Fixons-nous pour jamais dans ces aimables lieux;
Quel pays peut valoir cet asile champêtre?
Comme il parlait ainsi, le jour vint à paraître,

[1] gesagt, gethan. [2] es ist nicht zu erwarten.

Le poulain reconnaît le pré qu'il a quitté;
Il demeure confus. Le père avec bonté
Lui dit : mon cher enfant, retiens cette maxime :
Quiconque jouit trop est bientôt dégoûté;
Il faut au bonheur du régime.

4. L'AVEUGLE ET LE PARALYTIQUE.

Aidons-nous mutuellement,
La charge des malheurs en[1] sera plus légère;
Le bien que l'on fait à son frère
Pour le mal que l'on souffre est un soulagement.
Confucius[2] l'a dit; suivons tous sa doctrine.
Pour la persuader aux peuples de la Chine,
Il leur conta le trait suivant :
Dans une ville de l'Asie,
Il existait deux malheureux,
L'un perclus, l'autre aveugle, et pauvres tous les deux.
Ils demandaient au Ciel de terminer leur vie;
Mais leurs cris étaient superflus,
Ils ne pouvaient mourir. Notre paralytique,
Couché sur un grabat dans la place publique,
Souffrait sans être plaint; il en souffrait bien plus.
L'aveugle, à qui tout pouvait nuire,
Était sans guide, sans soutien,
Sans avoir même un pauvre chien
Pour l'aimer et pour le conduire.
Un certain jour il arriva
Que l'aveugle à tâtons, au détour d'une rue,
Près du malade se trouva;
Il entendit ses cris, son ame en fut émue.
Il n'est tels que les malheureux
Pour se plaindre les uns les autres[3].
J'ai mes maux, lui dit-il, et vous avez les vôtres :
Unissons-les, mon frère, ils seront moins affreux.
Hélas! dit le perclus, vous ignorez mon frère,
Que je ne puis faire un seul pas;
Vous-même, vous n'y voyez pas;

[1] dadurch. [2] Confucius, ein weiser Mann, der vor mehr als zwei tausend Jahren in China lebte. [3] die Unglücklichen wissen einander am besten zu beklagen.

A quoi nous servirait d'unir notre misère?
A quoi? répond l'aveugle, écoutez : à nous deux
Nous possédons le bien à chacun nécessaire ;
J'ai des jambes, et vous des yeux.
Moi, je vais vous porter ; vous, vous serez mon guide :
Vos yeux dirigeront mes pas mal assurés ;
Mes jambes, à leur tour, iront où vous voudrez.
Ainsi, sans que jamais notre amitié décide
Qui de nous deux remplit le plus utile emploi,
Je marcherai pour vous, vous y verrez pour moi.

5. LE LAPIN ET LA SARCELLE.

Unis dès leurs jeunes ans
D'une amitié fraternelle,
Un lapin, une sarcelle,
Vivaient heureux et contens.
Le terrier du lapin était sur la lisière
D'un parc bordé d'une rivière.
Soir et matin nos bons amis,
Profitant de ce voisinage,
Tantôt au bord de l'eau, tantôt sous le feuillage,
L'un chez l'autre étaient réunis.
Là, prenant leur repas, se contant des nouvelles,
Ils n'en trouvaient point de si belles
Que de se répéter qu'ils s'aimeraient toujours.
Ce sujet revenait sans cesse en leurs discours.
Tout était en commun, plaisir, chagrin, souffrance,
Ce qui manquait à l'un, l'autre le regrettait ;
Si l'un avait du mal, son ami le sentait :
Si d'un bien au contraire il goûtait l'espérance[1],
Tous deux en jouissaient d'avance.
Tel était leur destin, lorsqu'un jour, jour affreux!
Le lapin pour dîner venant chez la sarcelle,
Ne la retrouve plus : inquiet, il l'appelle ;
Personne ne répond à ses cris douloureux.
Le lapin de frayeur l'ame toute saisie[2],
Va, vient, fait mille tours, cherche dans les roseaux,
S'incline par-dessus les flots,

[1] statt au contraire, s'il goûtait l'espérance d'un bien. [2] statt le lapin ayant l'ame toute saisie de frayeur.

Et voudrait s'y plonger pour trouver son amie.
Hélas! s'écriait-il, m'entends-tu? réponds-moi,
Ma sœur, ma compagne chérie,
Ne prolonge pas mon effroi!
Encor quelques momens, c'en est fait de ma vie:
J'aime mieux expirer que de trembler pour toi.
Disant ces mots, il court, il pleure,
Et, s'avançant le long de l'eau,
Arrive enfin près du château
Où le seigneur du village demeure.
Là, notre désolé lapin
Se trouve au milieu d'un parterre,
Et voit une grande volière
Où mille oiseaux divers volaient sur un bassin.
L'amitié donne du courage.
Notre ami sans rien craindre, approche du grillage,
Regarde, et reconnaît... ô tendresse! ô bonheur!
La sarcelle: aussitôt il pousse un cri de joie;
Et sans perdre de temps à consoler sa sœur,
De ses quatre pieds il s'emploie
A creuser un secret chemin
Pour joindre son amie, et, par ce souterrain,
Le lapin tout à coup entre dans la volière,
Comme un mineur qui prend une place de guerre.
Les oiseaux effrayés se pressent en fuyant.
Lui, court à la sarcelle; il l'entraîne à l'instant
Dans son obscur sentier, la conduit sous la terre,
Et, la rendant au jour, il est près de mourir
De plaisir.
Quel moment pour tous deux! que ne sais-je le peindre
Comme je saurais le sentir!
Nos bons amis croyaient n'avoir plus rien à craindre;
Ils n'étaient pas au bout. Le maître du jardin,
En voyant le dégât commis dans sa volière,
Jure d'exterminer jusqu'au dernier lapin:
Mes fusils, mes furets! criait-il en colère.
Aussitôt fusils et furets
Sont tout prêts.
Les gardes et les chiens vont dans les jeunes tailles,
Fouillant les terriers, les broussailles;

Tout lapin qui paraît trouve un affreux trépas :

. . . .

La nuit vient ; tant de sang n'a point éteint la rage
Du seigneur, qui remet au lendemain matin
La fin de l'horrible carnage.
Pendant ce temps notre lapin,
Tapi sous des roseaux auprès de la sarcelle,
Attendait en tremblant la mort,
Mais conjurait sa sœur de fuir à l'autre bord,
Pour ne pas mourir devant elle.
Je ne te quitte point, lui répondait l'oiseau;
Nous séparer, serait la mort la plus cruelle.
Ah ! si tu pouvais passer l'eau !
Pourquoi pas? Attends-moi... La sarcelle le quitte,
Et revient traînant un vieux nid
Laissé par des canards, elle l'emplit bien vîte
De feuilles de roseaux, les presse, les unit
Des pieds, du bec, en forme un batelet capable
De supporter un lourd fardeau :
Puis elle attache à ce vaisseau
Un brin de jonc qui servira de câble.
Cela fait[3], et le bâtiment
Mis à l'eau, le lapin entre tout doucement
Dans le léger esquif, s'assied sur son arrière[4],
Tandis que devant lui la sarcelle nageant
Tire le brin de jonc, et s'en va dirigeant
Cette nef à son cœur si chère.
On aborde, on débarque, et jugez du plaisir!
Non loin du port on va choisir
Un asile où coulant des jours dignes d'envie,
Nos bons amis, libres, heureux,
Aimèrent d'autant plus la vie,
Qu'il se la devaient tous les deux.

[3] nachdem dieß gethan war. [4] auf den hintern Theil des Schiffchens.

6. LE LINOT.

Une linote avait un fils
Qu'elle adorait selon l'usage;
C'était l'unique fruit du plus doux mariage,
Et le plus beau linot qui fût dans le pays.

Sa mère en était folle, et tous les témoignages
Que peuvent inventer la tendresse et l'amour
Étaient pour cet enfant épuisés chaque jour.
Notre jeune linot, fier de ces avantages,
Se croyait un phénix, prenait l'air suffisant,
Tranchait du petit important[1]
Avec les oiseaux de son âge :
Persiflait la mésange ou bien le roitelet,
Donnait à chacun son paquet[2],
Et se faisait haïr de tout le voisinage.
Sa mère lui disait : mon cher fils, sois plus sage,
Plus modeste surtout. Hélas! je conçois bien
Les dons, les qualités qui furent ton partage ;
Mais feignons de n'en savoir rien,
Pour qu'on les aime davantage.
A tout cela notre linot
Répondait par quelque bon mot ;
La mère en gémissait dans le fond de son ame.
Un vieux merle, ami de la dame,
Lui dit : Laissez aller votre fils au grand bois,
Je vous réponds qu'avant un mois
Il sera sans défauts. Vous jugez des alarmes
De la mère qui pleure et frémit du danger ;
Mais le jeune linot brûlait de voyager,
Il partit donc malgré ses larmes.
A peine est-il dans la forêt,
Que notre petit personnage
Du pivert entend le ramage,
Et se moque de son fausset.
Le pivert, qui prit mal cette plaisanterie
Vient à bons coups de bec plumer le persifleur,
Et, deux jours après, une pie
Le dégoûte à jamais du métier de railleur.
Il lui restait encor la vanité secrète
De se croire excellent chanteur ;
Le rossignol et la fauvette
Le guérirent de son erreur.

[1] trancher de l'important, sich eine wichtige Miene geben. [2] donner son paquet à quelqu'un, einem etwas aufbürden, anhängen.

Bref, il retourna chez sa mère
Doux, poli, modeste et charmant.
Ainsi l'adversité fit dans un seul moment,
Ce que tant de leçons n'avaient jamais pu faire.

7. LE CHÊNE ET LE ROSEAU.

Le chêne un jour dit au roseau :
Vous avez bien sujet d'accuser la nature;
Un roitelet pour vous est un pesant fardeau :
Le moindre vent qui d'aventure
Fait rider la face de l'eau,
Vous oblige à baisser la tête;
Cependant que mon front, au Caucase[1] pareil,
Non content d'arrêter les rayons du soleil,
Brave l'effort de la tempête.
Tout vous est aquilon, tout me semble zéphyr.
Encor si[2] vous naissiez à l'abri du feuillage
Dont je couvre le voisinage,
Vous n'auriez pas tant à souffrir;
Je vous défendrais de l'orage :
Mais vous naissez le plus souvent
Sur les humides bords des royaumes du vent.
La nature envers vous me semble bien injuste.
Votre compassion, lui répondit l'arbuste,
Part[3] d'un bon naturel; mais quittez ce souci :
Les vents me sont moins qu'à vous redoutables[4];
Je plie, et ne romps pas. Vous avez jusqu'ici
Contre leurs coups épouvantables
Résisté sans courber le dos;
Mais attendons la fin. Comme il disait ces mots,
Du bout de l'horizon accourt avec furie
Le plus terrible des enfans
Que le nord eût portés jusque-là dans ses flancs[5].
L'arbre tient bon, le roseau plie.
Le vent redouble ses efforts,
Et fait si bien qu'il déracine
Celui de qui la tête au ciel était voisine,
Et dont les pieds touchaient à l'empire des morts.[6]

[1] der Kaukasus, ein hohes Gebirg in Asien. [2] encore si, wenn wenigstens. [3] kommt, zeugt. [4] statt les vents me sont moins redoutable

qu'à vous. [5] das heißt, der heftigste Nordwind. [6] an das Reich der Todten, das heißt, tief in die Erde.

8. L'OURS ET LES DEUX COMPAGNONS.

Deux compagnons, pressés d'argent [1],
A leur voisin fourreur vendirent
La peau d'un ours encor vivant,
Mais qu'ils tueraient bientôt, du moins à ce qu'ils dirent [2].
C'était le roi des ours au compte [3] de ces gens :
Le marchand à sa peau devait faire fortune;
Elle garantirait des froids les plus cuisans;
On en pourrait fourrer plutôt deux robes qu'une.
Dindenaut [4] prisait moins ses moutons qu'eux leur ours :
Leur, à leur compte, et non à celui de la bête.
S'offrant de la livrer au plus tard dans deux jours,
Ils conviennent de prix, et se mettent en quête,
Trouvent l'ours qui s'avance et vient vers eux au trot.
Voilà mes gens frappés comme d'un coup de foudre.
Le marché ne tint pas; il fallut le résoudre :
D'intérêts contre l'ours, on n'en dit pas un mot [5].
L'un des deux compagnons grimpe au faîte d'un arbre;
L'autre, plus froid que n'est un marbre,
Se couche sur le nez, fait le mort [6], tient son vent [7],
Ayant quelque part ouï dire
Que l'ours s'acharne peu souvent
Sur un corps qui ne vit, ne meut, ni ne respire.
Seigneur ours, comme un sot, donna dans ce panneau [8]:
Il voit ce corps gisant, le croit privé de vie;
Et de peur de supercherie,
Le tourne, le retourne, approche son museau,
Flaire aux passages de l'haleine.
C'est, dit-il, un cadavre; ôtons-nous [9], car il sent.
A ces mots, l'ours s'en va dans la forêt prochaine.
L'un de nos deux marchands de son arbre descend,

[1] pressé d'argent, in Geldnoth. [2] wie sie sagten. [3] nach der Meinung. [4] der Name eines Schäfers. [5] on ne dit pas un mot d'intérêts contre l'ours, man sprach kein Wort davon, gegen den Bären um Schadenersatz einzukommen. (Gewöhnlich wenn ein Handel durch den Fehler einer der Parteien wieder rückgängig wird, so dringt der dadurch in Schaden gekommene Theil auf Ersatz.) [6] stellt sich todt, thut als wenn er todt wäre. [7] hält seinen Athem zurück. [8] donner dans un panneau, in die Falle gehen. [9] laßt uns da weggehen.

Court à son compagnon, lui dit que c'est merveille
Qu'il n'ait eu seulement que la peur pour tout mal.
Eh bien! ajouta-t-il, la peau de l'animal?
Mais que t'a-t-il dit à l'oreille?
Car il t'approchait de bien près,
Te retournant avec sa serre.
Il m'a dit qu'il ne faut jamais
Vendre la peau de l'ours [10] qu'on ne l'ait mis par terre.

[10] Hier ist à moins, es sey denn, bevor, ausgelassen.

9. LE COCHE LT LA MOUCHE.

Dans un chemin montant, sablonneux, mal-aisé,
Et de tous les côtés au soleil exposé,
Six forts chevaux tiraient un coche.
Femmes, moine, vieillards, tout était descendu:
L'attelage suait, soufflait, était rendu [1].
Une mouche survient, et des chevaux s'approche [2],
Prétend les animer par son bourdonnement,
Pique l'un, pique l'autre, et pense à tout moment
Qu'elle fait aller la machine,
S'assied sur le timon, sur le nez du cocher.
Aussitôt que le char chemine,
Et qu'elle voit les gens marcher,
Elle s'en attribue uniquement la gloire,
Va, vient, fait l'empressée: il semble que ce soit
Un sergent de bataille allant en chaque endroit
Faire avancer ses gens, et hâter la victoire.
La mouche, en ce commun besoin,
Se plaint qu'elle agit seule, et qu'elle a tout le soin;
Qu'aucun n'aide aux chevaux à se tirer d'affaire.
Le moine disait son bréviaire [3]:
Il prenait bien son temps! Une femme chantait:
C'était bien de chansons qu'alors il s'agissait!
Dame mouche s'en va chanter à leurs oreilles,
Et fait cent sottises pareilles.
Après bien du travail, le coche arrive au haut.
Respirons maintenant! dit la mouche aussitôt:
J'ai tant fait que nos gens sont enfin dans la plaine.
Çà, messieurs les chevaux, payez-moi de ma peine.

Ainsi certaines gens, faisant les empressés,
S'introduisent dans les affaires:
Ils font partout les nécessaires,
Et, par-tout importuns, devraient être chassés.

[1] erschöpft. [2] statt s'approche des chevaux. [3] las in seinem Brevier, Gebetbuch.

10. LE SAVETIER ET LE FINANCIER.

Un savetier chantait du matin jusqu'au soir:
C'était merveille de le voir,
Merveille de l'ouïr; il faisait des passages,
Plus content qu'aucun des sept Sages.
Son voisin, au contraire, étant tout cousu d'or[1],
Chantait peu, dormait moins encor:
C'était un homme de finance.
Si sur le point du jour parfois il sommeillait,
Le savetier alors en chantant l'éveillait;
Et le financier se plaignait
Que les soins de la Providence
N'eussent pas au marché fait vendre le dormir,
Comme le manger et le boire.
En son hôtel il fait venir
Le chanteur, et lui dit: Or çà, sire Grégoire,
Que gagnez-vous par an? Par an! ma foi, monsieur,
Dit, avec un ton de rieur,
Le gaillard savetier, ce n'est point ma manière
De compter de la sorte; et je n'entasse guère
Un jour sur l'autre: il suffit qu'à la fin
J'attrape le bout de l'année;
Chaque jour amène son pain. —
Eh bien! que gagnez-vous, dites-moi, par journée?
Tantôt plus, tantôt moins: le mal est que toujours
(Et sans cela nos gains seraient assez honnêtes),
Le mal est que dans l'an s'entremêlent des jours
Qu'il faut chômer; on nous ruine en fêtes.
L'une fait tort à l'autre; et monsieur le curé
De quelque nouveau saint charge toujours son prône.
Le financier, riant de sa naïveté,
Lui dit: Je vous veux mettre aujourd'hui sur le trône.

[1] cousu von coudre, nähen: ganz von Gold starrend.

Prenez ces cent écus; gardez-les avec soin,
Pour vous en servir au besoin.
Le savetier crut voir tout l'argent que la terre
Avait, depuis plus de cent ans,
Produit pour l'usage des gens.
Il retourne chez lui : dans sa cave il enserre
L'argent, et sa joie à la fois.
Plus de chant : il perdit la voix
Du moment qu'il gagna ce qui cause nos peines[a].
Le sommeil quitta son logis;
Il eut pour hôtes les soucis,
Les soupçons, les alarmes vaines.
Tout le jour il avait l'œil au guet; et la nuit,
Si quelque chat faisait du bruit,
Le chat prenait l'argent. A la fin le pauvre homme
S'en courut chez celui qu'il ne réveillait plus :
Rendez-moi, lui dit-il, mes chansons et mon somme;
Et reprenez vos cent écus.

[a] nämlich das Geld.

11. LES DEUX PIGEONS.

Deux pigeons s'aimaient d'amour tendre :
L'un d'eux, s'ennuyant au logis,
Fut assez fou pour entreprendre
Un voyage en lointain pays.
L'autre lui dit : Qu'allez-vous faire?
Voulez-vous quitter votre frère?
L'absence est le plus grand des maux :
Non pas pour vous, cruel! Au moins, que les travaux,
Les dangers, les soins du voyage,
Changent un peu votre courage.
Encor si la saison s'avançait davantage!
Attendez les zéphyrs : qui vous presse? un corbeau
Tout à l'heure annonçait malheur à quelque oiseau.
Je ne songerai plus que rencontre funeste,
Que faucons, que réseaux. Hélas! dirai-je, il pleut :
Mon frère a-t-il tout ce qu'il veut,
Bon soupé, bon gîte, et le reste?
Ce discours ébranla le cœur
De notre imprudent voyageur :

Mais le désir de voir et l'humeur inquiète
L'emportèrent enfin. Il dit : Ne pleurez point ;
Trois jours au plus[1] rendront mon ame satisfaite :
Je reviendrai dans peu[2] conter de point en point
    Mes aventures à mon frère ;
Je le désennuierai. Quiconque ne voit guère
N'a guère à dire aussi. Mon voyage dépeint[3]
    Vous sera d'un plaisir extrême.
Je dirai : J'étais là ; telle chose m'avint[4] :
    Vous y croirez être vous-même.
A ces mots, en pleurant, ils se dirent adieu.
Le voyageur s'éloigne : et voilà qu'un nuage
L'oblige de chercher retraite en quelque lieu.
Un seul arbre s'offrit, tel encor[5] que l'orage
Maltraita le pigeon en dépit du feuillage.
L'air devenu serein il part tout morfondu,
Sèche du mieux qu'il peut son corps chargé de pluie ;
Dans un champ à l'écart voit du blé répandu,
Voit un pigeon auprès : cela lui donne envie ;
Il y vole, il est pris : ce blé couvrait d'un lacs[6]
    Les menteurs et traîtres appâts[7].
Le lacs était usé ; si bien que, de son aile,
De ses pieds, de son bec, l'oiseau le rompt enfin :
Quelque plume y périt ; et le pis du destin
Fut qu'un certain vautour à la serre cruelle
Vit notre malheureux, qui, traînant la ficelle
Et les morceaux du lacs qui l'avait attrappé,
    Semblait un forçat échappé.
Le vautour s'en allait le lier[8], quand des nues
Fond à son tour un aigle aux ailes étendues.
Le pigeon profita du conflit des voleurs,
S'envola, s'abattit auprès d'une masure,
    Crut pour ce coup que ses malheurs
    Finiraient par cette aventure ;

[1] höchstens. [2] in kurzer Zeit, bald. [3] meine Reiseerzählung. [4] avenir, ein veraltetes Wort, statt arriver, widerfahren. [5] und noch war er so schlecht. [6] un lacs (sprich *la*), ein Netz, Strick. [7] statt le blé couvrait les menteurs et traîtres appâts d'un lacs. [8] ein Jägerausdruck: wollte schon ihn fassen.

Mais un fripon d'enfant (cet âge est sans pitié[9])
Prit sa fronde, et d'un coup tua plus d'à moitié
La volatile malheureuse,
Qui, maudissant sa curiosité,
Traînant l'aile, et tirant le pied,
Demi-morte, et demi-boiteuse,
Droit au logis s'en retourna :
Que bien, que mal[10], elle arriva
Sans autre aventure fâcheuse.
Voilà nos gens rejoints ; et je laisse à juger
De combien de plaisirs ils payèrent leurs peines.

9. sollte das nicht eine Verläumdung seyn? Einige Kinder sind zwar grausam genug, unschuldige Thiere zu mißhandeln; aber alle gewiß nicht.
10 so gut sie konnte.

12. LE VIEILLARD ET LES TROIS JEUNES HOMMES.

Un octogénaire plantait.
Passe encor de bâtir[1] ; mais planter à cet âge !
Disaient trois jouvenceaux, enfans du voisinage :
Assurément il radotait.
Car, au nom des dieux, je vous prie,
Quel fruit de ce labeur pouvez-vous recueillir ?
Autant qu'un patriarche il vous faudrait vieillir.
A quoi bon[2] charger votre vie
Des soins d'un avenir qui n'est pas fait pour vous ?
Ne songez désormais qu'à vos erreurs passées :
Quittez le long espoir et les vastes pensées ;
Tout cela ne convient qu'à nous.
Il ne convient pas à vous-mêmes,
Repartit le vieillard. Tout établissement
Vient tard, et dure peu. La main des Parques[3] blêmes
De vos jours et des miens se joue également.
Nos termes sont pareils par leur courte durée.
Qui de nous des clartés de la voûte azurée
Doit jouir le dernier ? Est-il aucun moment
Qui vous puisse assurer d'un second seulement ?
Mes arrière-neveux me devront cet ombrage :
Eh bien ! défendez-vous au sage
De se donner des soins pour le plaisir d'autrui ?
Cela même est un fruit que je goûte aujourd'hui :

J'en puis jouir demain, et quelques jours encore;
Je puis enfin compter l'aurore
Plus d'une fois sur vos tombeaux.
Le vieillard eut raison : l'un des trois jouvenceaux
Se noya dès le port, allant en Amérique;
L'autre, afin de monter aux grandes dignités,
Dans les emplois de Mars servant la république[4];
Par un coup imprévu vit ses jours emportés;
Le troisième tomba d'un arbre
Que lui-même il voulut enter;
Et, pleurés du vieillard, il grava sur leur marbre
Ce que je viens de raconter.

[1] bauen möchte noch hingehen; wenn er noch gebaut hätte. [2] wozu. [3] Parzen, so nannten die alten Dichter die drei Göttinnen, welche, nach denselben, dem Leben der Menschen vorstanden. [4] statt l'autre servant la république (den Staat) dans les emplois de Mars, afin de monter aux grandes dignités. Mars, der Gott des Kriegs; les emplois de Mars, Kriegsdienste.

13. LE RAT DE VILLE ET LE RAT DES CHAMPS.

Certain rat de campagne, en son modeste gite,
De certain rat de ville eut un jour la visite.
Ils étaient vieux amis; quel plaisir de se voir!
Le maître du logis veut, selon son pouvoir,
Régaler l'étranger : il vivait de ménage[1],
Mais donnait de bon cœur, comme on donne au village.
Il va chercher, au fond de son garde-manger,
Du lard qu'il n'avait pas achevé de ronger,
Des noix, des raisins secs. Le citadin à table
Mange du bout des dents, trouve tout détestable.
« Pouvez-vous bien, dit-il, végéter tristement
Dans un trou de campagne enterré tout vivant?
Croyez-moi, laissez-là cet ennuyeux asile,
Venez voir de quel air nous vivons à la ville;
Hélas! nous ne faisons que[2] passer ici-bas;
Les rats, petits et grands, marchent tous au trépas.
Ils meurent tout entiers, et leur philosophie
Doit être[3] de jouir d'une si courte vie,

[1] vivre de ménage, haußhälterisch, sparsam leben. [2] ne faire que passer, nur vorübergehen. [3] darin bestehen.

D'y chercher le plaisir; qui[4] s'en passe est bien fou.»
L'autre, persuadé, saute hors de son trou.
Vers la ville à l'instant ils trottent côte à côte;
Ils arrivent de nuit : la muraille était haute;
La porte était fermée; heureusement nos gens
Entrent sans être vus, sous le seuil se glissant[5]:
Dans un riche logis nos voyageurs descendent[6];
A la salle à manger promptement ils se rendent :
Sur un buffet ouvert trente plats desservis
Du souper de la veille étalaient les débris[7].
L'habitant de la ville, aimable et plein de grâce,
Introduit son ami, fait les honneurs, le place;
Et puis, pour le servir, sur le buffet trottant[8],
Apporte chaque mets, qu'il goûte en l'apportant.
Le campagnard, charmé de sa nouvelle aisance,
Ne songeait qu'au plaisir et qu'à faire bombance,
Lorsqu'un grand bruit de porte épouvante nos rats.
Ils étaient au buffet, ils se jettent en bas,
Courent, mourant de peur, tout autour de la salle :
Pas un trou !....... De vingt chats une bande infernale[9]
Par de longs miaulemens redouble leur effroi.
— « Oh! oh! ce n'est pas là ce qu'il me faut, à moi,
Dit le bon campagnard : mon humble solitude
Me garantit du bruit et de l'inquiétude;
Là, je n'ai rien à craindre; et, si j'y mange peu,
J'y mange en paix du moins, et j'y retourne... Adieu.»

[4] qui statt celui qui. [5] statt se glissant sous le seuil. [6] nos voyageurs descendent dans un riche logis. [7] statt trente plats desservis sur un buffet ouvert, étalaient les débris du souper de la veille. [8] trottant sur le buffet. [9] une bande infernale de vingt chats.

VOCABULAIRE.

(Anmerkung. Die Abkürzungen sind: s., substantif; adj., adjectif; m., masculin; f., féminin; adv., adverbe; interj., interjection; pl., pluriel; qch., quelque chose. Alle diese Zeichen beziehen sich auf die französischen Wörter, deren grammatische Definition man nur darum nicht beigesetzt hat, damit die Kinder bei der Analyse sie selbst aufsuchen, und so ihr Nachdenken üben mögen. — Komme je einmal eine Zahl in Parenthesen vor, so bedeutet sie die Seite des Buches, auf welcher das Wort, bei dem die Zahl steht, in dieser besondern Bedeutung gebraucht ist.)

A.

Abandonner, verlassen, überlassen; s'—, sich überlassen.
Abattement, *m.*, die Niedergeschlagenheit, Kraftlosigkeit.
Abattre, schwächen; fällen; s'—, zusammenstürzen; verzagen.
Abeille, *f.*, die Biene.
Abîme, *m.*, der Abgrund.
Abîmer, zu Grunde richten.
Abondance, *f.*, der Ueberfluß.
Abondant, überflüßig.
Abord (d'), schnell; sogleich.
Aborder, landen, anreden.
Abri, *m.*, der Schutz.
Absence, *f.*, die Abwesenheit.
Absorbé (être), in etwas vertieft, verloren seyn.
Abuser, mißbrauchen.
Accablant, niederdrückend.
Accepter, annehmen.
Accès, *m.*, der Anfall.
Accident, *m.*, der Zufall.
Accompagner, begleiten.
Accorder, schenken, gewähren; s'—, übereinstimmen, sich vertragen, sich vereinigen.
Accourir, herbeieilen, herzulaufen.
Accoutumer, gewöhnen.
Accrocher, abreißen.
Accroissement, *m.*, das Wachsthum.
Accueil, *m.*, die Aufnahme.
Accuser, anklagen.
Acharner (s'), wüthend auf etwas losgehen.
Acheminer (s'), sich auf den Weg machen, gehen.
Acheter, kaufen.
Achever, endigen, fertig machen.
Acide, säuerlich.
Acquérir, erwerben, erhalten.
Action, *f.*, die Handlung.
Actuel, -lement, wirklich.
Adieu, lebe wohl; les adieux, *m.*, das Lebewohl.
Admettre, zulassen.
Administration, *f.*, die Verwaltung.
Admiration, *f.*, die Bewunderung.
Admirer, bewundern.
Adorer, anbeten.
Adoucir, versüßen, mildern; weich machen; s'—, gelinder werden.
Adresse, *f.*, die Geschicklichkeit.
Adresser, richten an...; s'—, sich wenden an...
Adroitement, auf eine geschickte Weise.
Adversité, *f.*, das Mißgeschick, die Widerwärtigkeit.
Affaiblir, schwächen; s'—, schwach werden.
Affaire, *f.*, das Geschäft.
Affecter, ergreifen, durchdringen.
Affection, *f.*, die Zuneigung.
Affermir, befestigen.
Affirmer, bejahen, bestätigen.
Affliger, kränken, betrüben; s'—, sich betrüben.
Affreux, schrecklich; abscheulich; fürchterlich.
Afin que, damit.
Afrique, *f.*, Afrika.
Age, *m.*, das Alter.

Agé, alt.
Agenouiller (s'), niederknieen.
Agilité, *f.*, die Hurtigkeit, Behendigkeit.
Agir, handeln; s'—, die Rede von... seyn; ankommen auf...
Agiter, bewegen; s'—, sich bewegen.
Agneau, *m.*, das Lamm.
Agréable, -ment, angenehm.
Agrément, *m.*, die Anmuth, Annehmlichkeit.
Agriculteur, *m.*, der Landwirth.
Agriculture, *f.*, die Landwirthschaft.
Aide, *f.*, die Hilfe.
Aider, helfen.
Aigrir, verbittern, ärger machen.
Aile, *f.*, der Flügel.
Ailé, geflügelt.
Ailleurs, anderswo; d'—, sonst, außerdem, übrigens.
Aimable, liebenswürdig.
Aimer, lieben; — mieux, lieber wollen.
Aîné, *m.*, der Aeltere.
Ainsi, so; — que, so wie.
Ajouter, hinzusetzen, hinzufügen.
Air, *m.*, die Luft, die Miene.
Aisance, *f.*, die Bequemlichkeit, Gemächlichkeit, der Wohlstand; die Leichtigkeit.
Aise, froh; aisément, leicht.
Alarmes (les), *f.*, die Besorgniß.
Alégresse, *f.*, die Fröhlichkeit.
Alentour, rings umher; les alentours, die Umgegend.
Alléché, angelockt.
Aller, gehen.
Allier, verbinden, vereinigen.
Alonger (s'), sich verlängern.
Alors, alsdann.
Alouette, *f.*, die Lerche.
Altération, *f.*, die Störung.
Amande, *f.*, der Kern.
Amandier, *m.*, der Mandelbaum.
Amasser, zusammenmachen, aufhäufen.
Ambulant, herumziehend.
Ame, *f.*, die Seele.
Amener, herbeiführen, zuführen.
Amérique, *f.*, Amerika.
Amertume, *f.*, der Schmerz, die Bitterkeit.
Ami, *m.*, der Freund; amie, *f.*, die Freundin.
Amitié, *f.*, die Freundschaft.
Amollir, erweichen.
Amonceler (s'), sich anhäufen.
Amorce, *f.*, die Lockspeise.
Amour, *m.*, die Liebe.
Ample, groß, beträchtlich; -ment, weitläufig.
Amuser (s'), sich belustigen, sich die Zeit vertreiben.
An, *m.*, das Jahr.
Ancien, alt.
Anecdote, *f.*, die Anekdote.
Ange, *m.*, der Engel.
Angoisse, *f.*, die Angst.
Animal, *m.*, das Thier.
Animer, ermuntern.
Année, *f.*, das Jahr.
Annoncer, ankündigen.
Apaiser, besänftigen.
Apercevoir, bemerken, sehen.
Aplati, flach.
Apparemment, wahrscheinlich.
Apparence, *f.*, der Anschein.
Appartement, *m.*, das Zimmer.
Appartenir, gehören.
Appât, *m.*, die Lockspeise, Anlockung.
Appauvrir, arm machen.
Appeler, zu sich rufen, nennen; s'—, heißen.
Appliquer, anwenden, auflegen; s'— à qch., sich auf etwas legen.
Appointemens, *m. pl.*, die Bezahlung, der Lohn.
Apporter, bringen; tragen.
Apprendre, lernen, lehren, berichten.
Apprêter (s'), sich bereiten, sich rüsten.

Apprivoiser, zähmen.
Approche; *f.*, die Annäherung.
Approcher qch., etwas näher bringen; — de qch., hinzutreten; s'—, sich nähern.
Approprier, aneignen.
Approvisionner, mit Vorrath versehen.
Appui, *m.*, die Stütze.
Appuyer, stützen.
Aprés, nach, hernach.
Aprés-midi, *m.*, der Nachmittag.
Aquilon, *m.*, der Nordwind.
Arabe, *m.*, der Araber.
Arbre, *m.*, der Baum.
Arbrisseau, *m.*, das Bäumchen.
Arbuste, *m.*, die Staude, das Gewächs.
Arc, *m.*, der Bogen.
Ardeur, *f.*, die Hitze; der Eifer.
Arène, *f.*, der Kampfplatz.
Argent, *m.*, das Geld, das Silber.
Argenté, silberhell.
Aride, trocken, unfruchtbar.
Armée, *f.*, die Armee.
Armer, bewaffnen.
Armes (les), *f.*, die Waffen.
Armoire, *f.*, der Kasten.
Armure, *f.*, die Rüstung; der Schirm.
Arracher, entreißen.
Arrangement, *m.*, die Einrichtung, der Vertrag.
Arrêter, anhalten, gefänglich einziehen, festsetzen; s'—, stehen bleiben, sich aufhalten.
Arrière-neveu, *m.*, der Urneffe, der Urenkel.
Arriver, begegnen, geschehen, entstehen, ankommen.
Arroser, netzen, anfeuchten.
Art, *m.*, die Kunst.
Article, *m.*, der Artikel.
Artificiel, künstlich.
Artistement, künstlich.
Ascendant, *m.*, die Ueberlegenheit, das Ansehen, die Gewalt.
Asie, *f.*, Asien.
Asile, *m.*, der Aufenthaltsort, Zufluchtsort.
Aspect, *m.*, der Anblick.
Aspic, *m.*, die Natter.
Aspirer, streben.
Assassiner, tödten.
Assembler, versammeln; s'—, sich sammeln.
Asseoir (s'), sich setzen.
Assez, genug; ziemlich.
Assiduité, *f.*, der anhaltende Fleiß.
Assiette, *f.*, der Teller.
Assigner, anweisen.
Assis, sitzend; être —, sitzen.
Assistant, *m.*, der Umstehende.
Assister, beiwohnen, beistehen.
Associé, *m.*, der Verbündete.
Assommer, tödten.
Assuré, sicher; -ment, gewißlich.
Assurer, versichern.
Atome, *m.*, das Sonnenstäubchen.
Attachement, *m.*, die Anhänglichkeit.
Attacher, anbinden; binden, befestigen; s'—, sich halten, sich anschließen; sich heften.
Attaquer, angreifen.
Atteindre, erreichen.
Attelage, *m.*, das Gespann.
Atteler, anspannen.
Attendre, warten, erwarten.
Attendrir, rühren.
Attention, *f.*, die Aufmerksamkeit; les attentions, die Höflichkeitsbezeugungen.
Attentivement, aufmerksam.
Attirer, herbeiziehen; anziehen.
Attraper, erwischen.
Attrayant, anziehend, reitzend.
Attribuer, zuschreiben; s'—, sich zuschreiben.
Attribut, *m.*, der Bestandtheil.
Attrister, betrüben.
Aubaine, *f.*, der Glücksfund.
Auberge, *f.*, das Wirthshaus.
Au-delà ... de, über ... hinaus.

Au-dessus de, über.
Au-devant de, entgegen.
Augmenter, vermehren.
Aujourd'hui, heute.
Aumône, *f.*, das Almosen.
Auprès de, bei, nahe bei.
Auricule, *f.*, die Aurikel.
Aurore, *f.*, die Morgenröthe.
Aussi, auch, eben so.
Aussitôt, sogleich; — que, sobald als.
Autant, eben so viel; eben so sehr.
Auteur, *m.*, der Urheber.
Automne, *m.*, der Herbst.
Autorité, *f.*, das Ansehen.
Autour, um.
Autre, der andere; -fois, ehemals; -ment, sonst.
Autrui, *m.*, der Nächste.
Avance (d'), zum voraus.
Avancer, vorwärts gehen; vorrücken; s'—, sich nähern, vortreten, herauf kommen, voran kommen.
Avances (les), *f.*, der Vorschuß.
Avant, vor; — que, ehe.
Avantage, *m.*, der Vortheil.
Avantageux, vortheilhaft.
Avare, *m.*, der Geizhals; *adj.* geizig.
Avarice, *f.*, der Geiz.
Avec, mit.
Avenir, *m.*, die Zukunft.
Aventure, *f.*, die Begebenheit; d'—, von ungefähr.
Avertir, benachrichtigen, warnen.
Aveu, *m.*, das Geständniß.
Aveugle, blind.
Avide, gierig.
Avidité, *f.*, die Gierigkeit.
Avis, *m.*, die Warnung, die Nachricht.
Aviser (s'), den Einfall haben, sich einfallen lassen.
Avoine, *f.*, der Hafer.
Avouer, gestehen.
Azur, *m.*, die himmelblaue Farbe.
Azuré, himmelblau.

B.

Babylone, *f.*, Babylon; Babylonien, *m.*, der Babylonier.
Bagne, *f.*, der Sklavenkerker.
Baigner (se), sich baden.
Bailli, *m.*, der Amtmann.
Baiser, küssen; le —, der Kuß.
Baisser, bücken; beugen; fallen; se —, sich neigen, sich bücken; baisser les yeux, die Augen niederschlagen.
Balai, *m.*, der Besen.
Balancer, schwanken.
Baleine, *f.*, der Wallfisch; baleineau, *m.*, der kleine Wallfisch.
Balle, *f.*, die Flintenkugel; der Ball.
Bande, *f.*, die Bande.
Barbare, *m.*, der Barbar; *adj.* barbarisch.
Barbe, *f.*, der Bart.
Baromètre, *m.*, das Barometer.
Barque, *f.*, das Boot.
Bas, unten; *adj.* niedrig; ici-bas, hienieden.
Base, *f.*, der Grund, die Grundlage.
Basse-cour, *f.*, der Hühnerhof.
Bassesse, *f.*, die Niederträchtigkeit.
Bassin, *m.*, das Becken.
Bataille, *f.*, die Schlacht.
Bateau, *m.*, das Schiff.
Batelet, *m.*, das Schiffchen.
Bâtir, bauen.
Bâton, *m.*, der Stecken.
Battre, schlagen; se —, sich schlagen.
Bavard, *m.*, der Schwätzer; *adj.* schwatzhaft.
Beau, schön.
Beaucoup, viel; sehr.
Beauté, *f.*, die Schönheit.
Bec, *m.*, der Schnabel.

Bêler, blöcken.
Bénédiction, *f.*, der Segen.
Bénir, segnen.
Benoît, Benedikt.
Berceau, *m.*, die Wiege; die Laube.
Berger, *m.*, der Hirte.
Bernard, Bernhard.
Besoin, *m.*, die Noth, Nothdurft; les besoins, die Bedürfnisse.
Bestiaux, *plur.*, das Vieh.
Bétail, *m.*, das Vieh.
Bête, *f.*, das Thier.
Bien, *m.*, das Gut; das Wohl.
Bien-être, *m.*, das Wohlseyn, der Wohlstand.
Bienfaisant, wohlthätig.
Bienfait, *m.*, die Wohlthat.
Bienfaiteur, *m.*, der Wohlthäter.
Bientôt, bald.
Bienveillance, *f.*, das Wohlwollen.
Bière, *f.*, das Bier.
Bigarré, bunt, buntscheckig.
Billet d'entrée, *m.*, der Einlaßzettel.
Bis, schwarz.
Blanc, weiß.
Blanchir, weißen.
Blé, *m.*, das Getreide.
Blême, sehr bleich.
Blesser, verwunden.
Blessure, *f.*, die Wunde.
Bocage, *m.*, das Gebüsch, das Wäldchen.
Bœuf, *m.*, der Ochs.
Boire, trinken.
Bois, *m.*, das Holz; der Wa[illegible] das Geweih; — mort; abgefallenes Holz.
Boîte, *f.*, die Dose, die Schachtel.
Boiteux, hinkend.
Bombance, *f.*, der Schmaus; faire —, schmausen.
Bon, gut.
Bond, *m.*, der Sprung, Satz.
Bondir, hüpfen, springen.
Bonheur, *m.*, das Glück.
Bonté, *f.*, die Güte.
Bord, *m.*, das Ufer, der Rand.
Border, besetzen.
Borgne, einäugig.
Bosquet, *m.*, das Wäldchen.
Bosse, *f.*, die Beule; der Höcker.
Bouche, *f.*, der Mund.
Boucher, *m.*, der Metzger.
Bouclier, *m.*, der Schild.
Bouillir, sieden; faire —, kochen.
Boulanger, *m.*, der Bäcker.
Boulet, *m.*, die Kugel.
Bouquet, *m.*, der Strauß.
Bourdonnement, *m.*, das Gesumse.
Bourgade, *f.*, ein Flecken.
Bourreau, *m.*, der Henker.
Bourreler, quälen, martern.
Bourse, *f.*, der Beutel.
Bout, *m.*, das Ende; das Ziel; die Spitze.
Bouteille, *f.*, die Flasche.
Boutique, *f.*, der Laden.
Bouton, *m.*, die Knospe; der Knopf.
Brai, *m.*, der Schiffstheer.
Branche, *f.*, der Ast, der Zweig.
Branler, schütteln.
Bras, *m.*, der Arm.
Brasse, *f.*, der Klafter.
Brave, brav.
Braver, trotzen.
Brebis, *f.*, das Schaf.
Brèche, *f.*, die Lücke, Bresche.
Bref, kurz.
Bride, *f.*, der Zaum.
Brigand, *m.*, der Räuber.
Brillant, glänzend.
Briller, glänzen.
Brin, *m.*, der Halm.
Briser, zerbrechen.
Brouillard, *m.*, der Nebel.
Broussailles, *f.*, die Hecken; das Gesträuch.
Brouter, grasen, nagen, benagen.
Bruit, *m.*, das Rauschen; der Lärm; das Geräusch; das Gerücht; der Schall.
Brûlant, brennend heiß, glühend.
Brûler, brennen, verbrennen.

Brun, braun.
Brusquement, schnell.
Brutalement, grob.
Bucheron, *m.*, der Holzhacker.
Buffet, *m.*, der Speiseschrank.
Buis, *m.*, der Buchs.
Buisson, *m.*, der Busch.
Bureau, *m.*, der Zahltisch.
But, *m.*, der Zweck.
Butin, *m.*, die Beute.

C.

Cabane, *f.*, die Hütte.
Cabaret, *m.*, das Wirthshaus, die Schenke.
Cabinet, *m.*, das Cabinet.
Câble, *m.*, das Kabeltau, das Schiffseil.
Cacher, verstecken, verbergen.
Cachot, *m.*, das Gefängniß.
Cadavre, *m.*, der Leichnam.
Cadet, *m.*, der Jüngste.
Cage, *f.*, der Käfig.
Caisse, *f.*, die Kasse, die Kiste.
Caissier, *m.*, der Kassierer.
Calme, still, ruhig; —, *m.*, die Seelenruhe.
Calmer, beruhigen, stillen; se —, sich beruhigen, ruhig werden.
Camarade, *m.*, der Kamerad.
Campagnard, *m.*, der Landbewohner.
Campagne, *f.*, das Land, das Feld; maison de —, das Landhaus.
Canard, *m.*, die Ente.
Capable, fähig.
Capitaine, *m.*, der Hauptmann.
Capitale, *f.*, die Hauptstadt.
Car, denn.
Caractére, *m.*, der Buchstabe; der Charakter.
Caresse, *f.*, die Liebkosung.
Caresser, liebkosen.
Carnage, *m.*, das Gemetzel.
Carré, *m.*, das Viereck; das Beet; das Blumenbeet.
Carriére, *f.*, die Laufbahn.
Carte, *f.*, die Karte.
Caserne, *f.*, die Kaserne.
Casser, zerbrechen.
Cassette, *f.*, das Kistchen.
Castor, *m.*, der Biber.
Catherine, Katharina.
Cause, *f.*, die Ursache.
Causer, schwatzen; verursachen.
Causeur, gesprächig.
Cave, *f.*, der Keller.
Cavité, *f.*, die Höhle, Höhlung.
Céder, nachgeben; abtreten.
Ceinture, *f.*, der Gürtel.
Célébre, berühmt.
Célébrer, feiern.
Céleste, himmlisch.
Cep, *m.*, der Weinstock.
Cependant, unterdessen, dennoch.
Cercueil, *m.*, der Sarg.
Cérémonie, *f.*, der Umstand.
Cerf, *m.*, der Hirsch.
Cerise, *f.*, die Kirsche.
Certain, gewiß; -ement, gewißlich.
Cesse (sans), unaufhörlich.
Cesser, aufhören.
Chacun, jeder.
Chagrin, *m.*, der Kummer; *ad* bekümmert.
Chagriner, bekümmern, Kumm[er] verursachen.
Chaîne, *f.*, die Kette.
Chair, *f.*, das Fleisch.
Chaise, *f.*, der Stuhl.
Chaleur, *f.*, die Hitze, die Wärm[e].
Chaloupe, *f.*, das Boot.
Chambellan, *m.*, der Kammerherr.
Chambre, *f.*, das Zimmer.
Chameau, *m.*, das Kameel.
Champ, *m.*, das Feld.
Champêtre, ländlich.

Champignon, *m.*, der Pilz, Schwamm.
Chance, *f.*, der Glücksfall; die Hoffnung des Gewinns; bonne —, viel Glück.
Changement, *m.*, die Veränderung, Verwandlung.
Changer, ändern; se —, sich verwandeln.
Chanson, *f.*, der Gesang, das Lied.
Chant, *m.*, der Gesang; das Krähen;
Chanter, singen.
Chanteur, der Sänger.
Chaque, chacun, jeder.
Char, *m.*, der Wagen.
Charge, *f.*, die Last; das Amt; die Ladung; à —, zur Last.
Charger, beauftragen; belasten; beladen; aufladen; se — de, auf sich nehmen.
Charitable, barmherzig.
Charlatan, *m.*, der Marktschreier.
Charles, Karl.
Charmant, vortrefflich, herrlich, lieblich.
Charme, *m.*, der Zauber.
Charmer, entzücken.
Chasse, *f.*, die Jagd.
Chasser, fortjagen; jagen, verjagen; hinausstoßen.
Chasseur, *m.*, der Jäger.
Chat, *m.*, die Katze.
Châtain, kastanienbraun.
Château, *m.*, das Schloß.
Chaud, warm.
Chaudron, *m.*, der Kessel.
Chaudronnier, *m.*, der Kupferschmied.
Chauffer, wärmen.
Chaumière, *f.*, die Hütte.
Chaussée, *f.*, der Damm, die Landstraße.
Chemin, *m.*, der Weg.
Cheminée, *f.*, der Kamin.
Cheminer, fortwandern; fahren, gehen.
Chêne, *m.*, die Eiche.
Chenille, *f.*, die Raupe.
Cher, theuer, lieb.
Chercher, holen, suchen.
Chérir, lieben.
Chétif, schlecht, gering.
Cheval, *m.*, das Pferd.
Chevelure, *f.*, das Haupthaar.
Chevet, *m.*, das Kopfkissen.
Cheveux, *plur. m.*, die Haare.
Chèvre, *f.*, die Ziege.
Chevreuil, *m.*, der Rehbock.
Chevrotine, *f.*, die Rehposte.
Chez, bei.
Chien, *m.*, der Hund.
Chine, *f.*, China.
Choc, *m.*, der Stoß.
Choisir, wählen.
Choix, *m.*, die Wahl.
Chômer, feiern.
Chose, *f.*, die Sache.
Chou, *m.*, der Kohl, das Kraut.
Chouette, *f.*, das Käuzchen.
Chute, *f.*, der Fall.
Cicatrice, *f.*, die Narbe.
Ciel, *m.*, der Himmel.
Cigale, *f.*, die Grille.
Cime, *f.*, der Gipfel.
Circonférence, *f.*, der Umfang.
Circonstance, *f.*, der Umstand.
Cire, *f.*, das Wachs.
Citadin, *m.*, der Stadtbewohner.
Citoyen, *m.*, der Bürger.
Citrouille, *f.*, der Kürbis.
Clair, hell, klar.
Clarté, *f.*, die Klarheit.
Clémence, *f.*, die Gnade.
Climat, *m.*, der Himmelsstrich.
Clin-d'œil, *m.*, der Augenblick.
Cloche, *f.*, die Glocke.
Clochette, *f.*, das Glöckchen.
Clôture, *f.*, der Schluß, die Umzäumung.
Coche, *m.*, die Landkutsche.
Cocher, *m.*, der Kutscher.
Cœur, *m.*, das Herz.
Coin, *m.*, die Ecke.
Colère, *f.*, der Zorn.
Collet, *m.*, der Kragen.

Colline, *f.*, der Hügel.
Colonel, *m.*, der Oberst.
Combat, *m.*, der Kampf.
Combattre, bekämpfen, streiten.
Combien, wie viel; wie sehr.
Comble, *m.*, der Gipfel.
Comédien, *m.*, der Schauspieler.
Comme, wie.
Commencement, *m.*, der Anfang.
Commencer, anfangen.
Comment, wie.
Commerce, *m.*, der Handel.
Commettre, begehen.
Commode, *adj.*, bequem; *s.f.*, der Kleiderschrank.
Commuer, mildern.
Commun (en), gemeinschaftlich, gewöhnlich.
Commune, *f.*, die Gemeinde.
Communiquer, mittheilen.
Compagne, *f.*, die Gefährtin.
Compagnie, *f.*, die Gesellschaft.
Compagnon, *m.*, der Gefährte; der Kamerad; der Gesell.
Comparaison, *f.*, die Vergleichung.
Comparer, vergleichen.
Compassion, *f.*, das Mitleid.
Compenser, entschädigen.
Compère, *m.*, der Gevatter.
Complaisamment, gefällig.
Complaisance, *f.*, die Gefälligkeit.
Compliment, *m.*, das Kompliment.
Composé, bestehend; zusammengesetzt.
Comprendre, begreifen, fassen.
Compte, *m.*, die Rechnung; die Rechenschaft.
Compter, zählen; denken; rechnen.
Concevoir, hegen; begreifen.
Concilier, geneigt machen.
Concitoyen, *m.*, der Mitbürger.
Conclure, beschließen.
Condamner, verdammen, verurtheilen.
Condition, *f.*, die Bedingung.
Conduire, führen.
Conduite, *f.*, die Aufführung, das Betragen.
Confiance, *f.*, das Zutrauen, Vertrauen.
Confident, *m.*, der Vertraute.
Confier, anvertrauen.
Conflit, *m.*, der Streit, das Zusammenstoßen.
Confondre, verwechseln.
Confondu, beschämt.
Confrère, *m.*, der Mitbruder.
Confus, beschämt, verwirrt.
Confusion, *f.*, die Verwirrung.
Congé, *m.*, der Abschied.
Congédier, verabschieden.
Conjurer, beschwören.
Connaissance, *f.*, d. Bekanntschaft.
Connaître, kennen.
Conquête, *f.*, die Eroberung.
Consacrer, weihen.
Conscience, *f.*, das Bewußtseyn, das Gewissen.
Conseil, *m.*, der Rath; les conseils, die Rathschläge.
Conseiller, rathen.
Consentir, einwilligen.
Conservation, *f.*, die Erhaltung.
Conserver, behalten, erhalten.
Considérable, beträchtlich.
Considération, *f.*, die Rücksicht.
Considéré, angesehen.
Considérer, betrachten, bedenken.
Consister, bestehen.
Consolation, *f.*, der Trost.
Consoler, trösten.
Constamment, beständig.
Constance, *f.*, die Standhaftigkeit.
Construction, *f.*, die Erbauung, der Bau.
Construire, erbauen.
Consulter, um Rath fragen.
Consumer, verzehren.
Contagion, *f.*, die Seuche, ansteckende Krankheit.
Conte, *m.*, die Erzählung.
Contempler, betrachten.
Conter, erzählen; se —, sich erzählen.

Contenance, *f.*, die Haltung; das Aussehen.
Contenir, zurückhalten, in Schranken halten; enthalten, fassen.
Content, zufrieden, vergnügt.
Contenter (se), sich begnügen.
Continuel, fortdauernd, fortwährend; -lement, fortwährend.
Continuer, fortfahren, fortführen, fortsetzen.
Contracter, annehmen.
Contradiction, *f.*, der Widerspruch.
Contraire, *m.*, das Gegentheil; au —, im Gegentheil; *adj.*, widrig, entgegen.
Contre, gegen.
Contrée, *f.*, die Gegend.
Contre-temps, *m.*, die Widerwärtigkeit.
Contribuer, beitragen.
Convaincre, überzeugen.
Convenable, schicklich.
Convenir, anstehen, übereinkommen.
Convexe, hochrund.
Coq, *m.*, der Hahn.
Coque, *f.*, die Schale.
Coquille, *f.*, die Schale.
Coquin, *m.*, der Schelm.
Corbeau, *m.*, der Rabe.
Corbeille, *f.*, der Korb.
Corde, *f.*, das Seil.
Cornac, *m.*, der Kornak, Elephantenführer.
Corne, *f.*, das Horn.
Corniche, *f.*, der Kranz; das Karnieß.
Corps, *m.*, der Körper; das Regiment.
Correction, *f.*, die Zurechtweisung; die Strafe; die Zucht.
Correspondance, *f.*, der Briefwechsel.
Corriger, bessern; se —, sich bessern.
Corrompre, verderben.
Corroyeur, *m.*, der Gerber.
Corset, *m.*, das Leibchen.
Costume, *m.*, die Kleidung.
Côte à côte, neben einander.
Côté, *m.*, die Seite; de côté et d'autre, hin und wieder, bald da bald dort hin.
Coteau, *m.*, der Hügel.
Cou, *m.*, der Hals.
Couchant, untergehend.
Couche, *f.*, das Lager, das Bett; das Mistbeet.
Couché, liegend.
Couchée, *f.*, das Nachtlager.
Coucher, schlafen; se —, sich zu Bette legen.
Coucou, *m.*, der Guckguck.
Coudre, nähen.
Couler, laufen; fließen; zubringen.
Couleur, *f.*, die Farbe.
Couleuvre, *f.*, die Schlange.
Coup, *m.*, der Trunk; der Schlag, der Hieb; der Stich; der Stoß; coup de pierre, der Steinwurf; coup d'œil, der Blick.
Coupable, *m.*, der Schuldige; *adj.*, schuldig.
Couper, zerschneiden, fällen, abhauen.
Cour, *f.*, der Hof.
Courage, *m.*, der Muth.
Courant, *m.*, der Strom.
Courber, bücken, beugen.
Courbure, *f.*, die Krümmung.
Courir, laufen.
Couronne, *f.*, der Kranz.
Couronner, bekränzen, krönen.
Courroie, *f.*, der lederne Riemen.
Cours, *m.*, der Lauf.
Course, *f.*, das Vorankommen; der Lauf.
Court, kurz.
Courtisan, *m.*, der Hofmann.
Cousu, eingenäht.
Couteau, *m.*, das Messer.
Coûter, kosten.
Couvert, *m.*, das Gedeck.
Couverture, *f.*, die Decke, das Dach.
Couvrir, bedecken, decken.

Craie, *f.*, die Kreide.
Craindre, fürchten.
Crainte, *f.*, die Furcht.
Créancier, *m.*, der Gläubiger.
Créateur, *m.*, der Schöpfer; —, *adj.*, schöpferisch.
Création, *f.*, die Schöpfung.
Créature, *f.*, das Geschöpf.
Crédit, *m.*, der Kredit, das Zutrauen.
Créer, erschaffen.
Creuser, graben, aushöhlen.
Creux, hohl.
Crevasse, *f.*, die Ritze.
Crevassé, geborsten, rissig.
Crever, bersten.
Cri, *m.*, das Geschrei.
Crier, schreien.
Crime, *m.*, das Verbrechen.
Criminel, *m.*, der Verbrecher; —, *adj.*, verbrecherisch.
Croire, glauben, halten für...
Croître, wachsen.
Cruauté, *f.*, die Grausamkeit.
Cruel, -lement, grausam.
Cueillir, pflücken, brechen.
Cuiller, *f.*, der Löffel.
Cuir, *f.*, das Leder.
Cuirasse, *f.*, der Panzer.
Cuire, kochen, backen.
Cuisant, durchdringend, beißend.
Cuisinier, *m.*, der Koch.
Cultivateur, *m.*, der Ackersmann, Landbauer.
Cultiver, ausüben; anbauen; warten; bauen.
Culture, *f.*, die Pflege.
Curé, *m.*, der Pfarrer.
Curieux, neugierig, merkwürdig.
Curiosité, *f.*, die Neugierde; die Wißbegierde; die Merkwürdigkeit.

D.

Daigner, geruhen.
Dame, *f.*, die Dame.
Danger, *m.*, die Gefahr.
Dangereux, -sement, gefährlich.
Dans, in.
Danser, tanzen.
Davantage, mehr.
Débarquer, aussteigen; ausschiffen.
Débarrasser, von einer Last befreien.
Débattre (se), sich sträuben.
Débauche, *f.*, die Ausschweifung.
Débiter, verkaufen.
Déboucher, den Pfropf wegnehmen.
Débris, *m. pl.*, die Stücke.
Débuter, zum ersten Male auftreten.
Déceler (se), sich zu erkennen geben.
Décent, anständig.
Déchiffrer, entziffern.
Déchirer, zerreißen.
Déchu, in Ungnade gefallen.
Décider, entscheiden; se —, sich entscheiden; sich entschließen.
Déclin, *m.*, die Neige.
Décolorer, entfärben.
Décorer, zieren; ausschmücken.
Décourager, entmuthigen.
Découvrir, aufdecken; entdecken.
Décret, *m.*, der Beschluß.
Décroître, hinsterben.
Dédaigner, verschmähen.
Dédaigneux, hochmüthig.
Dédain, *m.*, die Verachtung.
Dédommagement, *m.*, die Entschädigung.
Dédommager, entschädigen.
Défaillance, *f.*, die Ohnmacht.
Défaillant, abgemattet.
Défait, entstellt.
Défaut, *m.*, der Fehler.
Défendre, verbieten; vertheidigen.
Défenses, *f. pl.*, die Hauzähne.
Défier (se), mißtrauen.
Dégager, losmachen.
Dégât, *m.*, der Schaden; die Verwüstung.

Dégourdir, biegsam machen.
Dégoût, *m.*, der Ekel.
Dégoûté, überdrüssig.
Dégoûter qqn. de qch., einem etwas verleiden.
Degré, *m.*, die Stufe, die Staffel.
Dehors, hinaus; —, *m.*, die Außenseite; das Aeußere.
Déjà, schon.
Déjeûner, frühstücken.
Délayer, verdünnen, einrühren.
Délicat, zart.
Délicatesse, *f.*, das Zartgefühl, die feine Aufmerksamkeit.
Délices, *pl. f.*, die Wonne; die Freude.
Délicieux, köstlich, kostbar.
Délié, schlank; fein.
Délirer, irre reden.
Délit, *m.*, das Verbrechen.
Délivrer, befreien.
Demain, morgen.
Demande, *f.*, die Frage; das Begehren; die Bitte.
Demander, fragen; bitten; begehren; erfordern.
Démarche, *f.*, der Gang.
Démesuré, übermäßig groß.
Demeure, *f.*, die Wohnung.
Demeurer, wohnen; bleiben.
Demi, halb.
Dénouement, *m.*, die Entwicklung; der Ausgang.
Dénouer, aufknöpfen.
Dent, *f.*, der Zahn.
Département, *m.*, das Departement.
Dépecer, zerstücken.
Dépeindre, schildern.
Dépendance, *f.*, die Abhängigkeit.
Dépendre, abhängen.
Dépenser, ausgeben; verschwenden.
Dépit, *m.*, der Verdruß; en —, trotz.
Déplier, entfalten, aufbiegen.
Déplorable, beklagenswerth; jämmerlich.
Déposer, niederlegen.
Dépouille, *f.*, der (entrissene) Theil; die Beute.
Dépouillé, entblößt; entblättert.
Dépouiller, berauben; se —, sich entäußern.
Dépourvu, nicht versehen; dürftig.
Depuis, seitdem; von... an; von.
Déraciner, entwurzeln.
Dernier, der Letzte; -érement, letzthin.
Dérober, entwenden; stehlen.
Derrière, hinter; —, *m.*, der Hintere; de — ..., hinter....
Dès, von... an; — que, sobald als.
Désaltérer (se), den Durst löschen.
Descendre, hinabsteigen; hinabgehen; absteigen; herunternehmen; herunterlassen; hinabreichen.
Désennuyer, die Langeweile vertreiben.
Désert, *m.*, die Wüste.
Déserteur, *m.*, der Ausreißer.
Désertion, *f.*, das Ausreißen.
Désespoir, *m.*, die Verzweiflung.
Déshonorer, entehren.
Désir, *m.*, der Wunsch, das Verlangen.
Désirer, wünschen, verlangen.
Désobéir, ungehorsam seyn.
Désobéissance, *f.*, der Ungehorsam.
Désœuvrement, *m.*, der Müssiggang.
Désolé, untröstlich; trostlos.
Désoler, bekümmern.
Désordre, *m.*, die Unordnung; les -s, das unordentliche Leben.
Désormais, künftighin.
Dessécher, austrocknen.
Dessein, *m.*, der Zweck; das Vorhaben.
Dessert, *m.*, der Nachtisch.
Desservir, abtragen.
Dessous, unten; le —, der Untertheil.
Dessus, oben; darüber; là —, hierauf; par —, über.

Destin, *m.*, das Schicksal.
Destination, *f.*, der Gebrauch; die Bestimmung.
Destinée, *f.*, das Schicksal.
Destiner, bestimmen.
Destructeur, *m.*, der Zerstörer.
Destruction, *f.*, die Zerstörung.
Détachement, *m.*, das Detaschement; die Abtheilung.
Détacher, abschicken; losmachen; ablösen; se —, sich losmachen.
Détails, *m. pl.*, die Umstände.
Déterminer, bestimmen; se —, sich entschließen.
Déterrer, ausgraben, ausstöbern.
Détestable, abscheulich.
Détester, verabscheuen.
Détour, *m.*, die Ecke.
Détourner, abziehen; abwenden; ablenken.
Détruire, zerstören.
Dette, *f.*, die Schuld.
Deuil, *m.*, die Trauer.
Devant, vor; de —, vorder.
Devenir, werden.
Dévider, abhaspeln.
Deviner, errathen.
Devoir, schuldig seyn; verdanken; sollen, müssen; —, *m.*, die Pflicht.
Dévorer, verzehren.
Dévouement, *m.*, die Aufopferung; die Ergebenheit.
Diable, *m.*, der Teufel.
Diamètre, *m.*, der Durchschnitt.
Diète, *f.*, die Diät; faire —, nur wenig essen.
Dieu, Gott.
Différent, verschieden.
Différer, zögern; verschieden seyn.
Difficile, schwer; -ment, wunderlich.
Difficulté, *f.*, die Schwierigkeit.
Difforme, häßlich; ungestaltet.
Digérer, verdauen.
Digne, würdig.
Dignité, *f.*, die Würde.

Digue, *f.*, der Damm.
Diligence, *f.*, der Fleiß; die Ei fertigkeit.
Diligent, fleißig, hurtig.
Dimanche, *m.*, der Sonntag.
Diminuer, abnehmen; verminder
Dîner, zu Mittag essen; *s. m.* das Mittagessen.
Dire, sagen.
Directeur, *m.*, der Direktor.
Diriger, leiten; lenken.
Discours, *m.*, die Rede.
Disette, *f.*, der Mangel, die Not
Disgrâce, *f.*, die Ungnade.
Disparaître, verschwinden.
Dispenser, freimachen; freispr chen; se —, sich überheben, u terlassen.
Disperser, zerstreuen; se —, s zerstreuen.
Disposer, anordnen; se —, s anschicken; sich rüsten.
Disposition, *f.*, die Neigung; A lage.
Dispute, *f.*, der Streit.
Disputer, streiten; se —, sich u etwas streiten.
Dissipation, *f.*, die Zerstreuun Verschwendung.
Dissiper, zerstreuen; verschwend
Distance, *f.*, die Entfernung; Strecke.
Distinction, *f.*, der Unterschi die Auszeichnung.
Distingué, ausgezeichnet.
Distinguer, unterscheiden; deutl sehen.
Distraction, *f.*, die Zerstreuung
Distraire, abziehen.
Distribuer, vertheilen; austheil
Diurne, täglich; papillon — Tagfalter.
Divers, verschieden.
Divertir (se), sich belustigen.
Divin, göttlich.
Diviser, theilen; vertheilen.
Dixième, der Zehnte.

Docile, gelehrig.
Docilité, *f.*, die Gelehrigkeit.
Doctrine, *f.*, die Lehre.
Doigt, *m.*, der Finger.
Domaine, *m.*, das Gut, Eigenthum; das Gebiet.
Domestique, *m.*, der Bediente; —, *adj.* häuslich; animal —, *m.*, das Hausthier.
Domicile, *m.*, die Wohnung.
Dominer, herrschen.
Dommage, *m.*, der Schaden.
Dompter, bezähmen; bezwingen.
Don, *m.*, das Geschenk.
Donc, denn, also.
Donner, geben.
Dorer, vergolden.
Dormeur, *m.*, der Schläfer.
Dormir, schlafen.
Dos, *m.*, der Rücken.
Double, -ment, doppelt.
Doublure, *f.*, das Futter.
Doucement, sachte; langsam; sanft.
Douceur, *f.*, das sanfte Wesen; die Sanftmuth, die Süßigkeit.
Douer, begaben.
Douleur, *f.*, der Schmerz.
Douloureux, -sement, schmerzlich.
Doute, *m.*, der Zweifel.
Douter, zweifeln; se — de ...., sich einbilden, vermuthen.
Doux, sanft; süß; angenehm; zart.
Douzaine, *f.*, das Dutzend.
Drapier, *m.*, der Tuchmacher.
Dresser, erheben; in die Höhe richten; se —, sich aufrichten.
Drogues, *f. pl.*, die Arznei.
Droit, gerade; *m.*, das Recht; la droite, *f.*, die rechte Hand; à droite, rechts.
Droiture, *f.*, Geradheit; Rechtlichkeit; Ehrlichkeit.
Drôle, *m.*, der närrische Kerl; der Tropf.
Dromadaire, *m.*, das Dromedar.
Dur, hart.
Durci, abgehärtet.
Durée, *f.*, die Dauer.
Durer, dauern.
Dureté, *f.*, die Härte.
Duvet, *m.*, der Flaum.

E.

Eau, *f.*, das Wasser; — -de-vie, *f.*, der Branntwein.
Ébattre (s'), sich herumtreiben.
Ébranler, erschüttern.
Écaille, *f.*, die Schale.
Écarlate, *f.*, der Scharlach.
Écart (à l'), beiseite.
Écarter (s'), abweichen.
Échapper, durchkommen; s'—, entwischen.
Échauffer, erwärmen; s'—, sich erhitzen.
Écheveau, *m.*, der Strang.
Écho, *m.*, der Wiederhall.
Éclairé, aufgeklärt.
Éclairer, erleuchten.
Éclaireur, *m.*, der Spion; einer der auf Entdeckung ausgeht.
Éclaircir, aufklären.
Éclat, *m.*, der Glanz.
Éclater, ausbrechen in...
Éclore, ausschlupfen.
Écluse, *f.*, die Schleuße.
École, *f.*, die Schule.
Économe, sparsam, haushälterisch; *s. m.*, der Haushalter.
Économie, *f.*, die Sparsamkeit; das Ersparniß; les —s, *pl.*, die Ersparnisse.
Écorce, *f.*, die Rinde.
Écorchure, *f.*, die Schramme.
Écouler (s'), verfließen.
Écouter, hören.
Écraser, zerdrücken; todtschlagen.
Écrevisse, *f.*, der Krebs.
Écrier (s'), ausrufen.

Écrire, schreiben.
Écriture, *f.*, die Schrift.
Écrouler (s'), zusammenfallen.
Écu, *m.*, der Thaler.
Écureuil, *m.*, das Eichhörnchen.
Écurie, *f.*, der Pferdestall.
Édifice, *m.*, das Gebäude.
Éducation, *f.*, die Erziehung.
Effet, *m.*, die Wirkung; en —, wirklich; in der That.
Effilé, lang und schmal.
Efforcer (s'), sich anstrengen; sich bemühen.
Effort, *m.*, die Gewalt; *pl.*, die Bemühungen.
Effrayer, erschrecken.
Effroi, *m.*, der Schrecken.
Effroyable, schrecklich.
Égal, gleich; -ement, gleicher Weise; gleichmäßig.
Égaler, gleichkommen.
Égard (à l'), in Hinsicht auf...; was.... betrifft; en — à, rücksichtlich des (der).
Égarement, *m.*, die Verwirrung.
Église, *f.*, die Kirche.
Égorger, erwürgen, tödten.
Eh bien, wohlan.
Élancer (s'), springen; schnell auf Einen zuschwimmen; auf etwas losfahren.
Élargir (s'), sich erweitern; ausdehnen.
Élastique, elastisch.
Élégance, *f.*, die Zierlichkeit.
Éléphant, *m.*, der Elephant.
Éléve, *m.*, der Zögling; Schüler.
Élevé, erhaben.
Élever, aufziehen; erziehen; erheben; errichten; aufführen.
Éloge, *m.*, das Lob.
Éloigner, entfernen.
Éloquence, *f.*, die Beredsamkeit.
Éluder, ausweichen.
Émaillé, geschmückt.
Embarras, *m.*, die Verlegenheit.
Embarrasser (s'), sich verwirren.
Embellir, verschönern.
Embrasser, umarmen; umfassen.
Émeraude, *f.*, der Smaragd.
Emmener, fortführen.
Émotion, *f.*, Rührung.
Emparer (s'), sich bemeistern.
Empêcher, verhindern; s'—, sich enthalten.
Empereur, *m.*, der Kaiser.
Empire, *m.*, das Reich; die Herrschaft.
Empirée, *m.*, der höchste Himmel.
Empirique, *m.*, der Marktschreier.
Emplir, füllen.
Emploi, *m.*, das Amt; die Stelle; der Gebrauch.
Employer, anwenden; gebrauchen.
Empocher, einstecken.
Emporté, hingerissen; jähzornig.
Emportement, *m.*, die Aufwallung, der Zorn.
Emporter, forttragen; den Sieg davon tragen; fortführen; mitnehmen.
Empressé, eilig; geschäftig.
Empressement, *m.*, die Begierde; der Eifer.
Empresser (s'), sich beeifern.
Emprisonner, einthürmen.
Emprunter, entlehnen.
Emprunteuse, *f.*, die Entlehnerin.
Ému, bewegt; gerührt.
Enceinte, *f.*, der Umfang, Umkreis.
Enchaînement, *m.*, die Verkettung.
Enchaîner, in Ketten legen; verketten.
Enchanté, entzückt.
Encore, noch.
Endommager, beschädigen.
Endormir, einschläfern; s'—, einschlafen.
Endosser, anziehen.
Endroit, *m.*, der Ort.
Enduire, überstreichen.
Enfance, *f.*, die Kindheit.

Enfant, *m.*, das Kind.
Enfermer, einschließen; einsperren.
Enfin, endlich.
Enflammé, brennend.
Enflammer, entzünden.
Enflé, strotzend.
Enfoncer, hineinstecken; eingraben; s'—, versinken.
Enfoui, vergraben.
Enfuir (s'), entfliehen.
Engagement, *m.*, die Anwerbung.
Engager, anwerben; auffordern.
Engouffré, verschlungen.
Engourdi, erstarret.
Engourdir, einschläfern; erstarren machen.
Engrais, *m.*, der Dünger.
Enhardir, kühn machen.
Énigme, *f.*, das Räthsel.
Enivrer, berauschen.
Enlever, wegnehmen.
Ennemi, *m.*, der Feind; *adj.*, feindlich.
Ennuyer, Langeweile machen; s'—, Langeweile haben.
Ennuyeux, langweilig.
Enorgueillir (s'), stolz werden.
Énorme, ungeheuer groß.
Enrichir, bereichern.
Enrôlé, angeworben.
Ensanglanté, blutig.
Enseigne, *m.*, der Fähndrich.
Enseigner, lehren.
Ensemble, mit einander; *m.*, das Ganze; das Zusammenwirken.
Enserrer, einschließen.
En sorte que, so daß.
Ensuite, hernach.
Entasser, aufhäufen.
Entendre, hören; verstehen; c'est -u, es ist ausgemacht.
Entendu, eingerichtet.
Enter, pfropfen.
Enterrement, *m.*, das Begräbniß.
Enterrer, begraben.
Entier, ganz; -ément, gänzlich.
Entour (à l'), rings um.
Entrailles, *f. pl.*, das Eingeweide; das Innere.
Entraîner, fortziehen; mit sich fortreißen.
Entre, zwischen.
Entrée, *f.*, der Eingang.
Entrelacer, einflechten.
Entremêler (s'), sich hinein mischen.
Entreprendre, unternehmen.
Entreprise, *f.*, die Unternehmung.
Entrer, hineingehen.
Entretenir, unterhalten.
Entretien, *m.*, die Unterhaltung; der Unterhalt.
En vain, vergebens; umsonst.
Enveloppe, *f.*, die Hülle.
Envelopper, hüllen.
Envers, gegen.
Envie, *f.*, der Neid; die Lust.
Envier, beneiden.
Environ, ungefähr; les —s, die Umgegend.
Envoler (s'), fortfliegen.
Envoyer, schicken.
Épais, dick; dicht.
Épaisseur, *f.*, die Dicke.
Épargner, schonen; sparen.
Épars, zerstreut.
Épée, *f.*, der Degen.
Épi, *m.*, die Aehre.
Épier, scharf beobachten, lauern.
Épine, *f.*, der Dorn.
Époque, *f.*, der Zeitpunkt.
Épouse, *f.*, die Gattin.
Épouser, heirathen.
Épouvantable, entsetzlich.
Épouvanté, entsetzt.
Épouvanter, erschröcken.
Époux, *m.*, der Gatte.
Épreuve, *f.*, die Prüfung.
Éprouver, prüfen; erfahren; empfinden.
Épuisement, *m*, die Erschöpfung.
Épuiser, erschöpfen.
Équipage, *m.*, die Mannschaft des Schiffes; der Afzug, Aufzug.

Ermite, *m.*, der Einsiedler.
Erreur, *f.*, der Irrthum.
Escalier, *m.*, die Treppe.
Escarpé, steil.
Esclavage, die Sklaverei.
Esclave, *m.*, der Sklave.
Espace, *m.*, der Raum.
Espagnol, spanisch; *m.*, der Spanier.
Espèce, *f.*, die Art.
Espérance, *f.*, die Hoffnung.
Espérer, hoffen.
Espoir, *m.*, die Hoffnung.
Esprit, *m.*, der Geist; der Verstand.
Esquif, *m.*, der Nachen.
Esquiver (s'), sich fortmachen.
Essai, *m.*, der Versuch; die Probe.
Essayer, versuchen.
Estimable, achtbar.
Estime, *f.*, die Achtung.
Estimer, achten.
Estomac, *m.*, der Magen.
Et, und.
Étable, *f.*, der Stall.
Établir, errichten; aufführen; s'—, sich festsetzen; stellen; sich niederlassen.
Établissement, *m.*, die Anstalt; Niederlassung; Ansiedelung.
Étage, *m.*, das Stockwerk.
Étaler, ausbreiten; auskramen.
Étang, *m.*, der Teich; Weiher.
État, *m.*, der Stand; Zustand; en —, im Stand, fähig.
Étayer, stützen.
Été, *m.*, der Sommer.
Éteindre, auslöschen; besänftigen.
Étendre, ausstrecken.
Étendue, *f.*, die Ausdehnung; die Fläche; die Strecke.
Éternel, ewig.
Éternité, *f.*, die Ewigkeit.
Étienne, *m.*, Stephan.
Étincelant, funkelnd.
Étoffé, ausgestattet.
Étoile, *f.*, der Stern.
Étoilé, gestirnt.
Étonnant, Erstaunen erregend.
Étonné, verwundert.
Étonnement, *m.*, die Verwunderung.
Étonner, in Erstaunen setzen.
Étouffer, ersticken.
Étourdi, leichtsinnig.
Étourdir, betäuben; s'—, sich etwas in den Kopf setzen.
Étrange, seltsam; außerordentlich.
Étranger, fremd.
Étrangler, erwürgen.
Être, seyn; *m.*, das Wesen.
Étroit, schmal.
Étudier, studiren.
Europe, *f.*, Europa.
Évanouir, s'—, verschwinden; ohnmächtig werden.
Éveiller, aufwecken; s'—, aufwachen.
Événement, *m.*, die Begebenheit.
Évident, deutlich, offenbar.
Éviter, vermeiden.
Examiner, untersuchen.
Excellent, vortrefflich.
Exceller, sich auszeichnen.
Excepter, ausnehmen.
Excès, *m.*, die Ausschweifung.
Exciter, erregen.
Exclamation, *f.*, der Ausruf.
Excursion, *f.*, die Streiferei.
Excuser, entschuldigen.
Exécuter, vollführen, ausführen.
Exécution, *f.*, die Vollziehung, Vollführung.
Exemple, *m.*, das Beispiel.
Exempt, frei.
Exercer, üben; treiben; ausüben.
Exercice, *m.*, die Uebung; die Waffenübung; die Bewegung.
Exhaler, ausdünsten; aushauchen.
Exhorter, ermahnen.
Existence, *f.*, das Daseyn.
Exister, leben.
Expédient, *m.*, das Hülfsmittel.
Expédition, *f.*, die Unternehmung; die Wanderung.

Expérience, *f.*, die Erfahrung; der Versuch.
Expier, büßen.
Expirer, sterben.
Expliquer, erklären.
Exposer, aussetzen; Preis geben; der Gefahr aussetzen.
Expression, *f.*, der Ausdruck
Exprimer, ausdrücken; auspressen.
Extérieur, *m.*, das Aeußere.
Exterminer, ausrotten.
Extraordinaire, außerordentlich.
Extravagant, ausschweifend.
Extrême, -ment, außerordentlich.

F.

Fable, *f.*, die Fabel.
Fabuliste, *m.*, der Fabeldichter.
Face, *f.*, die Oberfläche.
Fâcher, erzürnen; se —, bös werden.
Fâcheux, verdrießlich; ärgerlich; nachtheilig.
Facile, -ment, leicht.
Facilité, *f.*, die Leichtigkeit.
Façons, *f. pl.*, die Umstände.
Faculté, *f.*, die Fähigkeit.
Fagot, *m.*, die Welle.
Faible, schwach.
Faiblesse, *f.*, die Schwäche.
Faim, *f.*, der Hunger.
Fainéant, *m.*, der Träge; Müßiggänger.
Faire, machen; lassen; sich stellen.
Faîte, *m.*, der Gipfel.
Famille, *f.*, die Familie.
Famine, *f.*, die Hungersnoth.
Fanon, *m.*, die Barte.
Fantôme, *m.*, das Gespenst.
Fardeau, *m.*, die Last.
Fatigue, *f.*, die Beschwerde; die Ermüdung.
Fatiguer, ermüden.
Faucon, *m.*, der Falke.
Fausset, *m.*, die Fistel.
Fausseté, *f.*, die Falschheit.
Faut (il), man muß.
Faute, *f.*, der Fehler; die Schuld.
Fauvette, *f.*, die Grasmücke.
Faux, *f.*, die Sense.
Faux-monnayeur, *m.*, der Falschmünzer.
Faveur, *f.*, die Gunst.
Favori, *m.*, der Liebling.
Favoriser, begünstigen.
Fécondité, *f.*, die Fruchtbarkeit.
Feindre, sich stellen.
Femelle, *f.*, das Weibchen.
Femme, *f.*, die Frau.
Fendre, spalten; durchschneiden.
Fenêtre, *f.*, das Fenster.
Fente, *f.*, die Spalte.
Fer, *m.*, das Eisen; die Waffe; les —s, die Bande, die Ketten; — à cheval, *m.*, das Hufeisen.
Ferme, *f.*, der Meierhof.
Fermement, fest.
Fermer, zuschließen.
Fermeté, *f.*, die Festigkeit.
Fermier, *m.*, der Pächter.
Féroce, wild.
Férocité, *f.*, die Wildheit.
Festin, *m.*, das Gastmahl.
Fête, *f.*, das Fest.
Feu, *m.*, das Feuer.
Feuillage, *m.*, das Laubwerk.
Feuille, *f.*, das Blatt; *adj.*, — -morte, braungelb.
Ficelle, *f.*, der Bindfaden; die Schnur.
Fidèle, getreu; -ment, treulich.
Fidélité, *f.*, die Treue.
Fier, stolz.
Fier (se), sich verlassen.
Fièrement, stolz.
Fièvre, *f.*, das Fieber.
Figue, *f.*, die Feige.
Figure, *f.*, das Gesicht; die Gestalt.
Figurer, erscheinen; se —, sich vorstellen.

Fil, *m.*, der Faden.
Filer, abspinnen.
Filet, *m.*, das Netz.
Filial, kindlich.
Fille, *f.*, die Tochter.
Fils, *m.*, der Sohn.
Fin, *f.*, das Ende.
Finance (homme de), der Capitalist.
Financier, der Capitalist.
Finir, endigen.
Fixe, fest; unbeweglich; bestimmt; fixement, fest; steif.
Fixer (se), sich heften; sich festsetzen; bei einem Stande bleiben.
Flairer, beriechen.
Flambeau, *m.*, die Fackel; das Licht.
Flamme, *f.*, die Flamme.
Flancs, *m. pl.*, der Schoos.
Flatteur, *m.*, der Schmeichler; —, *adj.*, einladend; schmeichlerisch; angenehm, erfreulich.
Fléchir, beugen.
Flétrir, verwelken.
Fleur, *f.*, die Blume; Blüthe.
Fleuraison, *f.*, die Blüthenzeit.
Fleurir, blühen.
Fleuve, *m.*, der Strom.
Flexible, biegsam.
Flocon, *m.*, die Flocke.
Flot, *m.*, die Welle; das Wasser.
Flots (les), *m.*, die Fluthen.
Foi, *f.*, der Glaube; die Treue.
Foin, *m.*, das Heu.
Foire, *f.*, der Jahrmarkt.
Fois, *f.*, das Mal; à la —, zugleich.
Folie, *f.*, die Narrheit.
Fonction, *f.*, die Verrichtung; das Amt.
Fond, *m.*, der Grund; das Innerste; de — en comble, von Grund aus.
Fondement, *m.*, der Grund; die Grundlage.
Fonder, gründen.
Fondre, herabstürzen; stoßen, zerschmelzen; zerfließen.
Fonds (le), das Capital; les —, die Casse; die Gelder.
Forçat, *m.*, der Galeerensklave.
Force, *f.*, die Stärke; Gewalt, die Kraft; à — de, durch vieles.
Forcer, zwingen; nöthigen.
Forêt, *f.*, der Wald.
Forfait, *m.*, das Verbrechen.
Forme, *f.*, die Gestalt.
Former, bilden; bauen.
Fort, *adj.*, stark; —, *adv.*, sehr -ement, sehr; stark.
Fortifier, stärken; se —, zunehmen wachsen.
Fortune, *f.*, das Glück; das Vermögen.
Fortuné, beglückt, begütert.
Fosse, *f.*, das Grab.
Fossé, *m.*, der Graben.
Fou, närrisch; —, *m.*, der Narr.
Foudre, *f.*, der Blitz; der Donner.
Fouiller, nachsuchen.
Foule, *f.*, die Menge.
Fouler aux pieds, mit den Füßen zertreten.
Four, *m.*, der Ofen; Backofen.
Fourmi, *f.*, die Ameise.
Fourmilière, *f.*, der Ameisenhaufen.
Fournir, liefern.
Fourrer, füttern.
Fourreur, *m.*, der Kürschner.
Fourrier, *m.*, der Furrier.
Fourrure, *f.*, der Pelz.
Fraças, *m.*, das Krachen.
Fracassé, zerschmettert.
Fraîcheur, *f.*, die Frische.
Frais, frisch; —, *m. pl.*, die Unkosten.
Fraise, *f.*, die Erdbeere.
Franc, freimüthig; frei; —, *m.*, der Franken.
Français, *m.*, der Franzose.
France, *f.*, Frankreich.
Franchir, überspringen.
Franchise, *f.*, die Offenherzigkeit Freimüthigkeit.

Franger, mit Fransen besetzen.
Frappé, betroffen.
Frapper, schlagen; auffallen; stampfen.
Fraternel, brüderlich.
Frayeur, *f.*, der Schrecken.
Fréderic, *m.*, Friedrich.
Frêle, gebrechlich.
Frelon, *m.*, die Hornisse.
Frémir, beben; schaudern; zittern.
Fréquent, häufig.
Fréquenter, besuchen.
Frére, *m.*, der Bruder.
Friand, leckerhaft.
Friche, *f.*, ungebautes Feld.
Frimas, *m.*, der Frost.
Fripon, *m.*, der Schelm.
Frisson, *m.*, der Schauder.
Frissonner, schaudern.
Froid, kalt; kaltsinnig; —, *m.*, die Kälte.
Froidement, kalt; gleichgültig.
Froideur, *f.*, die Kälte.
Fromage, *m.*, der Käs.
Froment, *m.*, der Waizen.
Fronde, *f.*, die Schleuder.
Front, *m.*, die Stirne.
Frugal, mäßig.
Fruit, *m.*, die Frucht.
Fruits, *m. pl.*, das Obst.
Fuir, fliehen.
Fuite, *f.*, die Flucht.
Fumer, düngen, rauchen.
Funérailles, *f. pl.*, das Leichenbegängniß.
Funeste, unglückselig; unheilbringend.
Furet, *m.*, die Frette.
Fureur, *f.*, die Wuth.
Furie, *f.*, die Furie (die Rachegöttin.)
Furieux, wüthend.
Furtivement, heimlich.
Fusil, *m.*, die Flinte.

G.

Gâcher, einrühren.
Gage, *f.*, der Lohn; das Unterpfand; les —s, der Lohn.
Gagner, gewinnen; verdienen; erreichen.
Gai, fröhlich.
Gaieté, *f.*, die Fröhlichkeit.
Gaillard, lustig, muthwillig.
Gain, *m.*, der Verdienst; der Gewinn.
Galères, *f.*, die Galeeren.
Galérien, *m.*, der Galeerensklave.
Galoper, galoppiren.
Gambade, *f.*, der Sprung; der Satz.
Gambader, Sätze nehmen.
Gant, *m.*, der Handschuh.
Ganter, Handschuhe anziehen.
Garantir, schützen.
Garçon, *m.*, der Knabe.
Garde, *f.*, die Wache.
Garder, behalten; aufbewahren; hüten; bewachen; beobachten; se —, sich hüten.
Gardien, *m.*, der Hüter; Wächter.
Garni, besetzt.
Garnir, umgeben.
Garnison, *f.*, die Besatzung.
Gâter, verderben.
Gauche, link; à —, links.
Géant, *m.*, der Riese.
Gémir, seufzen.
Gémissement, *m.*, das Seufzen; Aechzen.
Gend'armes, *m. pl.*, die Kreuzreiter; Landreiter.
Gendre, *m.*, der Tochtermann.
Gêner (se), sich in Verlegenheit setzen; sich Zwang auflegen.
Général, allgemein; en —, überhaupt.
Généreux, großmüthig.
Générosité, *f.*, die Großmuth.
Génie, *m.*, das Genie; der Schutzgeist.

Genou, *m.*, das Knie.
Genre, *m.*, das Geschlecht; die Art.
Gens, *m. pl.*, die Leute.
Gentilhomme, *m.*, der Edelmann.
Géographie, *f.*, die Erdbeschreibung.
Geolier, *m.*, der Thurmhüter.
George, *m.*, Georg.
Gésir, liegen.
Giberne, *f.*, die Patrontasche.
Gisant, liegend.
Gîte, *m.*, das Lager; die Herberge.
Glace, *f.*, das Eis; das Spiegelglas.
Glacé, gefroren.
Glaçon, *m.*, die Eisscholle.
Gland, *m.*, die Eichel.
Glisser, schieben; se —, sich schleichen.
Globe, *m.*, die Kugel.
Gloire, *f.*, der Ruhm.
Glorieux, rühmlich.
Gorge, *f.*, die Kehle.
Gorger (se), sich anfüllen.
Gourmand, gefräßig.
Gourmandise, *f.*, die Gefräßigkeit.
Gourmer (se), sich herumpuffen.
Goût, *m.*, der Geschmack; der Hang; les —s, die Neigungen.
Goûter, schmecken; versuchen; genießen; kosten.
Goutte, *f.*, der Tropfen.
Gouverner, beherrschen; regieren; leiten.
Gouverneur, *m.*, der Statthalter.
Grabat, *m.*, das elende Bett.
Grâce, *f.*, die Gnade; der Dank; der Dienst.
Grâces (les bonnes), die Gunst; das Wohlgefallen.
Grain, *m.*, das Getreide; das Korn.
Graine, *f.*, die Beere.
Graisse, *f.*, das Fett.
Graisser, einschmieren.
Grand, groß.
Grandeur, *f.*, die Größe.
Grandir, groß werden.
Grappe, *f.*, der Kamm; die Traube.
Gras, dick.
Gravir, klettern.
Grégoire, *m.*, Gregorius.
Grêle, *f.*, der Hagel.
Griffe, *f.*, die Klaue.
Grillage, *m.*, das Gitter.
Grimper, klettern.
Gris, grau.
Gronder, heulen.
Gros, groß; dick.
Grosseur, *f.*, die Dicke; die Größe.
Grossier, grob.
Grossir, wachsen.
Guêpe, *f.*, die Wespe.
Guêpier, *m.*, das Wespennest.
Guère, nicht viel; wenig; selten.
Guérir, heilen.
Guérison, *f.*, die Heilung.
Guerre, *f.*, der Krieg.
Guerrier, *m.*, der Krieger.
Guet, *m.*, die Lauer.
Guetter, nachstellen; aufpassen.
Gueule, *f.*, der Rachen.
Guide, *m.*, der Führer.
Guider, führen; leiten.
Guillaume, Guillot, *m.*, Wilhelm.

H.

Habile, geschickt; -ment, auf eine geschickte Weise.
Habileté, *f.*, die Geschicklichkeit.
Habiller, ankleiden.
Habit, *m.*, der Rock; das Kleid.
Habitant, *m.*, der Einwohner.
Habitation, *f.*, die Wohnung.
Habiter, bewohnen.
Habitude, *f.*, die Gewohnheit.
Habituel, gewöhnlich.
Hagard, stier; verwirrt.
Haie, *f.*, der Haag.

Haïr, hassen.
Haleine, *f.*, der Athem.
Hanneton, *m.*, der Maikäfer.
Haranguer, anreden.
Hardi, kühn.
Harmonie, *f.*, die Uebereinstimmung.
Hasarder (se), sich wagen.
Hasard, *m.*, das Ungefähr; par —, von ungefähr.
Hâter, beschleunigen; se —, sich beeilen.
Hausser, steigen.
Haut, hoch; laut; *m.*, die Höhe; là- —, dort oben.
Hauteur, *f.*, die Höhe.
Hectare, *m.*, der Hektare (fünf Acker).
Hélas, ach.
Henri, *m.*, Heinrich.
Herbage, *m.*, der Graswuchs.
Herbe, *f.*, das Kraut; das Gras; mauvaise —, Unkraut.
Hérissé, gesträubt.
Hérode, Herodes.
Héros, *m.*, der Held.
Hésitation, *f.*, das Zaudern.
Hésiter, zaudern.
Heure, *f.*, die Stunde; de bonne —, früh.
Heureux, heureusement, glücklich.
Hibou, *m.*, die Eule.
Hideux, häßlich.
Hier, gestern.
Hirondelle, *f.*, die Schwalbe.
Histoire, *f.*, die Geschichte.
Historien, *m.*, der Geschichtschreiber.
Histrion, *m.*, der Bretterheld.
Hiver, *m.*, der Winter.
Homicide, *adj.*, mörderisch; —, *s. m.*, der Todtschläger.
Homme, *m.*, der Mensch.
Honnête, rechtschaffen, höflich; -ment, auf eine ehrliche Art.
Honnêteté, *f.*, die Rechtschaffenheit.
Honneur, *m.*, die Ehre; faire les —s de la maison, die Aufwartung machen.
Honorable, ehrenvoll; -ment, auf eine ehrenvolle Weise.
Honorer, ehren.
Honte, *f.*, die Schande.
Honteux, schändlich, schimpflich.
Horizon, *m.*, der Horizont.
Horloge, *f.*, die Uhr.
Horreur, *f.*, der Schrecken, Abscheu.
Horrible, entsetzlich.
Hors, außerhalb, zu ... hinaus...
Hospitalité, *f.*, die Gastfreundschaft.
Hôte, *m.*, der Wirth; der Gast, der Bewohner.
Hôtel, *m.*, der Pallast.
Huile, *f.*, das Oehl.
Humain, menschlich.
Humanité, *f.*, die Menschlichkeit.
Humble, demüthig, unterthänig.
Humeur, *f.*, die Stimmung, die Laune; bonne —, die gute Laune.
Humide, feucht.
Humidité, *f.*, die Feuchtigkeit.
Humiliant, erniedrigend.
Humilier, demüthigen.
Huppe, *f.*, der Busch.

I.

Ici, hier; —-bas, hienieden; d'—, von jetzt.
Idée, *f.*, der Begriff; die Vorstellung.
Ignace, *m.*, Ignatius.
Ignorance, *f.*, die Unwissenheit; die Unbekanntschaft.
Ignorant, unwissend.
Ignorer, nicht wissen.
Ile, *f.*, die Insel.
Illusion, *f.*, die Täuschung.
Illusoire, täuschend.
Image, *f.*, das Bild.
Imagination, *f.*, die Einbildung.
Imiter, nachahmen.
Immense, unermeßlich.

Immobile, unbeweglich.
Immobilité, *f.*, die Unbeweglichkeit.
Immortel, unsterblich.
Immuable, unabänderlich.
Impatience, *f.*, die Ungeduld.
Impatient, ungeduldig.
Impatienté, aufgebracht.
Impétueux, wild, ungestümm.
Implorer, anrufen.
Important, wichtig.
Importun, lästig.
Importuner, belästigen.
Imposant, Ehrfurcht gebietend.
Imposer, auflegen; en —, betrügen.
Impossible, unmöglich.
Imposteur, *m.*, der Betrüger.
Impôt, *m.*, die Abgabe.
Impression, *f.*, der Eindruck.
Imprévu, unvorhergesehen.
Imprudence, *f.*, die Unklugheit.
Imprudent, unklug.
Impuissant, ohnmächtig.
Impuni, unbestraft.
Incertain, ungewiß.
Incisive (dent), *f.*, der Schneidezahn.
Inclination, *f.*, die Neigung, Zuneigung; Verbeugung.
Incliner, neigen, bücken; s'—, sich neigen.
Incommode, unbequem.
Incomparable, unvergleichlich.
Inconnu, unbekannt.
Inconvénient, *m.*, das Hinderniß.
Incorporer, einverleiben.
Incroyable, unglaublich.
Inculte, ungebaut.
Inde, Indien.
Indépendant, unabhängig.
Indigent, dürftig.
Indignité (avec), unwürdig.
Indiscret, vorlaut, unbescheiden.
Indispensable, unentbehrlich.
Indisposé, unpäßlich.
Indisposition, *f.*, die Unpäßlichkeit.
Individu, *m.*, das Individuum.
Industrie, *f.*, der Kunstfleiß, Fleiß.
Industrieux, betriebsam, fleißig.
Inégal, ungleich.
Inépuisable, unerschöpflich.
Inexprimable, unaussprechlich.
Infaillible, unfehlbar.
Infamie, *f.*, die Schmach.
Infatigable, unermüdlich.
Infernal, höllisch.
Infidèle, ungetreu.
Infini, -ment, unendlich; à l'—, ins Unendliche.
Infirmité, *f.*, das Gebrechen.
Influence, *f.*, der Einfluß.
Informe, ungestalt.
Informer, unterrichten; s'—, nachfragen.
Infortuné, unglückselig.
Infructueux, fruchtlos.
Ingénieux, geistreich, erfinderisch.
Ingrat, undankbar.
Inhumain, unmenschlich.
Injure, *f.*, das Schimpfwort; das Unrecht.
Injurier, beschimpfen.
Injuste, ungerecht, unbillig.
Injustice, *f.*, die Ungerechtigkeit, die Unbilligkeit.
Innocence, *f.*, die Unschuld.
Innocent, unschuldig.
Inonder, überschwemmen.
Inquiet, unruhig.
Inquiétude, *f.*, die Unruhe.
Inscrire, einschreiben.
Insecte, *m.*, das Insekt.
Insensé, unsinnig.
Insensible, unmerklich.
Inspection, *f.*, die Durchsuchung.
Inspirer, einflößen.
Instance, *f.*, die dringende Bitte; avec —, dringend.
Instant, *m.*, der Augenblick.
Instituteur, *m.*, der Lehrer.
Instructif, lehrreich.
Instruction, *f.*, der Unterricht.

Instruire, unterrichten; belehren; einleiten.
Instrument, *m.*, das Werkzeug; Instrument.
Insultant, beleidigend.
Insulter, beleidigen, beschimpfen.
Insupportable, unerträglich.
Intarissable, unversiegbar.
Intelligence, *f.*; das Einverständniß, die Geschicklichkeit.
Intelligent, verständig; geschickt.
Intempérance, *f.*, die Unmäßigkeit.
Intention, *f.*, die Absicht.
Intercéder, vermitteln, sich verwenden.
Interdit, bestürzt.
Intérêt, *m.*, der Zins, der Antheil, das Interesse.
Intérieur, *m.*, das Innere.
Intérieurement, innerlich.
Interrompre, unterbrechen.
Intervalle, *m.*, der Zwischenraum.
Intime, innig, vertraut.
Intimité, die innige Freundschaft.
Introduire, einführen; s'—, sich eindrängen, einschleichen.
Inutile, unnütz, vergeblich; -ment, umsonst.
Inventer, erfinden.
Invincible, unüberwindlich.
Invisible, unsichtbar.
Inviter, einladen.
Involontairement, unwillkührlich.
Invoquer, anrufen.
Irriter, reizen, erregen.
Issue, *f.*, der Ausgang.
Ivoire, *m.*, das Elfenbein.
Ivresse, *f.*, die Trunkenheit.
Ivrognerie, *f.*, die Trinksucht.

J.

Jachère, *f.*, das Brachfeld.
Jacinthe, *f.*, die Hiazinthe.
Jaillir, hervorspringen.
Jalousie, *f.*, die Eifersucht.
Jaloux, eifersüchtig.
Jamais, jemals, nie; ne —, niemals.
Jambe, *f.*, das Bein.
Jardin, *m.*, der Garten.
Jardinage, *m.*, die Gärtnerei.
Jaunâtre, gelblich.
Jaune, gelb.
Jaunir, gelb werden.
Jérôme, *m.*, Hieronymus.
Jeter, werfen, versetzen, wegwerfen, ausstoßen.
Jeu, *m.*, das Spiel; — de hasard, *m.*, das Glücksspiel.
Jeune, jung.
Jeunesse, *f.*, die Jugend.
Joie, *f.*, die Freude.
Joindre, zu jemanden kommen; vereinigen.
Joint, zusammengefügt.
Joli, hübsch.
Jonc, *m.*, das Schilf, die Binse.
Joncher, bedecken, bestreuen.
Joue, *f.*, die Wange.
Jouer, spielen; se — de.., seinen Scherz mit... treiben.
Joueur, *m.*, der Spieler.
Jouir, genießen.
Jouissance, *f.*, der Genuß.
Jour, *m.*, der Tag, das Leben.
Journée, *f.*, der Tag.
Jouvenceau, *m.*, der Jüngling.
Joyeux, heiter, froh; joyeusement, fröhlich.
Jugement, *m.*, das Urtheil.
Juger, urtheilen, richten; denken.
Juillet, *m.*, der Julius.
Juin, *m.*, der Junius.
Jurer, schwören.
Jusque, bis.
Juste, gerecht, billig, richtig.
Justement, gerade.
Justice, *f.*, die Gerechtigkeit.

L.

Là, da.
Labeur, *f.*, die Arbeit; das Werk.
Laborieux, arbeitsam.
Laboureur, *m.*, der Ackersmann.
Lac, *m.*, der See.
Lâche, feig.
Lacs, *m.*, die Schlinge.
Là-dessus, hierauf.
Laine, *f.*, die Wolle.
Laisser, lassen, verlassen.
Lait, *m.*, die Milch.
Lame, *f.*, die Barte.
Lamentable, kläglich.
Lamentation, *f.*, die Klage.
Lamenter (se), jammern.
Lancer, werfen; schleudern.
Langage, *m.*, die Rede, Sprache.
Langue, *f.*, die Zunge; die Sprache.
Languissamment, kraftlos, schwach.
Languissant, schmachtend, matt.
Lapin, *m.*, das Kaninchen.
Lapon, *m.*, der Lappländer.
Laponie, *f.*, Lappland.
Lard, *m.*, der Speck.
Large, breit; weit.
Larme, *f.*, die Thräne.
Lasser (se), ermüden.
Laver, waschen.
Lécher, lecken.
Leçon, *f.*, die Aufgabe; die Lehre.
Léger, -èrement, leicht.
Légion, *f.*, die Legion.
Léguer, zutheilen.
Lendemain, *m.*, der folgende Tag.
Lentement, langsam.
Lenteur, *f.*, die Langsamkeit.
Léopard, *m.*, der Leopard.
Lestement, schnell.
Lettre, *f.*, der Brief.
Lever, erheben; aufgehen; —, *s. m.*, der Aufgang; se —, aufstehen.
Levraut, *m.*, das Häschen.
Lèvre, *f.*, die Lippe.
Lézard, *m.*, die Eidechse.
Liard, *m.*, der Heller.
Libérateur, *m.*, der Befreier.
Liberté, *f.*, die Freiheit.
Libre, frei.
Lier, fesseln, binden; se —, Bekanntschaft machen.
Lieu, *m.*, die Stelle; en dernier —, zuletzt; au — de, anstatt.
Lieue, *f.*, die Meile, Stunde.
Ligne, *f.*, die Zeile.
Limaçon, *m.*, die Schnecke.
Limpide, hell, klar.
Linot, *m.*, -e, *f.*, der Hänfling.
Lion, *m.*, der Löwe; -ne, die Löwin.
Liqueur, *f.*, das Getränk.
Lire, lesen.
Lis, *m.*, die Lilie.
Lisière, *f.*, der Rand.
Lit, *m.*, das Bett.
Litière, *f.*, die Streu.
Livre, *m.*, das Buch; —, *f.*, das Pfund.
Livrer, ausliefern; se —, sich ergeben; sich widmen.
Loger, wohnen.
Logis, *m.*, die Wohnung.
Loi, *f.*, das Gesetz.
Loin, weit, entfernt.
Lointain, *m.*, die Ferne; —, *adj.*, entfernt; fern.
Long, lang; —, *m.*, die Länge; le —, längs.
Long-temps, lange Zeit.
Longueur, *f.*, die Länge.
Lorsque, als; wenn.
Loterie, *f.*, die Lotterie.
Louis, *m.*, Ludwig; le —, der Louisd'or.
Loup, *m.*, der Wolf.
Lourd, schwer.
Loyalement, ehrlich.
Lucratif, einträglich, ergiebig.

Lueur, *f.*, der Schein; die Helle.
Lumière, *f.*, das Licht; les —s, die Einsichten.
Lune, *f.*, der Mond.
Luxe, *m.*, die Pracht; die Ueppigkeit.

M.

Machine, *f.*, die Maschine.
Mâchoire, *f.*, die Kinnlade, der Kinnbacken.
Magasin, *m.*, das Magazin, die Vorrathskammer.
Magistrat, *m.*, die obrigkeitliche Person, die Obrigkeit.
Magnanime, großmüthig.
Magnificence, *f.*, die Pracht, Herrlichkeit.
Magnifique, -ment, herrlich, prächtig, prachtliebend.
Mai, *m.*, der Mai.
Majestueux, majestätisch.
Maigre, mager.
Main, *f.*, die Hand.
Maint, mancher.
Maintenant, jetzt, nun.
Maintenir, erhalten, handhaben.
Mais, aber, allein; (nach nicht) sondern.
Maison, *f.*, das Haus.
Maisonnette, *f.*, das Häuschen.
Maître, *m.*, der Meister, Herr.
Maîtrise, *f.*, die Meisterschaft.
Mal, *m.*, das Böse, Uebel, Unrecht, Wehe; *plur.*, die Leiden, das Unglück; *adv.*, übel, böse, unartig, schlecht.
Malade, krank.
Maladie, *f.*, die Krankheit.
Mal-aisé, schwer, mühsam (zu befahren).
Mâle, *m.*, das Männchen.
Malédiction, *f.*, der Fluch.
Malfaisant, schädlich, boshaft, bösartig.
Malgré, ungeachtet; wider Willen.
Malheur, *m.*, das Unglück; *plur.*, die Unglücksfälle, das Unglück; *interj.*, wehe.
Malheureux, -sement, unglücklich.
Malin, boshaft, bösartig.
Malpropreté, *f.*, die Unreinlichkeit.
Mal-sain, ungesund.
Maltraiter, mißhandeln.
Maman, *f.*, die Mutter, Mama.
Manche, *m.*, der Stiel, das Heft; *f.*, der Aermel.
Mânes, *m. pl.*, die Schatten, Seelen der Verstorbenen.
Manger, essen; fressen, verzehren.
Manier, behandeln, angreifen, mit etwas umgehen.
Manière, *f.*, die Art; *plur.*, die Art, das Betragen; de — à, *conj.*, so daß.
Manœuvre, *f.*, die Bewegung, Uebung; *m.*, der Taglöhner, Handlanger.
Manquer, fehlen, verfehlen, ermangeln; manquer de faire qch., beinahe etwas thun.
Marbre, *m.*, der Marmorstein.
Marbré, marmorirt.
Marchand, *m.*, der Kaufmann, Handelsmann.
Marche, *f.*, der Gang, Weg; die Stufe.
Marché, *m.*, der Markt, Handel.
Marcher, gehen, zu Fuße gehen, marschiren.
Maréchal-ferrant, *m.*, der Schmied.
Mari, *m.*, der Mann, Ehemann.
Mariage, *m.*, die Ehe.
Marin, *m.*, der Seemann; *adj.*, auf der See befindlich; le monstre marin, das Seeungeheuer.
Marque, *f.*, das Zeichen, der Beweis.
Marquer, zeichnen, beweisen.

Mars, *m.*, Mars (der Kriegsgott der Römer).
Masse, *f.*, die Masse.
Masure, *f.*, die alte Mauer, das Mauerstück.
Matelot, *m.*, der Matrose.
Maternel, mütterlich.
Matière, *f.*, der Stoff, Gegenstand, die Materie.
Matin, *m.*, der Morgen.
Matinal, morgendlich; le chant —, der Morgengesang.
Matinée, *f.*, der Morgen, die Vormittagszeit.
Maturité, *f.*, die Reife, Zeitigung.
Maudire, fluchen, verfluchen.
Mauvais, böse, übel, schlecht, gering.
Maxime, *f.*, der Sittenspruch.
Méchant, *m.*, der Böse, Bösewicht; méchant, méchamment, böse, schlecht, unartig, boshaft.
Mécontent, unzufrieden, mißvergnügt.
Médecin, *m.*, der Arzt.
Médecine, *f.*, die Arznei, Arzneikunde.
Mélancolie, *f.*, die Schwermuth.
Mélancolique, schwermüthig, trübsinnig.
Mélange, *m.*, die Mischung, das Gemisch.
Mêler, mischen, vermischen; se — de qch., sich in etwas mischen, mit etwas abgeben.
Melon, *m.*, die Melone.
Membrane, *f.*, die dünne Haut, das Häutchen.
Membre, *m.*, das Glied, Mitglied.
Même, selbst, sogar; le —, der nämliche; de —, eben so.
Mémoire, *f.*, das Gedächtniß, Andenken; *m.*, die Rechnung, der Aufsatz.
Menacer, drohen, bedrohen.
Ménage, *m.*, die Haushaltung; de ménage, haushälterisch.
Ménager, sparen.
Mendiant, *m.*, der Bettler.
Mendier, betteln.
Mener, führen.
Mensonge, *m.*, die Lüge.
Menteur, *m.*, der Lügner; *adj.*, lügnerisch.
Mentir, lügen.
Mépris, *m.*, die Verachtung.
Mépriser, verachten.
Mer, *f.*, das Meer, die See.
Mère, *f.*, die Mutter.
Méridional, südlich.
Mérite, *m.*, das Verdienst.
Mériter, verdienen.
Merle, *m.*, die Amsel.
Merveille, *f.*, das Wunder; à merveille, vortrefflich.
Merveilleux, wunderbar.
Mésange, *f.*, die Meise.
Messager, *m.*, der Bote, Diener.
Mesure, *f.*, das Maß; à mesure, so wie, je nachdem.
Métier, *m.*, das Handwerk.
Mets, *m.*, das Gericht, Essen, die Speise.
Mettre, setzen, legen, stellen, stecken, anwenden; se — à, anfangen; se — en, gerathen in.
Meurtre, *m.*, der Mord.
Meurtrier, *m.*, der Mörder.
Meurtrir, quetschen, aufreißen.
Miaulement, *m.*, das Miauen.
Michel, *m.*, Michael.
Midi, *m.*, der Mittag.
Miel, *m.*, der Honig.
Milieu, *m.*, die Mitte; au milieu de, mitten in, auf, unter.
Mine, *f.*, das Aussehen, die Miene.
Mineur, *m.*, der Minirer, Schanzgräber.
Minuit, *f.*, die Mitternacht.
Minute, *f.*, die Minute.
Miracle, *m.*, das Wunder.
Miraculeux, wunderbar.
Mirer, spiegeln.
Misérable, -ment, elend.
Misère, *f.* das Elend.

Miséricorde, *f.*, die Barmherzigkeit.
Modèle, *m.*, das Muster.
Modération, *f.*, die Mäßigung.
Modeste, bescheiden.
Modestie, *f.*, die Bescheidenheit.
Mœurs, *f. pl.*, die Sitten, Gewohnheiten, Gebräuche.
Moine, *m.*, der Mönch.
Moins, weniger; au moins, du moins, wenigstens, zum wenigsten.
Mois, *m.*, der Monat.
Moitié, *f.*, die Hälfte.
Molécule, *f.*, das Theilchen.
Mollasse, weichlich, etwas weich.
Moment, *m.*, der Augenblick.
Monde, *m.*, die Welt; die Leute.
Monnoyeur, *m.*, der Münzer, Münzschläger.
Monstre, *m.*, das Ungeheuer.
Monstrueux, ungeheuer.
Montagne, *f.*, der Berg.
Monter, steigen, besteigen, ersteigen; se — à, sich belaufen auf.
Montrer, zeigen.
Moquer (se) de qch., über etwas spotten.
Moralité, *f.*, die moralische Erzählung, Lehre.
Morbleu, zum Henker! der Tausend!
Morceau, *m.*, das Stück.
Morfondu, niedergedrückt, abgemattet.
Morne, düster.
Morsure, *f.*, der Biß.
Mort, *f.*, der Tod; *adj.*, todt, gestorben.
Mortel, sterblich, tödtlich.
Mortier, *m.*, der Mörtel; Mörser.
Mot, *m.*, das Wort; le bon mot, der witzige Einfall.
Motif, *m.*, der Beweggrund.
Mou, weich.
Mouche, *f.*, die Fliege.
Moucheron, *m.*, das Mückchen.
Mouillé, naß.
Mouiller, netzen, benetzen.
Mourir, sterben; se —, dem Tode nahe seyn.
Mousquet, *m.*, die Flinte.
Mousse, *f.*, das Moos.
Mouvement, *m.*, die Bewegung.
Mouvoir, bewegen.
Moyen, *m.*, das Mittel.
Mue, *f.*, das Mausen, Mausern.
Muet, stumm.
Mufle, *m.*, die Schnauze.
Mulot, *m.*, der Hamster.
Multiplier, vermehren.
Mur, *m.*, die Mauer.
Muraille, *f.*, die Mauer, Wand.
Mûrier, *m.*, der Maulbeerbaum.
Murmure, *m.*, das Murmeln, Murren.
Murmurer, murren, murmeln.
Muscat, *m.*, die Muskatellertraube.
Museau, *m.*, die Schnauze.
Mutuellement, gegenseitig, einander.
Mystérieux, geheim, geheimnißvoll.

N.

Nacelle, *f.*, der Nachen.
Nageoire, *f.*, die Floßfeder.
Nager, schwimmen.
Naguère, kürzlich.
Nain, *m.*, der Zwerg.
Naissance, *f.*, die Geburt, Entstehung, Herkunft.
Naissant, beginnend.
Naître, geboren werden, entstehen; herkommen, wachsen.
Naïveté, *f.*, die natürliche Einfalt, Offenheit.
Nappe, *f.*, das Tischtuch.
Narcisse, *m.*, die Narzisse.
Naturaliser, an einen Himmelsstrich gewöhnen.

Nature, *f.*, die Natur.
Naturel, -lement, natürlich, von Natur.
Naturel, *m.*, das Gemüth, die Denkungsart, das Herz.
Navire, *m.*, das Schiff.
Navrer, quälen, betrüben.
Néanmoins, nichtsdestoweniger.
Nécessaire, nöthig, nothwendig.
Nécessité, *f.*, die Noth, Nothwendigkeit.
Nef, *f.*, das Schiff.
Négligence, *f.*, die Nachlässigkeit.
Négliger, vernachlässigen.
Neige, *f.*, der Schnee.
Nerf, *m.*, der Nerv, die Nerve.
Neveu, *m.*, der Neffe.
Nez, *m.*, die Nase.
Ni, weder... noch.
Nid, *m.*, das Nest.
Noble, -ment, edel.
Noblesse, *f.*, der Adel, Edelsinn, edle Anstand.
Noces, *f. pl.*, die Hochzeit.
Nocturne, nächtlich.
Noir, schwarz.
Noix, *f.*, die Nuß.
Nom, *m.*, der Name.
Nombre, *m.*, die Zahl, Anzahl.
Nombreux, zahlreich.
Nommer, nennen.
Non, nein; nicht.
Nord, *m.*, der Nord.
Nourrice, *f.*, die Amme, Säugamme.
Nourrir, nähren, ernähren.
Nourrisson, *m.*, der Pflegling.
Nourriture, *f.*, die Nahrung, Speise.
Nouveau, neu.
Nouvelle, *f.*, die Nachricht, Neuigkeit.
Nouvellement, neu, frisch.
Noyau, *m.*, der Stein, Kern.
Noyer, ertränken; se —, ertrinken.
Nu, bloß, nackt.
Nuage, *m.*, die Wolke, das Gewölk.
Nuancé, schattirt.
Nue, *f.*, die Wolke.
Nuire, schaden.
Nuisible, schädlich.
Nuit, *f.*, die Nacht.
Nullement, gar nicht, keineswegs.
Nymphe, *f.*, die Puppe (Dattel).

O.

Obéir, gehorchen.
Obéissance, *f.*, der Gehorsam.
Objet, *m.*, der Gegenstand, Zweck.
Obligation, *f.*, die Verbindlichkeit, Verpflichtung.
Obligeant, höflich, freundlich.
Obliger, nöthigen, verbinden.
Obole, *f.*, das Scherflein, der Heller, Pfennig.
Obscur, dunkel, finster.
Obscurcir, verdunkeln, verfinstern.
Observation, *f.*, die Bemerkung, Beobachtung.
Observer, beobachten, bemerken.
Obstacle, *m.*, das Hinderniß.
Obstinément, hartnäckig.
Obstiner (s'), auf etwas beharren, bestehen.
Obtenir, erhalten, erlangen.
Occasion, *f.*, die Gelegenheit, der Anlaß.
Occupation, *f.*, die Beschäftigung.
Occuper, beschäftigen.
Octogénaire, *m.*, der achtzigjährige Greis.
Odeur, *f.*, der Geruch.
Oeil, *m.*, das Auge.
Oeillet, *m.*, die Nelke.
Oeuf, *m.*, das Ei.
Oeuvre, *f.*, das Werk, die Arbeit.
Offense, *f.*, die Beleidigung.
Offenser, beleidigen.

Officier, *m.*, der Offizier, Beamte, Vorgesetzte.
Offrande, *f.*, das Opfer.
Offrir, anbieten, darreichen, darbringen.
Oh, o, oh!
Oiseau, *m.*, der Vogel.
Oisif, müssig.
Oisiveté, *f.*, der Müssiggang.
Olive, *f.*, die Olive.
Ombrage, *m.*, der Schatten.
Ombrager, beschatten.
Ombre, *f.*, der Schatten.
Onde, *f.*, das Wasser, die Fluth, Welle.
Ondulation, *f.*, die Windung, wellenförmige Bewegung.
Opération, *f.*, das Geschäft.
Opérer, bewirken.
Opulence, *f.*, der Ueberfluß, Reichthum.
Or, *m.*, das Gold.
Or, nun aber; or çà, hör', hört einmal.
Orage, *m.*, das Gewitter.
Orageux, stürmisch.
Ordinaire, -ment, gewöhnlich.
Ordonner, befehlen, anordnen.
Ordre, *m.*, die Ordnung, der Befehl.
Ordure, *f.*, der Unrath.
Oreille, *f.*, das Ohr.
Orgueil, *m.*, der Stolz, Hochmuth.
Orgueilleux, hochmüthig, stolz.
Orient, *m.*, das Morgenland.
Oriental, morgenländisch.
Origine, *f.*, der Ursprung, die Wurzel.
Orner, zieren, schmücken.
Orphelin, *m.*, die Waise.
Orvet, *m.*, die Blindschleiche.
Os, *m.*, der Knochen, das Gebein, Bein.
Oser, wagen.
Osseux, knochig.
Ostentation, *f.*, der Prunk, die Prahlerei.
Otage, *m.*, der Geißel.
Oter, nehmen, wegnehmen; s'—, sich fortmachen.
Ou, oder; ou... ou, entweder... oder.
Où, wo.
Ouais, o weh!
Oublier, vergessen.
Ouïr, hören.
Ours, *m.*, der Bär.
Outil, *m.*, das Werkzeug.
Outrage, *m.*, der Schimpf, die Beschimpfung.
Outre, außer.
Ouverture, *f.*, die Oeffnung.
Ouvrage, *m.*, das Werk, die Arbeit.
Ouvrier, *m.*, der Arbeiter; *adj.*, arbeitend (l'abeille ouvrière, die Arbeitsbiene).
Ouvrir, öffnen.
Ovale, länglichrund, eirund.
Ovipare, eierlegend.

P.

Paire, *f.*, das Paar.
Paisible, -ment, friedlich.
Paitre, weiden.
Paix, *f.*, der Friede.
Pâle, blaß, bleich.
Pâlir, bleich, blaß werden, erblassen.
Pan, *m.*, der Schoß, Theil des Kleides.
Panneau, *m.*, die Falle (donner dans le —, in die Falle gehen).
Papa, *m.*, der Vater, Papa.
Papier, *m.*, das Papier.
Papillon, *m.*, der Schmetterling.
Papillonneau, *m.*, der kleine, junge Schmetterling.
Paquet, *m.*, der Pack, das Päckchen.
Par, durch.
Parabole, *f.*, das Gleichniß.
Parage, *m.*, die Seegegend.
Paraître, scheinen, erscheinen.

Paralytique, *m.*, der Lahme; *adj.*, lahm.
Parc, *m.*, der Lustwald, Lustgarten.
Parce que, weil.
Parchemin, *m.*, das Pergament.
Par conséquent, folglich.
Parcourir, durchlaufen, durchgehen, durchreisen.
Par-dessus, über.
Pardon, *m.*, die Verzeihung, Vergebung.
Pardonner, verzeihen, vergeben.
Pareil, gleich.
Parens, *m. plur.*, die Eltern.
Parer, zieren, schmücken.
Paresse, *f.*, die Faulheit, Trägheit.
Paresseux, faul, träge.
Parfait, -ement, vollkommen, völlig.
Parfois, zuweilen, bisweilen.
Parfum, *m.*, der Wohlgeruch.
Parler, reden, sprechen.
Paroi, *f.*, die Wand.
Parole, *f.*, das Wort.
Parque, *f.*, die Parze (Lebens- und Todesgöttin).
Parricide, *m.*, der unnatürliche Sohn (Vatermörder).
Parsemer, besäen, übersäen.
Part, *f.*, der Theil, Antheil; die Seite; quelque —, irgendwo; faire —, mittheilen.
Partage, *m.*, der Antheil.
Partager, theilen, vertheilen, austheilen.
Parterre, *m.*, das Blumenbeet.
Parti, *m.*, die Partei; der Nutzen; der Entschluß.
Partie, *f.*, der Theil, Antheil, die Partie, Partei; la — de plaisir, die Lustpartie, Lustreise.
Partir, abreisen, fortgehen; herkommen; (ein Schuß) losgehen.
Partout, überall.
Parure, *f.*, die Zierde, der Schmuck.
Parvenir, zu etwas kommen, gelangen; mit etwas zu Stande kommen.
Pas, *m.*, der Schritt.
Passage, *m.*, der Durchgang, Uebergang, das Vorübergehen, die Ueberfahrt; (in der Musik) der Lauf.
Passant, *m.*, der Vorübergehende.
Passé, vergangen.
Passer, vorbeigehen, durchgehen, vergehen, hinübergehen, überfahren; (die Zeit) zubringen; se —, geschehen, vorgehen; se — de qch., etwas entbehren.
Passe-temps, *m.*, der Zeitvertreib.
Passion, *f.*, die Leidenschaft.
Pasteur, *m.*, der Hirt.
Paternel, väterlich.
Patience, *f.*, die Geduld.
Patient, patiemment, geduldig.
Pâtre, *m.*, der Hirt.
Patriarche, *m.*, der Patriarch, Erzvater.
Patte, *f.*, die Pfote, Tatze.
Pâturage, *m.*, die Weide.
Pâture, *f.*, der Fraß, die Nahrung.
Pauvre, arm.
Pauvreté, *f.*, die Armuth.
Payer, bezahlen, zahlen.
Pays, *m.*, das Land, Vaterland.
Paysan, *m.*, der Bauer.
Peau, *f.*, die Haut.
Pêche, *f.*, der Pfirsich.
Péché, *m.*, die Sünde.
Pêcher, *m.*, der Pfirsichbaum.
Peigne, *m.*, der Kamm.
Peindre, malen, abmalen, schildern.
Peine, *f.*, die Mühe, Strafe, der Kummer; à peine, kaum.
Peintre, *m.*, der Maler.
Penchant, *m.*, der Abhang, die Neigung.
Pencher, neigen, hängen.
Pendant que, während.
Pénétrant, eindringend.
Pénétrer, eindringen, durchdringen.
Pénible, -ment, mühsam, mühevoll.

Pensée, *f.*, der Gedanke.
Penser, denken; — faire qch., nahe daran seyn etwas zu thun.
Pépinière, *f.*, die Baumschule.
Perché, sitzend (von Vögeln).
Perclus, lahm.
Perdre, verlieren; zu Grunde richten.
Père, *m.*, der Vater.
Perfide, treulos.
Périr, umkommen, untergehen, gewaltsam sterben.
Perle, *f.*, die Perle.
Permettre, erlauben, gestatten, zugeben.
Permission, *f.*, die Erlaubniß.
Pernicieux, verderblich.
Perpétuité, *f.*, die beständige Dauer; à perpétuité, auf Lebenszeit.
Persévérance, *f.*, die Beharrlichkeit.
Persifler, ausspotten.
Persifleur, *m.*, der Spötter.
Persister, auf etwas beharren, bestehen.
Personnage, *m.*, die (bedeutende) Person.
Personne, *f.*, die Person; *adj.* Jemand; (mit ne, vor- oder nachher) Niemand.
Personnel, persönlich.
Perspective, *f.*, die Aussicht.
Persuader, überreden, überzeugen; einprägen.
Perte, *f.*, der Verlust; das Verderben, der Untergang.
Pesant, schwer (im Gewicht).
Pesanteur, *f.*, die Schwere.
Peser, wägen, wiegen.
Peste, *f.*, die Pest.
Petit, klein; les petits, die Jungen der Thiere; les petits-enfans, die Kindeskinder.
Pétrir, kneten.
Peu, wenig; peu à peu, nach und nach.
Peuple, *m.*, das Volk.
Peupler, bevölkern.
Peur, *f.*, die Furcht, Angst.
Peut-être, vielleicht.
Phalène, *f.*, der Nachtfalter (Schmetterling).
Phénix, *m.*, der (Vogel) Phönix.
Philosophe, *m.*, der Weltweise, Philosoph.
Philosophie, *f.*, die Weltweisheit, Philosophie.
Phrygien, *m.*, der Phrygier.
Physionomie, *f.*, die Gesichtsbildung.
Pie, *f.*, die Elster.
Pièce, *f.*, das Stück.
Pied, *m.*, der Fuß; Schuh (Längenmaß).
Piége, *m.*, die Falle, das Netz.
Pierre, *f.*, der Stein.
Pierrerie, *f.*, der Edelstein.
Piété, *f.*, die Frömmigkeit; (kindliche) Liebe.
Piéton, *m.*, der Fußgänger.
Pieu, *m.*, der Pfahl.
Pieux, fromm.
Pigeon, *m.*, die Taube.
Piller, plündern.
Pilotis, *m.*, das Pfahlwerk.
Pinson, *m.*, der Fink.
Piocher, umgraben (mit dem Spaten).
Piquer, stechen.
Pis, ärger; le pis, das Aergste.
Pistolet, *m.*, das Pistol.
Pitié, *f.*, das Mitleiden, Erbarmen.
Pitoyable, bedauernswerth, erbärmlich.
Pivert, *m.*, der Grünspecht.
Place, *f.*, der Platz, Ort, die Stelle.
Placer, setzen, stellen; verdingen; (Kapitalien) anlegen.
Plaider, für Jemand sprechen.
Plaie, *f.*, die (offene) Wunde.
Plaindre, klagen, beklagen.
Plaine, *f.*, die Ebene.
Plainte, *f.*, die Klage.
Plaire, gefallen.
Plaisanter, scherzen.

Plaisanterie, *f.*, der Scherz, Spaß.
Plaisir, *m.*, das Vergnügen, die Lust, Freude.
Plan, *m.*, der Plan.
Plancher, *m.*, der Fußboden.
Planter, pflanzen, (Bäume) setzen; (Pfähle) einrammen.
Plat, *m.*, die Schüssel.
Plate-bande, *f.*, das Beet, die Rabatte.
Plein, -ement, voll, völlig.
Pleurer, weinen, beweinen.
Pleurs, *m. plur.*, die Thränen.
Pleuvoir, regnen.
Plier, biegen, zusammenfalten; sich beugen.
Plomb, *m.*, das Blei; à plomb, bleirecht, lothrecht, senkrecht.
Plongé, versenkt, versunken, vertieft.
Plonger, eintauchen, versenken; stürzen.
Ployant, *m.*, das Fischbein.
Pluie, *f.*, der Regen.
Plumage, *m.*, das Gefieder.
Plume, *f.*, die Feder.
Plumer, rupfen.
Plupart, *f.*, der meiste, die meisten, u.s.w.; pour la plupart, meistens.
Plus, mehr.
Plusieurs, *pl. m. et f.*, mehrere.
Plutôt, vielmehr, lieber; plus tôt, eher.
Poche, *f.*, die Tasche.
Poëte, *m.*, der Dichter.
Poids, *m.*, das Gewicht.
Poignard, *m.*, der Dolch.
Poignarder, erstechen.
Poignée, *f.*, die Handvoll.
Poil, *m.*, das Haar (am Körper).
Point, *m.*, der Punkt; der Anbruch (des Tages); au point, so sehr.
Pointe, *f.*, die Spitze; der Anbruch (des Tages).
Pointu, spitzig.
Poison, *m.*, das Gift.
Poisson, *m.*, der Fisch.
Poitrail, *m.*, die Brust (eines Pferdes).
Poitrine, *f.*, die Brust.
Poli, -ment, höflich.
Poltron, feige.
Pomme, *f.*, der Apfel.
Pommier, *m.*, der Apfelbaum.
Pompe, *f.*, die Pracht.
Pont, *m.*, die Brücke.
Ponte, *f.*, das Eierlegen.
Port, *m.*, der Seehafen.
Portant, bien —, gesund, wohl auf.
Porte, *f.*, die Thüre.
Portée, *f.*, die Schußweite; à portée, in der Nähe, bei der Hand.
Porte-feuille, *m.*, die Schreibtafel.
Porter, tragen, bringen, (Hilfe) leisten; (ein Urtheil) fällen; beibringen (23); porter la dent, beißen (67).
Portier, *m.*, d. Thürsteher, Pförtner.
Poser, setzen, stellen, legen, niederstellen.
Position, *f.*, die Stellung, Lage.
Posséder, besitzen.
Possession, *f.*, der Besitz, das Eigenthum, Gut.
Poste, *m.*, die Stelle, Stellung; *f.*, die Post.
Posture, *f.*, die Stellung.
Potage, *m.*, die Suppe (mit Gemüse).
Potager, das Gemüse betreffend; le jardin —, der Gemüsgarten.
Pouce, *m.*, der Daumen; Zoll (Längenmaß).
Poudre, *f.*, das Pulver.
Poulain, *m.*, das Füllen.
Poularde, *f.*, das junge fette Huhn.
Poule, *f.*, die Henne, das Huhn.
Poumons, *m. plur.*, die Lunge, die Lungen.
Pour, für, wegen.
Pourpre, *f.*, der Purpur.
Pourquoi, warum; c'est pourquoi, darum, deßwegen.

Pourrir, faulen.
Poursuite, *f.*, die Verfolgung.
Poursuivre, verfolgen.
Pourtant, doch, jedoch, dennoch.
Pourvoir, versehen.
Pourvu que, wenn nur.
Pousser, treiben, stoßen, reißen, ausstoßen.
Poussière, *f.*, der Staub.
Poutre, *f.*, der Balken.
Pouvoir, können; —, *m.*, die Gewalt, Macht; das Vermögen.
Prairie, *f.*, die Wiese.
Pratique, *f.*, die Uebung, Ausübung; der Kunde.
Pratiquer, üben, ausüben.
Pré, *m.*, die Wiese.
Précédent, vorhergehend, vorig.
Précieux, kostbar.
Précipice, *m.*, der Abgrund.
Précipitation, *f.*, die Eile, Uebereilung.
Précipité, eilig, übereilt.
Précipiter, stürzen; se —, sich beeilen, übereilen.
Précisément, genau, bestimmt.
Préférable, vorzüglich, vorzuziehen.
Préférence, *f.*, der Vorzug.
Préférer, vorziehen.
Préjudice, *m.*, der Schaden, Nachtheil.
Préjugé, *m.*, das Vorurtheil.
Premier, erst; der, die, das erste.
Prendre, nehmen, fangen; (einen Entschluß) fassen.
Préparatif, *m.*, die Zurüstung.
Préparation, *f.*, die Vorbereitung, Rüstung.
Préparer, rüsten, vor-, zubereiten.
Préposer, vorsetzen.
Près, nahe, nahe bei.
Presbytère, *m.*, das Pfarrhaus.
Prescrire, vorschreiben, gebieten.
Présent, *m.*, das Geschenk.
Présent, gegenwärtig; à —, jetzt.
Présenter, reichen, zeigen, darstellen, vorstellen.
Préserver, bewahren.
Présomption, *f.*, der Eigendünkel.
Presque, fast, beinahe.
Pressant, dringend.
Pressé, eilig, eifrig, benöthigt.
Pressentiment, *m.*, das Vorgefühl, die Ahnung.
Presser, drängen, drücken, treiben, beschleunigen.
Présumer, vermuthen.
Prêt (à qch.), bereit.
Prétendre, behaupten; — faire qch., sich einfallen lassen etw. zu thun, sich etw. herausnehmen; etw. meinen.
Prêter, leihen, leisten.
Prétexte, *m.*, der Vorwand.
Prêtre, *m.*, der Priester, Geistliche.
Preuve, *f.*, der Beweis, die Probe.
Prévoir, vorhersehen.
Prévoyance, *f.*, die Vorhersehung.
Prier, bitten; (zu Gott) beten.
Prière, *f.*, die Bitte, das Gebet.
Primevère, *f.*, die Schlüsselblume.
Principal, *m.*, das Kapital.
Principal, -ement, vornehmlich, vorzüglich, vornehmste.
Principe, *m.*, der Grundsatz.
Printemps, *m.*, der Frühling.
Prise, *f.*, die Prise.
Priser, schätzen, preisen.
Prison, *f.*, das Gefängniß.
Privé, entblößt, beraubt.
Prix, *m.*, der Preis, Lohn.
Probité, *f.*, die Ehrlichkeit, Redlichkeit.
Procès, *m.*, der Prozeß.
Prochain, *m.*, der Nächste, Mitmensch; *adj.*, nahe, nächst.
Procurer, verschaffen.
Prodigalité, *f.*, die Verschwendung.
Prodige, *m.*, das Wunder.
Prodigieux, außerordentlich, ungeheuer.
Prodiguer, verschwenden.
Production, *f.*, das Erzeugniß.
Produire, hervorbringen, erzeugen, bewirken.

Produit, *m.*, das Erzeugniß, der Ertrag.
Proférer, hervorbringen, ausstoßen.
Professer, an den Tag legen.
Profession, *f.*, der Stand, das Handwerk.
Profit, *m.*, der Nutzen, Vortheil, Gewinn.
Profiter, benutzen, gedeihen.
Profond, -ément, tief.
Profusion, *f.*, der Ueberfluß, die Verschwendung.
Proie, *f.*, die Beute, der Raub; oiseau de —, Raubvogel.
Projet, *m.*, der Vorsatz, Entwurf; das Vorhaben.
Projeter, entwerfen, sich vorsetzen.
Prolonger, verlängern.
Promener, spazieren gehen.
Promettre, versprechen.
Prompt, -ement, schnell, geschwind.
Prône, *m.*, die Predigt.
Prononcer, aussprechen.
Pronostic, *m.*, die Vorbedeutung; *plur.*, die Prophezeihung.
Proportion, *f.*, das Verhältniß, Ebenmaß; en proportion, gemäß, angemessen, verhältnißmäßig, nach Verhältniß.
Proportionné, gemäß, angemessen.
Propos, *m.*, der Einfall, die Rede; à —, gerade recht, zu rechter Zeit; mal à —, zu unrechter Zeit.
Proposer, vorschlagen.
Proposition, *f.*, der Vorschlag.
Propre, -ment, eigen, reinlich, geeignet, eigentlich, genau.
Propreté, *f.*, die Reinlichkeit.
Propriétaire, *m.*, der Eigenthümer.
Propriété, *f.*, das Eigenthum.
Prospérer, gedeihen, vorankommen.
Prospérité, *f.*, das Gedeihen, Glück, der Wohlstand.
Prosterner, niederfallen, sich niederwerfen.
Protecteur, der Beschützer.
Protéger, schützen, beschützen.
Protester, versichern, betheuern.
Proverbe, *m.*, das Sprüchwort.
Providence, *f.*, die Vorsehung.
Provision, *f.*, der Vorrath.
Prudence, *f.*, die Klugheit.
Prudent, klug.
Prusse, *f.*, Preußen.
Public, öffentlich.
Puis, dann, hernach.
Puiser, schöpfen.
Puisque, weil, da.
Puissant, mächtig, stark.
Puits, *m.*, der Brunnen.
Punir, strafen.
Punition, *f.*, die Strafe.
Pur, rein.
Pureté, *f.*, die Reinheit.

Q.

Quadrupède, *m.*, das vierfüßige Thier; *adj.*, vierfüßig.
Qualité, *f.*, die Eigenschaft.
Quand, als, wann.
Quant (à), was ... betrifft.
Quantité, *f.*, die Menge.
Quart, *m.*, das Viertel; le quart d'heure, die Viertelstunde.
Quelquefois, bisweilen, zuweilen.
Quenouille, *f.*, die Kunkel, der Spinnrocken.
Querelle, *f.*, der Zank.
Question, *f.*, die Frage.
Questionner, fragen, befragen, ausfragen; Fragen thun.
Quête, *f.*, das Suchen, Sammeln; se mettre en —, sich auf den Anstand begeben.
Queue, *f.*, der Schwanz.
Quiconque, jeder der, wer auch.
Quintal, *m.*, der Zentner.
Quitter, verlassen.
Quoique, obgleich, obschon, wenn auch.

R.

Racine, *f.*, die Wurzel.
Raconter, erzählen.
Radoter, irre, närrisch seyn.
Rage, *f.*, die Wuth.
Railleur, spöttisch; — *m.*, der Spötter.
Raisin, *m.*, die Traube.
Raison, *f.*, die Ursache; das Recht; der Grund; die Vernunft.
Raisonnable, vernünftig.
Rajeunissement, *m.*, die Verjüngung; das Verjüngen.
Ramage, *m.*, der Gesang (der Vögel).
Ramasser, zusammenraffen; (von der Erde) aufheben.
Rameau, *m.*, der Zweig.
Ramener, zurückführen, zurückbringen.
Ramper, kriechen.
Rang, *m.*, die Reihe, Ordnung; das Glied.
Ranger, reihen, ordnen; in Ordnung, in Reihe stellen.
Ranimer, wieder beleben; ermuntern.
Rapide, -ment, schnell.
Rapidité, *f.*, die Schnelligkeit.
Rappeler, zurückrufen; ins Gedächtniß rufen; ablösen (14). Se — qch., sich an etwas erinnern.
Rapport, *m.*, der Ertrag, Bezug; die Beziehung.
Rapporter, wiederbringen; nach Hause bringen; mitbringen; eintragen. Se —, sich beziehen.
Rare, -ment, selten.
Rassasier, sättigen.
Rassembler, sammeln, versammeln.
Rassurer, beruhigen.
Rat, die Ratze, Maus.
Rateau, die Harke; der Rechen; das Gebiß.
Ravager, verwüsten, verheeren.
Ravir, rauben; hinreißen; herausreißen; entzücken.
Ravissant, entzückend.
Ravisseur, *m.*, der Räuber.
Rayon, *m.*, der Strahl.
Rayonner, strahlen.
Rebelle, *m.*, der Empörer.
Rebondi, rund; voll; strotzend.
Rebuter, zurückweisen; se —, sich abschrecken lassen.
Récent, frisch.
Recette, *f.*, die Einnahme.
Receveur, *m.*, der Einnehmer.
Réchauffer, erwärmen.
Recherche, *f.*, die Nachsuchung; das Aufsuchen.
Rechercher, aufsuchen; nachsuchen.
Réciproque, -ment, gegenseitig.
Réclamer, fordern.
Récolte, *f.*, die Ernte.
Recommander, empfehlen.
Recommencer, wieder anfangen.
Récompense, *f.*, die Belohnung.
Récompenser, belohnen.
Reconduire, zurückbegleiten.
Reconnaissance, *f.*, die Erkenntlichkeit, Dankbarkeit.
Reconnaître, erkennen; ausforschen.
Recourber, krümmen.
Recours, *m.*, die Zuflucht; avoir —, Zuflucht nehmen.
Recouvrir, überdecken.
Recueillir, sammeln; ernten.
Redoubler, verdoppeln.
Redoutable, fürchterlich, furchtbar.
Redouter, fürchten.
Réduire, versetzen.
Refermer, wieder schließen; verschließen.
Réfléchir, zurückwerfen, zurückstrahlen; überlegen.
Réflexion, *f.*, die Ueberlegung, Betrachtung.
Refroidir, erkälten.
Réfugier (se), sich flüchten.

Refuser, abschlagen, verweigern; zurückweisen. Se —, sich widersetzen.
Regagner, wiedergewinnen.
Régal, *m.*, der fröhliche Genuß.
Régaler, bewirthen; laben.
Regard, *m.*, der Blick.
Regarder, anblicken; schauen, ansehen; angehen.
Régime, *m.*, die Mäßigkeit.
Régir, leiten.
Régler, ordnen.
Regret, *m.*, das Bedauern; *pl.* das Bedauern; der Schmerz.
Regretter, bedauern.
Régulier, -èrement, regelmäßig.
Rejoindre, wieder einholen; dahingehen.
Réjouir, freuen; erfreuen.
Relâche, *f.*, die Rast.
Relever, erheben; wieder erheben.
Religieux, *m.*, der Mönch.
Religion, *f.*, die Religion.
Remarquable, merkwürdig.
Remarquer, bemerken.
Rembourser, zurückbezahlen.
Remède, *m.*, das Mittel, Heilmittel.
Remédier, abhelfen.
Remercier, danken (sich bedanken).
Remettre, einhändigen, verschieben.
Remonter, wieder hinaufsteigen.
Remords, *m.*, der Gewissensbiß.
Remplacer, ersetzen.
Renard, *m.*, der Fuchs.
Rencontre, *f.*, die Begegnung; das Begegniß, Schicksal.
Rencontrer, antreffen; begegnen.
Rendre, wiedergeben, zurückgeben; vergelten; (Dienste) leisten; (mit einem *adj.*) machen. Se rendre, sich begeben.
Rendu, abgemattet.
Renfermer, einschließen, verschließen.
Renforcer, verstärken.
Renne, *m.*, das Rennthier.
Renouveler, erneuern.
Rentrer, zurückgehen; nach Hause gehen, kommen.
Renverse, *f.*; tomber à la —, rücklings hinfallen; umfallen.
Renverser, umwerfen, umschlagen.
Répandre, verbreiten; ausbreiten, ausstreuen; (Thränen) vergießen.
Reparaître, wieder erscheinen.
Réparer, ersetzen; vergüten; ausbessern; gutmachen.
Repartir, wieder abreisen; erwiedern.
Répartir, austheilen, vertheilen.
Repas, *m.*, die Mahlzeit.
Repasser, wieder vorbeigehen.
Repentir, bereuen.
Répéter, wiederholen.
Replacer, wieder setzen; stellen.
Replier, zurückbiegen.
Repliquer, erwiedern, versetzen, antworten.
Répondre, antworten; entsprechen.
Reporter, zurücktragen; wieder (auf etwas) lenken.
Repos, *m.*, die Ruhe.
Reposer, ruhen, ausruhen.
Repousser, zurückstoßen.
Reprendre, wiedernehmen; erwiedern.
Représentation, *f.*, die Vorstellung.
Représenter, vorstellen.
Reproche, *m.*, der Vorwurf; Verweis.
Reprocher, vorwerfen.
Reptile, *m.*, das Kriechthier.
République, *m.*, der Staat.
Réseau, *m.*, das Netz.
Réserve, *f.*, das Ersparte; de —, zurückbehalten, aufgespart.
Réserver, zurückbehalten, aufbewahren, aufsparen.
Résider, wohnen.
Résignation, *f.*, die Ergebung.
Résigner (se), sich (in etwas) ergeben.
Résister, widerstehen.
Résolution, *f.*, der Entschluß.

Résoudre, auflösen; beschließen; se —, sich entschließen.
Respect, *m.*, die Ehrfurcht.
Respectable, ehrwürdig.
Respecter, ehren; schonen.
Respirer, athmen, einathmen.
Resplendissant, glänzend.
Ressemblance, *f.*, die Aehnlichkeit.
Ressembler, ähnlich seyn.
Ressentiment, *m.*, die bittere Erinnerung.
Ressentir, empfinden, nachempfinden.
Ressource, *f.*, das Hilfsmittel.
Reste, *m.*, das Uebrige; was übrig bleibt; du —, übrigens.
Rester, bleiben, übrig bleiben.
Rétablir, wiederherstellen; se —, wieder genesen.
Retarder, aufhalten, hemmen, verzögern.
Retenir, zurückhalten.
Retentir, wiederhallen.
Retirer, zurückziehen.
Retomber, zurückfallen, wieder fallen.
Retour, *m.*, die Rückkehr, Zurückkunft; de —, zurück.
Retourner, umkehren, umwenden, umbrechen, zurückkehren; s'en —, zurückkehren.
Retraite, *f.*, die Zuflucht, einsame Wohnung.
Retrouver, wiederfinden.
Réunion, *f.*, die Vereinigung.
Réunir, vereinigen.
Réveil, *m.*, das Erwachen.
Réveiller, wecken, erwecken; se —, erwachen.
Revenir, wiederkommen.
Revenu, *m.*, das Einkommen.
Rêver, träumen; nachdenken, nachsinnen.
Révérend, ehrwürdig.
Rêverie, *f.*, die Träumerei, das Nachsinnen.
Revêtir, bekleiden.
Revoir, wiedersehen.
Revoler, wieder fliegen.
Révolution, *f.*, die Umwandlung.
Rhinocéros, *m.*, das Rhinozeros, Nashorn.
Riant, lachend, herrlich.
Riche, reich; -ment, reichlich.
Richesse, *f.*, der Reichthum.
Rider, kräuseln, runzeln.
Ridiculiser, lächerlich machen.
Rien, etwas; (mit ne) nichts.
Rieur, lachend; *m.*, der Lacher. Le ton de —, der spottende Ton.
Rigueur, *f.*, die Strenge.
Rire, lachen.
Risque, *m.*, die Gefahr.
Risquer, Gefahr laufen.
Rivage, *m.*, das Ufer.
Rivière, *f.*, der Fluß.
Robe, *f.*, der Rock; das Kleid.
Robuste, stark.
Rocher, *m.*, der Fels.
Roi, *m.*, der König.
Roidir, steif und drohend ausstrecken (96).
Roitelet, *m.*, der Zaunkönig.
Rôle, *m.*, die Rolle.
Romain, *m.*, der Römer.
Rompre, brechen.
Ronce, die Hecke, Dornhecke.
Rond, rund.
Ronger, benagen, zernagen.
Roseau, *m.*, das Rohr, Schilfrohr.
Rosée, *f.*, der Thau.
Rossignol, *m.*, die Nachtigall.
Rôtir, braten.
Roue, *f.*, das Rad.
Rouge, roth.
Rougeâtre, röthlich.
Rougir, roth machen; erröthen; sich schämen.
Rouleau, *m.*, die Rolle.
Roulement, *m.*, das Rollen.
Rouler, rollen, wälzen.
Route, *m.*, die Landstraße.
Routine, *f.*, die gewohnte Weise, der Schlendrian.
Royaume, *m.*, das Königreich, Reich.
Rubis, *m.*, der Rubin.

Rude, rauh.
Rudesse, *f.*, die Rauheit, Härte, Strenge.
Rüe, *f.*, die Gasse, Straße.
Rugissement, *m.*, das Brüllen, Gebrüll.
Ruine, *f.*, der Untergang; les —s, die Trümmer.
Ruiner, zu Grund richten.
Ruisseau, *m.*, der Bach.
Ruse, *f.*, die List.
Rusé, listig.

S.

Sable, *m.*, —s, *pl.*, der Sand.
Sablonneux, sandig.
Sabot, *m.*, der Huf.
Sabre, *m.*, der Säbel.
Sac, *m.*, der Sack.
Sacré, heilig.
Sacrifier, aufopfern.
Sage, weise.
Sagesse, *f.*, die Weisheit.
Saillant, hervorstehend.
Sain, gesund.
Sainfoin, *m.*, der Süßklee.
Saint, heilig.
Saisir qch.; se — de qch., etwas ergreifen.
Saisissement, *m.*, die Betroffenheit.
Saison, *f.*, die Jahreszeit.
Salle, *f.*, der Saal.
Salubre, heilsam, zuträglich, gesund.
Saluer, grüßen.
Sang, *m.*, das Blut.
Sanglots, *m. pl.*, das Schluchzen.
Sangloter, schluchzen.
Sans, ohne.
Santé, *f.*, die Gesundheit.
Sapin, *m.*, die Tanne.
Sarcelle, *f.*, die Kriechente.
Sarcler, harken.
Satisfaction, *f.*, die Zufriedenheit, Freude.
Satisfaire, befriedigen, zufriedenstellen.
Satisfait, zufrieden.
Saucisse, *f.*, die Wurst.
Sauter, springen.
Sauterelle, *f.*, die Heuschrecke.
Sauvage, wild.
Sauver, retten.
Savant, gelehrt.
Savetier, *m.*, der Schuhflicker.
Saveur, *f.*, der Geschmack.
Savoir, wissen.
Savoir, *m.*, die Gelehrsamkeit.
Sceau, *m.*, das Siegel.
Scélérat, *m.*, der Bösewicht; *adj.* boshaft.
Scélératesse, *f.*, die Bosheit.
Scène, *m.*, der Auftritt.
Scier, sägen, absägen.
Scrupule, *m.*, die Bedenklichkeit.
Scruter, erforschen.
Séance, die Sitzung.
Sec, trocken, dürr.
Sécher, trocknen, austrocknen.
Sécheresse, *f.*, die Tröckne, Trockenheit, Dürre.
Seconder, unterstützen, helfen.
Secouer, schütteln.
Secourir, helfen, unterstützen.
Secours, *m.*, die Hilfe, Unterstützung.
Secousse, *f.*, der Stoß.
Secret, geheim.
Séduire, verführen.
Seigneur, *m.*, der Herr.
Sein, *m.*, der Busen, die Brust, der Schooß.
Séjour, *m.*, der Aufenthalt.
Sel, *m.*, das Salz.
Selon, nach.
Semaine, *f.*, die Woche.
Semblable, ähnlich.
Semblant, scheinend; faire —, sich stellen als wenn....
Sembler, scheinen.
Semence, *f.*, der Same, das Korn

Sens, *m.*, der Sinn. Le bon —, der Verstand, gesunde Menschenverstand.
Sensation, *f.*, die Empfindung.
Sensible, empfindsam, empfindlich, merklich.
Sensualité, *f.*, die Sinnlichkeit.
Sentence, *f.*, das Urtheil, der Spruch.
Sentier, *m.*, der Pfad, Fußpfad.
Sentiment, *m.*, das Gefühl, die Empfindung.
Sentir, fühlen, empfinden, spüren.
Séparation, *f.*, die Trennung.
Séparer, trennen.
Serein, heiter.
Sérénité, *f.*, die Heiterkeit.
Sergent, *m.*, der Serschant; der Vorgesetzte.
Serin, *m.*, der Zeisig.
Serment, *m.*, der Eid.
Sermon, *m.*, die Predigt.
Serpent, *m.*, die Schlange.
Serpette, *f.*, das Rebmesser, Gartenmesser.
Serre, *f.*, die Klaue.
Serré, gedrängt.
Serrer, drücken.
Service, *m.*, der Dienst.
Servir, dienen.
Serviteur, *m.*, der Diener.
Servitude, *f.*, die Knechtschaft.
Seuil, *m.*, die Schwelle.
Seul, allein, einzig.
Seulement, nur; erst.
Sévère, streng, ernst.
Sexe, *m.*, das Geschlecht.
Si, wenn, so; sinon, wo nicht.
Sibérie, *f.*, Siberien.
Siége, *m.*, der Sitz; die Belagerung.
Siffler, pfeifen.
Sifflement, *m.*, das Gepfeife, das Gesause, Sausen.
Signal, *m.*, das Zeichen.
Signalé, ausgezeichnet.
Signalement, *m.*, die Personbeschreibung.
Signe, *m.*, das Zeichen, der Vorbote.
Signer, unterzeichnen, unterschreiben.
Silence, *m.*, das Schweigen, Stillschweigen, die Stille.
Silencieux, schweigend.
Simple, -ment, einfach, bloß.
Sincère, -ment, aufrichtig.
Singulier, -érement, auffallend, sonderbar.
Sire, *m.*, (zu einem König) Sire; (sonst) der Meister, Herr.
Situation, *f.*, die Lage, der Zustand.
Situé, gelegen, liegend.
Société, *f.*, die Gesellschaft.
Sœur, *f.*, die Schwester.
Soie, *f.*, die Seide.
Soif, *f.*, der Durst.
Soigner, besorgen, sorgen, pflegen.
Soigneux, -sement, sorgfältig.
Soin, *m.*, die Sorge.
Soir, *m.*, der Abend.
Soldat, *m.*, der Soldat.
Solde, *f.*, der Sold, die Löhnung.
Soleil, *m.*, die Sonne.
Solide, -ment, fest, sicher.
Solidité, *f.*, die Festigkeit.
Solitaire, *m.*, der Einsiedler.
Solitude, *f.*, die Einsamkeit, Einöde.
Sombre, düster.
Somme, *m.*, der Schlaf; —, *f.*, die Summe.
Sommeil, *m.*, der Schlaf.
Sommeiller, schlummern.
Sommet, *m.*, der Gipfel.
Son, *m.*, der Ton; die Kleie.
Songer, denken, bedenken.
Sonner, schellen, schlagen, läuten; tönen.
Sort, *m.*, das Schicksal, Loos.
Sorte, *f.*, die Art; plusieurs —s, mehrerlei; en quelque —, einigermaßen; de — que, en — que, so daß.
Sortir, ausgehen, herauskommen; herausstehen.

Sot, *m.*, der Dummkopf; —, *adj.*, dumm.
Sottise, *f.*, die Dummheit.
Souci, *m.*, die Sorge, der Kummer.
Soudain, plötzlich.
Souffle, *m.*, das Wehen, der Hauch, Stoß (des Windes).
Souffler, wehen, blasen.
Souffrance, *f.*, das Leiden.
Souffrir, leiden.
Souhait, *m.*, der Wunsch.
Soulagement, *m.*, die Unterstützung, Linderung.
Soulager, unterstützen, lindern, erleichtern.
Soulever, erheben, aufheben; empören.
Soumettre, unterwerfen.
Soumis, unterwürfig.
Soupçon, *m.*; les —s, der Verdacht, Argwohn.
Soupé, souper, *m.*, das Nachtessen.
Souper, zu Nacht speisen.
Soupir, *m.*, der Seufzer.
Soupirer, seufzen.
Souplesse, *f.*, die Gelenkigkeit.
Source, *f.*, die Quelle.
Sourd, taub.
Sourire, lächeln.
Souris, *f.*, die Maus.
Sous, unter.
Soustraire, entziehen.
Soutenir, erhalten, unterhalten, unterstützen, aufrecht halten.
Souterrain, unterirdisch.
Souterrain, *m.*, der unterirdische Gang.
Soutien, *m.*, die Unterstützung, Stütze.
Souvenir (se), sich erinnern; —, *m.*, das Andenken, die Erinnerung.
Souvent, oft.
Souverain, *m.*, der Oberherr, Beherrscher.
Spectacle, *m.*, das Schauspiel; der Auftritt.
Spectateur, *m.*, der Zuschauer.
Spectre, *m.*, das Gespenst.
Sphère, *f.*, die Sphäre (der Himmel); die Kugel.
Subir, erleiden, bestehen, ertragen.
Subit, plötzlich.
Subjuguer, unterjochen, überwältigen.
Sublime, erhaben.
Submerger, untergehen machen.
Subsister, bestehen, leben.
Substance, *f.*, das Wesen; der Stoff.
Succès, *m.*, der Erfolg; Fortgang.
Successivement, nacheinander.
Succomber, unterliegen.
Sucre, *m.*, der Zucker.
Sucré, zuckersüß.
Suer, schwitzen.
Sueur, *f.*, der Schweiß.
Suffire, genug seyn, hinreichen.
Suffisant, selbstgefällig.
Suffoquer, ersticken, tödten.
Suite, *f.*, die Folge, Fortsetzung; das Gefolge. Ainsi de suite, sofort, so ferner.
Suivre, folgen, verfolgen.
Sujet, *m.*, der Gegenstand; der Unterthan; die Ursache. Le mauvais sujet, der Taugenichts.
Sujet, unterworfen, ausgesetzt.
Sultan, *m.*, der Sultan.
Superbe, stolz, prächtig.
Supercherie, *f.*, die Betrügerei, der Betrug.
Superflu, *m.*, der Ueberfluß.
Supérieur, *m.*, der Obere, Vorgesetzte.
Supériorité, *f.*, die Ueberlegenheit.
Suppléer, ersetzen.
Supplice, *m.*, die Todesstrafe.
Supplier, bitten, erflehen.
Supporter, ertragen.
Supposé, vorgeblich, vorgegeben.
Supposer, voraussetzen, vermuthen.
Suprême, höchst.
Sur, auf, über.
Sûr, -ement, sicher, gewiß.

Sureté, *f.*, die Sicherheit.
Surpasser, übertreffen.
Surplus, *m.*, das Uebrige, das Zuviele.
Surprendre, überfallen; überraschen, in Erstaunen setzen.
Surprise, *f.*, das Erstaunen, die Ueberraschung.
Sursaut, *m.*; en —, auffahrend.
Surtout, besonders, zumal.
Surveillance, *f.*, die Aufsicht.
Survenir, herankommen, dazukommen.
Survivre, überleben.
Suspendre, verschieben, aufschieben.
Symbole, *m.*, das Sinnbild.

T.

Tabatière, *f.*, die Tabaksdose.
Table, *f.*, der Tisch.
Tableau, *m.*, das Gemälde.
Tablettes, *f. pl.*, die Schreibtafel.
Tâche, *f.*, das Geschäft, Bestreben.
Tâcher, suchen.
Taille, *f.*, der Wuchs, die Körpergröße.
Taillis, *m.*, das Gehölz.
Taire (se), schweigen.
Talent, *m.*, das Talent, die Geschicklichkeit.
Tandis que, indeß, während.
Tant, soviel; — mieux, desto besser; tant.... que, sowohl.... als auch.
Tante, *f.*, die Tante, Muhme.
Tantôt, bald.
Tapir (se), sich ducken, verkriechen.
Tapis, *m.*, der Teppich.
Tapisser, auslegen, tapezieren.
Tard, spät.
Tarder, zögern.
Tâtons, *m. pl.*; à tâtons, tappend.
Tellement, so sehr.
Téméraire, verwegen.
Témérité, *f.*, die Verwegenheit.
Témoignage, *m.*, das Zeugniß.
Témoigner, zeugen, bezeugen.
Témoin, *m.*, der Zeuge.
Tempe, *f.*, der Schlaf (am Kopfe).
Tempérance, *f.*, die Mäßigkeit.
Tempérant, mäßig.
Tempéré, gemäßigt.
Tempérer, mäßigen.
Temps, *m.*, die Zeit, das Wetter.
Tendre, dehnen, ausdehnen, reichen, entgegenstrecken; *adj.*, zart, zärtlich.
Tendresse, *f.*, die Zärtlichkeit.
Tendu, (26) behangen.
Ténèbres, *f. pl.*, die Finsterniß.
Ténébreux, finster.
Tenir, halten, festhalten; (Gebote) beobachten.
Tentative, *f.*, der Versuch.
Tenter, versuchen, in Versuchung führen.
Terme, *m.*, das Ziel, Ende; die Lebenszeit.
Terminer, endigen.
Terrain, *m.*, das Erdreich, der Boden.
Terrasser, zu Boden reißen.
Terre, *f.*, die Erde.
Terrestre, irdisch; un animal terrestre, ein Landthier.
Terreur, *f.*, der Schrecken.
Terrible, schrecklich.
Terrier, *m.*, die Erdhöhle; der Fuchsbau.
Tête, *f.*, der Kopf, das Haupt, die Spitze.
Thym, *m.*, der Thymian.
Tiers, *m.*, das Drittel.
Tige, *f.*, der Stängel, Stamm.
Timide, furchtsam, schüchtern.
Timon, *m.*, die Deichsel.
Tirailler, zupfen.
Tirer, ziehen, herausziehen.
Tissu, *m.*, das Gewebe.
Tobie, *m.*, Tobias.
Toison, *f.*, die Wolle auf dem Fell.
Toit, *m.*, das Dach.
Tombe, *f.*, die Gruft, das Grab.

Tombeau, *m.*, das Grab.
Tomber, fallen; tomber malade, krank werden.
Tonneau, *m.*, das Faß.
Tonnerre, *m.*, der Donner.
Tordre, ringen, winden.
Torrent, *m.*, der Strom.
Tort, *m.*, das Unrecht; faire tort, Unrecht thun, schaden (zu schnell aufeinander folgend).
Tortu, krumm, verbogen.
Tortue, *f.*, die Schildkröte.
Tôt, bald; tôt ou tard, früh oder spät.
Total, ganz.
Toucher, rühren, berühren; (Geld) einziehen, erhalten.
Touffu, dicht belaubt.
Toujours, immer, allezeit.
Tour, *m.*, die Reihe; der Gang; der Streich; —, *f.*, der Thurm.
Tourbillon, *m.*, der Wirbel.
Tourmenter, quälen.
Tourner, drehen, wenden, kehren.
Tournure, *f.*, die Wendung, Richtung.
Tout, ganz, all; — à coup, — d'un coup, auf einmal, plötzlich; — de suite, sogleich; — le monde, jedermann; — -à-fait, ganz; tout... que, so.... auch; so sehr.... auch; — -puissant, allmächtig.
Trace, *f.*, die Spur.
Trahir, verrathen.
Train, *m.*, der Zug, Gang, Schritt.
Traîneau, *m.*, der Schlitten.
Traîner, ziehen, schleppen.
Trait, *m.*, der Zug, Gesichtszug.
Traitement, *m.*, die Behandlung.
Traiter, behandeln.
Traitre, verrätherisch.
Trancher, schneiden; (den Meister) spielen.
Tranquille, -ment, ruhig.
Tranquilliser, beruhigen.
Transparent, durchsichtig.
Transport, *m.*, das Fortbringen; —, *pl.*, das Entzücken.
Transporter, fortbringen, herbeischaffen; entzücken.
Travail, *m.*, die Arbeit.
Travailler, arbeiten, bearbeiten.
Travers, quer; de —, quer, übereck; en —, querhin; à —, mitten durch.
Traverse, *f.*, der Nebenweg, Querweg.
Traverser, hindurch-, hinübergehen, reisen, u. s. w.
Trèfle, *m.*, der Klee.
Treille, *f.*, das Rebgeländer, Weingeländer.
Trembler, zittern, beben.
Trembloter, zittern.
Tremper, tauchen, eintauchen.
Trépas, *m.*, der Tod.
Trépigner, stampfen.
Très, sehr; — -Haut, *m.*, der Höchste, Allerhöchste.
Trésor, *m.*, der Schatz.
Tresser, flechten.
Tribut, *m.*, der Zoll.
Trinquer, (mit den Gläsern) anstoßen.
Triompher, triumphiren.
Triste, -ment, traurig.
Tristesse, *f.*, die Traurigkeit.
Trompe, *f.*, der Rüssel.
Tromper, betrügen, täuschen; se —, sich irren.
Tronc, *m.*, der Stamm.
Trône, *m.*, der Thron.
Trop, zuviel, zu....
Troquer, vertauschen.
Trot, *m.*, der Trab.
Trotter, traben.
Trou, *m.*, das Loch.
Trouble, *m.*, die Unruhe, Angst, Störung.
Troubler, trüben, stören.
Troupe, *f.*, die Schaar, Gesellschaft.
Troupeau, *m.*, die Heerde.
Trouver, finden, befinden.
Truelle, *f.* die Kelle.
Tuer, tödten, umbringen.

U.

Uniforme, *m.*, das Soldatenkleid, die Uniform.
Union, *f.*, die Vereinigung, Einigkeit.
Unique, -ment, einzig, allein.
Unir, vereinigen.
Usage, *m.*, der Gebrauch, die Gewohnheit, Sitte.
User (qch.), etw. abnützen, verzehren; — de qch., etw. gebrauchen.
Utile, nützlich.
Utilité, *f.*, der Nutzen.

V.

Vacant, erledigt.
Vache, *f.*, die Kuh.
Vacher, *m.*, der Kuhhirte.
Vagabond, herumschwärmend, herumschweifend; —, *m.*, der Gassenjunge, Landstreicher.
Vague, *f.*, die Welle, Woge.
Vain, eitel, nichtssagend.
Vaincre, überwinden.
Vainement, vergebens, umsonst.
Vaisseau, *m.*, das Schiff.
Valet, *m.*, der Knecht.
Valeur, *f.*, der Werth; die Tapferkeit.
Valise, *f.*, das Felleisen.
Vallon, *m.*, das (kleine) Thal.
Valoir, gelten, werth seyn; — mieux, besser, mehr werth seyn.
Vanité, *f.*, die Eitelkeit.
Vanter, rühmen.
Varié, manchfaltig, abwechselnd, verschieden.
Variété, *f.*, die Verschiedenheit, die Abart (von Pflanzen und Thieren).
Vase, *m.*, das Gefäß; —, *f.*, der Schlamm.
Vaste, weit, groß.
Vautour, *m.*, der Geier.
Vautrer, wälzen.
Veau, *m.*, das Kalb.
Végétation, *f.*, das Gewächsreich, die Pflanzenwelt.
Végéter, ärmlich leben.
Veille, *f.*, der Tag vorher, der Abend vorher.
Veiller, wachen.
Vendange, *f.*, die Weinlese.
Vengeance, *f.*, die Rache.
Venger, rächen.
Vengeur, rächend; —, *m.*, der Rächer.
Venin, *m.*, das Gift (von Schlangen).
Venir, kommen.
Vent, *m.*, der Wind, Athem.
Ventre, *m.*, der Bauch.
Ver, *m.*, der Wurm; — à soie, die Seidenraupe.
Verdoyant, grünend.
Verdure, *f.*, das Grün, grüne Laub.
Verger, *m.*, der Baumgarten.
Véritable, wahrhaftig, sicher, gewiß.
Vérité, *f.*, die Wahrheit.
Vermisseau, *m.*, das Würmchen.
Vers, gegen.
Verser, gießen, begießen, ausgießen.
Vert, grün.
Vertu, *f.*, die Tugend.
Vertueux, tugendhaft.
Veste, *f.*, die Weste, Jacke.
Vêtement, *m.*, die Kleidung.
Vêtir, kleiden, bekleiden.
Veuf, *m.*, der Wittwer.
Veuve, *f.*, die Wittwe.
Viande, *f.*, das Fleisch (zum Essen).
Vice, *m.*, das Laster.
Vicieux, lasterhaft.
Victime, *f.*, das Schlachtopfer, Opfer.
Victoire, *f.*, der Sieg.
Vide, leer.
Vider, leeren.
Vie, *f.*, das Leben.
Vieillard, *m.*, der Greis.

Vieillesse, *f.*, das (Greisen-)Alter.
Vieillir, alt werden.
Vieux, *fém.* vieille, alt.
Vif, lebhaft, innig.
Vigne, *f.*, die Rebe, der Weinstock, Weinberg.
Vigneron, *m.*, der Rebmann, Winzer.
Vigoureux, vigoureusement, kräftig, kraftvoll, stark.
Vilain, garstig, schändlich.
Village, *m.*, das Dorf.
Villageois, *m.*, der Dorfbewohner.
Ville, *f.*, die Stadt.
Violence, *f.*, die Heftigkeit.
Violent, heftig, gewaltsam.
Violet, violett.
Violette, *f.*, das Veilchen.
Vipère, *f.*, die Natter, Viper.
Visage, *m.*, das Gesicht, Angesicht.
Visible, sichtbar.
Visite, *f.*, der Besuch.
Visiter, besuchen, aufsuchen, untersuchen.
Vite, geschwind.
Vitesse, *f.*, die Geschwindigkeit.
Vivacité, *f.*, die Lebhaftigkeit.
Vivement, lebhaft, innig.
Vivre, leben.
Vocation, *f.*, der Beruf.
Vœu, *m.*, der Wunsch.
Voici, siehe da; hier ist, da ist.
Voie, *f.*, der Weg.
Voilà, siehe da, da ist; — que, siehe da.

Voiler, verhüllen.
Voir, sehen.
Voisin, nahe, nachbarlich.
Voisin, *m.*, der Nachbar.
Voisinage, *m.*, die Nachbarschaft, Nähe.
Voisine, *f.*, die Nachbarin.
Voiturer, fortschaffen, herzubringen.
Voix, *f.*, die Stimme.
Vol, *m.*, der Flug; der Diebstahl.
Volaille, *f.*, das Geflügel.
Volatile, fliegend; —, *f.*, der Vogel.
Voler, fliegen, eilen; stehlen, bestehlen.
Voleur, *m.*, der Dieb.
Volière, *f.*, das Vogelhaus.
Volontaire, -ment, freiwillig.
Volonté, *f.*, der Wille.
Volontiers, gern.
Voltiger, flattern.
Volupté, *f.*, das innige Vergnügen; die Wollust.
Vorace, gefräßig.
Vouloir, wollen.
Voûte, *f.*, das Gewölbe.
Voûter, wölben.
Voyage, *m.*, die Reise.
Voyager, reisen.
Voyageur, *m.*, der Reisende, Wanderer.
Vrai, -ment, wahr, wahrhaftig, wirklich.
Vue, *f.*, das Gesicht; der Blick, Anblick; die Ansicht, Absicht.

Y.

Yeux, siehe Oeil.

Z.

Zèle, *m.*, der Eifer.
Zéphir, *m.*, der sanfte Wind, Westwind.

FIN.

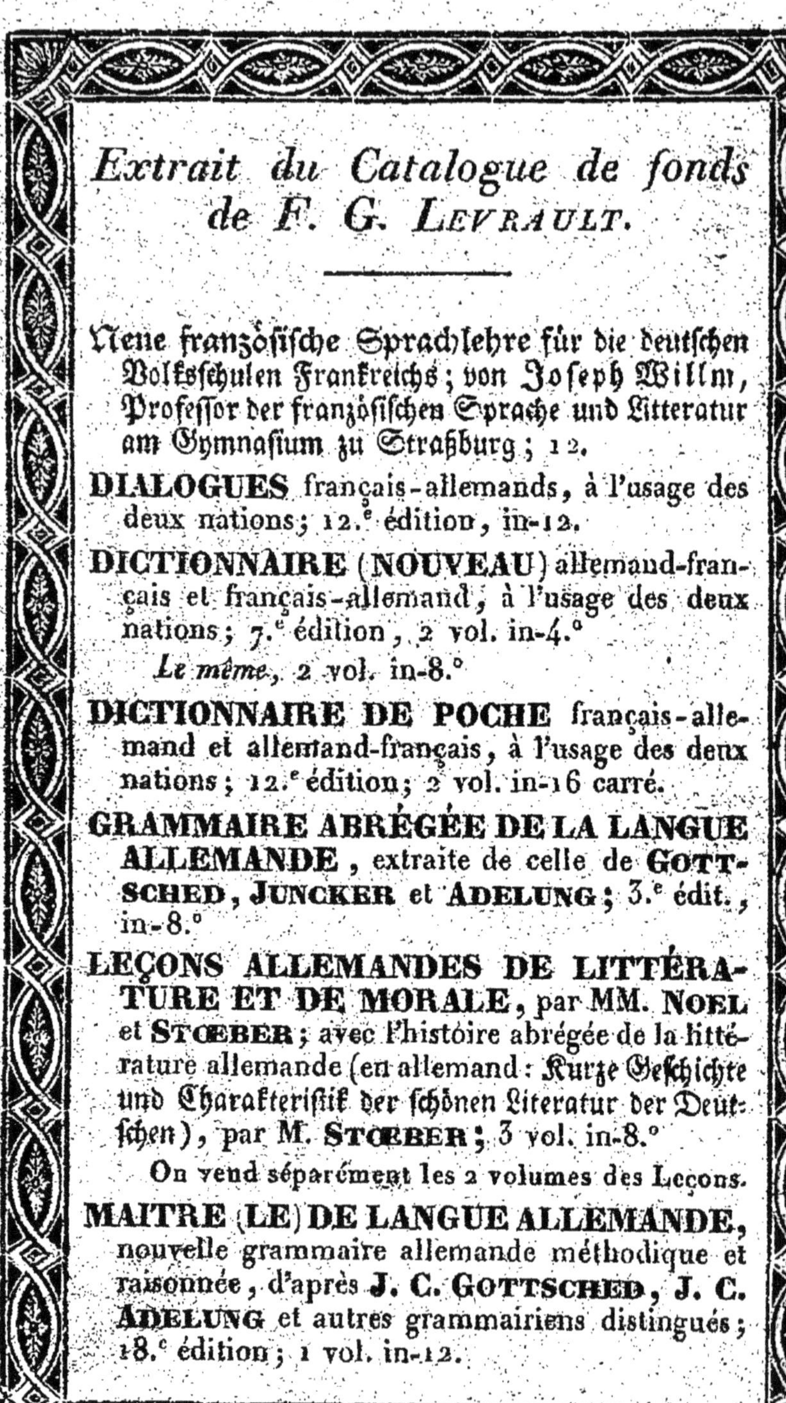

Extrait du Catalogue de fonds de F. G. Levrault.

Neue französische Sprachlehre für die deutschen Volksschulen Frankreichs; von Joseph Willm, Professor der französischen Sprache und Litteratur am Gymnasium zu Straßburg; 12.

DIALOGUES français-allemands, à l'usage des deux nations; 12.e édition, in-12.

DICTIONNAIRE (NOUVEAU) allemand-français et français-allemand, à l'usage des deux nations; 7.e édition, 2 vol. in-4.°

Le même, 2 vol. in-8.°

DICTIONNAIRE DE POCHE français-allemand et allemand-français, à l'usage des deux nations; 12.e édition; 2 vol. in-16 carré.

GRAMMAIRE ABRÉGÉE DE LA LANGUE ALLEMANDE, extraite de celle de **Gottsched**, **Juncker** et **Adelung**; 3.e édit., in-8.°

LEÇONS ALLEMANDES DE LITTÉRATURE ET DE MORALE, par MM. **Noel** et **Stœber**; avec l'histoire abrégée de la littérature allemande (en allemand: Kurze Geschichte und Charakteristik der schönen Literatur der Deutschen), par M. **Stœber**; 3 vol. in-8.°

On vend séparément les 2 volumes des Leçons.

MAITRE (LE) DE LANGUE ALLEMANDE, nouvelle grammaire allemande méthodique et raisonnée, d'après **J. C. Gottsched**, **J. C. Adelung** et autres grammairiens distingués; 18.e édition; 1 vol. in-12.

www.ingramcontent.com/pod-product-compliance
Ingram Content Group UK Ltd.
Pitfield, Milton Keynes, MK11 3LW, UK
UKHW020120200726
13856UKWH00002B/645

9 782013 629867